Estatística Médica

2ª Edição

NOTA

O conhecimento e a prática nesta área estão em constante mudança. Devem ser sempre adotadas medidas de segurança padronizadas e, à medida que novas pesquisas e experiências clínicas expandem nossos conhecimentos, pode haver necessidade de mudanças ou de adequação no protocolo terapêutico e no uso de medicamentos. Aconselha-se aos leitores pesquisar as mais recentes informações fornecidas pelo fabricante da droga a ser utilizada, a fim de verificar a dose recomendada, o método e a duração do tratamento e as contra-indicações. É responsabilidade do médico, com base em sua experiência e no conhecimento do paciente, determinar a posologia e o melhor tratamento para cada paciente, individualmente. O editor e os autores não assumem qualquer responsabilidade em relação a qualquer dano e/ou prejuízo às pessoas, decorrente desta publicação.

A Editora

Estatística Médica

2ª Edição

Aviva Petrie
Head of Biostatistics Unit and Senior Lecturer
Eastman Dental Institute
University College London
256 Grays Inn Road
London WC1X 8LD *and*
Honorary Lecturer in Medical Statistics
Medical Statistics Unit
London School of Hygiene and Tropical Medicine
Keppel Street
London WC1E 7HT

Caroline Sabin
Professor of Medical Statistics and Epidemiology
Department of Primary Care and Population Sciences
Royal Free and University College Medical School
Rowland Hill Street
London NW3 2PF

ROCA

Traduzido pela **Editora Roca Ltda.** da versão original em língua inglesa: Medical Statistics at a Glance – 2nd Edition
A responsabilidade da exatidão da tradução é unicamente da **Editora Roca Ltda.** e não da **Blackwell Publishing Ltd.**
Edição publicada de acordo com **Blackwell Publishing Ltd.**, Oxford.

ISBN-13: 978-1-4051-2780-6
ISBN-10: 1-4051-2780-5

ISBN: 978-85-7241-701-3

Tradução
CLAUDIO FAVA CHAGAS
Ex-docente de Anatomia Humana da Universidade de São Paulo (USP).

CIP-BRASIL. CATALOGAÇÃO-NA-FONTE
SINDICATO NACIONAL DOS EDITORES DE LIVROS, RJ.

P588e

Petrie, Aviva
Estatística médica
/ Aviva Petrie, Caroline Sabin ; [tradução Claudio Fava Chagas]. - São Paulo : Roca, 2007.

Tradução de: Medical statistics at a glance, 2nd ed
Apêndices
ISBN 978-85-7241-701-3

1. Estatística médica. I. Sabin, Caroline. II. Título.

07-2003. CDD: 610.72
CDU: 61:519.22

2007

EDITORA ROCA LTDA.
Rua Dr. Cesário Mota Jr., 73
CEP 01221-020 – São Paulo – SP
Tel.: (11) 3331-4478 – Fax: (11) 3331-8653
E-mail: vendas@editoraroca.com.br – www.editoraroca.com.br

Impresso no Brasil
Printed in Brazil

Prefácio

Estatística Médica é dirigido a estudantes de medicina, pesquisadores médicos, pós-graduados nas disciplinas biomédicas e pessoal da indústria farmacêutica. Todos estes irão, em algum momento de suas vidas profissionais, deparar-se com resultados quantitativos (seus ou de outrem), que precisarão ser avaliados e interpretados criticamente, e alguns, sem dúvida, terão de passar no temido exame de estatística! Uma compreensão adequada dos conceitos e da metodologia estatísticos tem valor incalculável para essas necessidades. À mesma proporção que gostaríamos de empolgar o leitor com entusiasmo pelo assunto da estatística, somos pragmáticos. Nossa meta nesta nova edição, como foi na anterior, é proporcionar ao estudante e ao pesquisador, bem como ao clínico que encontra conceitos estatísticos na literatura médica, um livro completo, de fácil leitura, abrangente, relevante e de aplicação prática útil.

Acreditamos que *Estatística Médica* será particularmente útil como complemento às aulas de estatística e como guia de referência. A estrutura desta segunda edição é a mesma que a da primeira. Conduzimos o leitor por vários capítulos independentes de duas, três ou, ocasionalmente, quatro páginas, cada um, abordando um aspecto diferente da estatística médica. Aprendemos com a nossa própria experiência em ensino e consideramos as dificuldades que os nossos alunos encontraram ao estudar estatística médica. Por essa razão, escolhemos limitar o conteúdo teórico do livro a um nível suficiente para a compreensão dos procedimentos envolvidos, sem obscurecer as praticidades da sua execução.

Estatística médica é um assunto amplo, que abrange muitos tópicos. Fornecemos uma introdução básica aos conceitos subjacentes da estatística médica e um guia para os procedimentos estatísticos mais comumente usados. A epidemiologia está intimamente associada à estatística médica. Disso decorre a discussão de alguns dos principais problemas em epidemiologia relacionados ao projeto e à interpretação de estudos. Também são incluídos capítulos que poderão ser úteis ao leitor apenas ocasionalmente, mas que são, porém, fundamentais para muitas áreas de pesquisa médica; por exemplo, medicina baseada em evidências, revisões sistemáticas e meta-análises, análise de sobrevida e métodos Bayesianos. Explicamos os princípios subjacentes a esses tópicos de modo que o leitor seja capaz de compreender e interpretar os resultados deles quando forem apresentados na literatura.

A ordem dos primeiros 30 capítulos desta edição corresponde àquela da primeira. A maioria desses capítulos permanece inalterada nesta nova edição: alguns apresentam alterações relativamente pequenas, que abrangem avanços recentes, referência cruzada ou reorganização do novo material. Nossas principais emendas se relacionam às formas comparativamente complexas de análise de regressão que são, agora, mais amplamente usadas que ao escrevermos a primeira edição, em parte porque o *software* associado está mais acessível e eficiente do que no passado. Modificamos o capítulo sobre resultados binários e regressão logística (Cap. 30); incluímos um novo capítulo sobre taxas e regressão de Poisson (Cap. 31); e expandimos, consideravelmente, o capítulo original sobre modelagem estatística, de modo que agora compreende três capítulos: Modelos lineares generalizados (Cap. 32), Variáveis explanatórias em modelos estatísticos (Cap. 33) e Questões em modelagem estatística (Cap. 34). Também modificamos o Capítulo 41, que descreve diferentes abordagens à análise de dados agrupados, e acrescentamos o Capítulo 42, que delineia os variados métodos de regressão que podem ser usados para analisar esse tipo de dado. A primeira edição continha uma breve descrição da análise de série temporal, que decidimos omitir na segunda porque sentimos que ela, provavelmente, era limitada demais para ser realmente útil, e expandi-la ultrapassaria os limites do permitido. Em razão dessa omissão e dos capítulos que acrescentamos, a numeração dos capítulos da segunda edição difere daquela da primeira após o Capítulo 30. A maioria dos capítulos desta última parte do livro, que constavam na primeira edição, sofreu alterações mínimas, se tanto.

A descrição de cada técnica estatística é acompanhada de um exemplo que ilustra o seu uso. Em geral, obtivemos os dados para esses exemplos em estudos colaborativos, nos quais nós ou nossos colegas estivemos envolvidos; em alguns casos, usamos dados reais de artigos publicados. Quando possível, usamos o mesmo conjunto de dados em mais de um capítulo, para refletir a realidade da análise de dados que raramente se restringe a uma única técnica ou abordagem. Embora acreditemos que fórmulas devam ser disponibilizadas e que a lógica da abordagem deva ser explicada como auxílio à compreensão, evitamos mostrar os detalhes de cálculos complexos – a maioria dos leitores terá acesso a computadores e pouco provavelmente fará cálculos, exceto os mais simples, manualmente.

Consideramos de particular importância para o leitor a capacidade de interpretar os resultados de um programa de computador. Escolhemos, portanto, quando aplicável, exibir resultados usando extratos de resultados de computador. Em alguns casos, nos quais cremos que indivíduos possam ter dificuldade de interpretação, incluímos (Apêndice C) e anotamos o resultado completo da análise de um conjunto de dados, feita em computador. Existem muitos programas estatísticos em uso comum; para dar ao leitor uma indicação de como o resultado pode variar, não restringimos o resultado a um programa particular e usamos, em vez disso, três programas bem conhecidos – SAS, SPSS e Stata.

Existem extensas referências cruzadas ao longo do texto para ajudar o leitor a ligar os vários procedimentos. Um conjunto básico de tabelas estatísticas aparece no Apêndice A. Neave, H. R. (1981) *Elementary Statistical Tables*,

Routledge, e Diem, K. (1970) *Documenta Geigy Scientific Tables*, 7th Edn, Blackwell Publishing: Oxford, entre outros, fornecem versões mais completas caso o leitor necessite de resultados mais precisos para cálculos manuais. O Glossário de termos (Apêndice D) fornece explicações facilmente acessíveis da terminologia comumente usada.

Sabemos que uma das maiores dificuldades com que se deparam os não-estatísticos é escolher a técnica adequada. Produzimos, portanto, dois fluxogramas que podem ser usados para ajudar na decisão com relação a qual método usar e para localizar facilmente uma técnica particular no livro. Esses dois fluxogramas são exibidos em destaque no final do livro, para fácil acesso.

O leitor pode julgar útil avaliar seu progresso em autoestudo tentando resolver os exercícios interativos contidos em nosso *Website* (www.medstatsaag.com). Esse *Website* também contém um conjunto completo de referências (algumas delas com *links* diretos para o Medline) para suplementar as referências citadas no texto e proporcionar informações úteis de apoio aos exemplos. Para leitores que desejam obter uma maior compreensão de áreas específicas da estatística médica, podemos recomendar os seguintes livros:

Altman, D. G. (1991). *Practical Statistics for Medical Research*. Chapman and Hall, London.

Armitage, P., Berry, G. and Mathews, J. F. N. (2001). *Statistical Methods in Medical Research. 4th Edn*. Blackwell Science, Oxford.

Pocock, S. J. (1983). *Clinical Trials: A Practical Approach*. Wiley, Chichester.

Somos extremamente gratos a Mark Gilthorpe e Jonathan Sterne, que fizeram valiosos comentários e sugestões sobre aspectos desta segunda edição, e a Richard Morris, Fiona Lampe, Shak Hajat e Abul Basar, por seus conselhos na primeira edição. Gostaríamos de agradecer a todos que nos ajudaram fornecendo dados para os exemplos. Naturalmente, assumimos total responsabilidade por quaisquer erros que permaneçam no texto ou nos exemplos. Também gostaríamos de agradecer a Mike, Gerald, Nina, Andrew e Karen, que toleraram, com tranqüilidade, nossa preocupação com a primeira edição e que conviveram conosco em meio às provas e tribulações desta segunda edição.

AVIVA PETRIE
CAROLINE SABIN
Londres

Índice

No *site* www.medstatsaag.com encontra-se material adicional, incluindo uma extensa lista de referências e questões de múltipla escolha com respostas interativas para auto-avaliação.

1 Tipos de dados

Dados e estatística

O propósito da maioria dos estudos é coletar **dados** para obter informação sobre uma área específica de pesquisa. Nossos dados compreendem *observações* sobre uma ou mais variáveis; qualquer quantidade que varia é denominada uma **variável**. Por exemplo, podemos coletar informações clínicas e demográficas básicas de pacientes com uma doença específica. As variáveis de interesse podem incluir o sexo, a idade e a altura dos pacientes.

Nossos dados são usualmente obtidos de uma **amostra** de indivíduos que representa a **população** de interesse. Nossa meta é condensar esses dados de uma maneira significativa, e extrair deles informações úteis. A **estatística** engloba os métodos de coleta, resumo, análise e tirada de conclusões a partir dos dados: usamos técnicas estatísticas para atingir nossa meta.

Dados podem assumir muitas formas diferentes. Precisamos saber a forma que cada variável assume antes de podermos decidir sobre os métodos estatísticos mais adequados a utilizar. Cada variável e os dados resultantes pertencerão a um de dois tipos: *categórico* ou *numérico* (Fig. 1.1).

978-85-7241-701-3

Dados categóricos (qualitativos)

Esses dados ocorrem quando cada indivíduo pode pertencer a somente uma de várias categorias distintas da variável.

• *Dados nominais*: as categorias não são ordenadas, mas simplesmente têm nomes. Os exemplos incluem grupo sangüíneo (A, B, AB e O) e estado civil (casado/viúvo/solteiro etc.). Nesse caso, não existe razão para suspeitar de que ser casado é melhor (ou pior) do que ser solteiro.

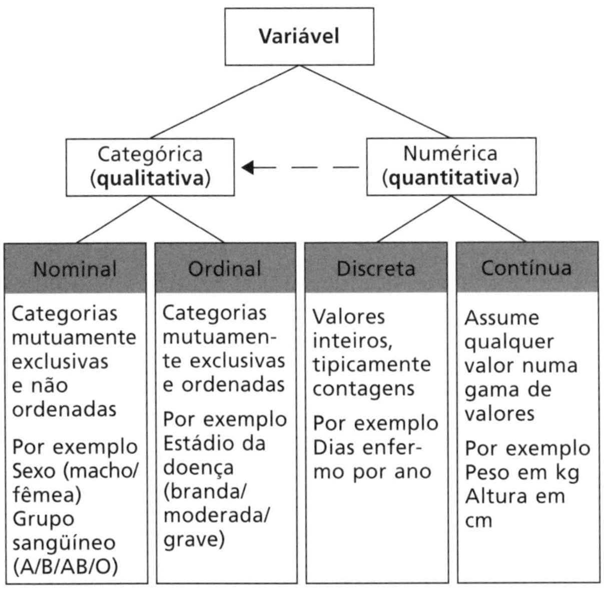

Figura 1.1 – Diagrama mostrando os diferentes tipos de variáveis.

• *Dados ordinais*: as categorias são ordenadas de alguma maneira. Os exemplos incluem sistemas de estadiamento de doenças (avançada, moderada, branda, nenhuma) e grau da dor (forte, moderada, branda, nenhuma).

Quando somente existem duas categorias possíveis, a variável categórica é chamada de **variável binária** ou **variável dicotômica**. Os exemplos incluem: "Sim/Não", "Vivo/Morto" ou "Paciente tem doença/Paciente não tem doença".

Dados numéricos (quantitativos)

Esses dados ocorrem quando a variável assume algum valor numérico. Podemos subdividir os dados numéricos em dois tipos.

• *Dados discretos*: ocorrem quando a variável só pode assumir certos valores numéricos inteiros. Eles são, com freqüência, contagens de números de eventos, como exemplo o número de consultas a um clínico geral num ano ou o número de episódios de enfermidade num indivíduo nos últimos cinco anos.

• *Dados contínuos*: ocorrem quando não existe limite sobre os valores os quais a variável pode assumir, por exemplo, peso ou altura, além daquele que nos restringe ao efetuarmos as mensurações.

Distinção entre tipos de dados

Freqüentemente usamos muitos métodos estatísticos diferentes, dependendo se os dados são categóricos ou numéricos. Embora a distinção entre dados categóricos e numéricos seja em geral clara, em algumas situações ela pode se tornar incerta. Por exemplo, quando temos uma variável com um grande número de categorias ordenadas (por exemplo, uma escala de dor com sete categorias), pode ser difícil distingui-la de uma variável numérica discreta. A distinção entre dados numéricos discretos e contínuos pode ser ainda menos clara, embora em geral isso tenha pouco impacto sobre o resultado da maioria das análises. Idade é um exemplo de variável amiúde tratada como **variável discreta**, mesmo sendo verdadeiramente contínua. Em geral, nos referimos à "idade no último aniversário" em vez de "idade"; dessa forma, uma mulher que relata ter 30 anos pode ter acabado de completá-los ou pode estar prestes a completar 31.

Não se sinta tentado a registrar dados numéricos como categóricos logo de início (por exemplo, registrar somente a faixa na qual recai a idade do paciente, em vez de sua idade verdadeira), pois uma informação importante é freqüentemente perdida. É simples converter dados numéricos em dados categóricos após terem sido coletados.

Dados derivados

Podemos encontrar vários outros tipos de dados no campo médico. Eles incluem:

• *Porcentagens*: estas podem surgir ao se considerar a melhora em pacientes após o tratamento, por exemplo, a função pulmonar de um paciente (volume expiratório forçado em 1s [VEF1]) pode melhorar em 24% após tratamento com uma nova droga. Nesse caso, é o nível de melhora, e não o valor absoluto, que interessa.
• *Proporções* ou *quocientes*: ocasionalmente, você poderá encontrar a proporção ou quociente de duas variáveis. Por exemplo, o índice de massa corporal (IMC), calculado como o peso (kg) de um indivíduo dividido pelo quadrado de sua altura (m^2), é freqüentemente usado para avaliar se ele está acima ou abaixo do peso ideal.
• ***Taxas***: taxas de doenças, nas quais o número de eventos de doença, que ocorrem entre indivíduos, num estudo, é dividido pelo número total de anos de acompanhamento de todos os indivíduos naquele estudo (Cap. 31), são comuns em estudos epidemiológicos (Cap. 12).
• *Escores*: às vezes, usamos um valor arbitrário, isto é, um escore, quando não podemos medir uma quantidade. Por exemplo, uma série de respostas a perguntas sobre qualidade de vida pode ser totalizada para resultar em algum escore geral de qualidade de vida para cada indivíduo.

Todas essas variáveis podem ser tratadas como variáveis numéricas para a maioria das análises. Nos casos em que a variável é derivada pela utilização de mais de um valor (por exemplo, o numerador e o denominador de uma porcentagem), é importante registrar todos os valores usados. Por exemplo, uma melhora de 10% num marcador após tratamento pode ter relevância clínica diferente, dependendo do nível do marcador antes do tratamento.

Dados censurados

Podemos nos deparar com **dados censurados** em situações ilustradas pelos seguintes exemplos.
• Se mensurarmos valores laboratoriais usando uma ferramenta que só pode detectar níveis acima de um determinado valor de corte, então, quaisquer valores abaixo desse corte não serão detectados. Por exemplo, ao mensurar níveis virais, aqueles abaixo do limite de detectabilidade serão freqüentemente relatados como "indetectáveis", embora possa haver alguma quantidade de vírus na amostra.
• Podemos encontrar dados censurados ao acompanhar pacientes numa triagem na qual, por exemplo, alguns pacientes se retiram da triagem antes que ela tenha terminado. Esse tipo de dados é discutido em detalhes no Capítulo 44.

978-85-7241-701-3

2 Entrada de dados

Ao conduzir qualquer estudo, você quase sempre necessitará alimentar com dados um programa de computador. Computadores são valiosos para aprimorar a **precisão** e a velocidade da coleta e análise de dados, facilitando a verificação de erros, a produção de resumos gráficos dos dados e a geração de novas variáveis. Vale a pena despender algum tempo planejando a entrada de dados – isso pode poupar um considerável esforço em estágios posteriores.

Formatos para entrada de dados

Existem muitas maneiras pelas quais é possível alimentar e armazenar dados num computador. A maioria dos programas estatísticos permite inserir dados de maneira direta. Contudo, a limitação dessa abordagem é o fato de freqüentemente você não poder transferir os dados para outro programa. Uma alternativa simples é armazenar os dados numa planilha de cálculo ou num banco de dados. Infelizmente, seus procedimentos estatísticos são amiúde limitados, e usualmente será necessário exportar os dados para um programa estatístico especializado para efetuar análises.

Uma abordagem mais flexível é ter seus dados disponíveis como **arquivo ASCII ou em formato texto**. Uma vez em formato ASCII, os dados podem ser lidos pela maioria dos programas. O formato ASCII consiste simplesmente em linhas de texto as quais você pode visualizar numa tela de computador. Na maioria das vezes, cada variável no arquivo é separada da próxima por um *delimitador*, com freqüência um espaço ou uma vírgula. Isso é conhecido como **dados em formato livre**.

A maneira mais simples de alimentar dados em formato ASCII é digitar os dados diretamente nesse formato, usando um programa processador ou editor de texto. Alternativamente, dados armazenados em planilhas de cálculo podem salvos em formato ASCII. Usando-se qualquer uma das abordagens, é habitual que cada linha de dados corresponda a um indivíduo diferente da pesquisa, e que cada coluna corresponda a uma variável diferente, embora possa ser necessário continuar em linhas subseqüentes se forem coletados dados de um grande número de variáveis para cada indivíduo.

978-85-7241-701-3

Planejamento da entrada de dados

Ao coletar dados numa pesquisa, você freqüentemente precisará usar um formulário ou um questionário para registrar os dados. Se esses formulários forem cuidadosamente projetados, eles poderão reduzir a quantidade de trabalho que precisa feita ao inserir os dados. Em geral, esses formulários/questionários incluem uma série de caixas nas quais os dados são registrados – é comum ter uma caixa separada para cada possível dígito da resposta.

Dados categóricos

Alguns programas estatísticos têm problemas para tratar dados não numéricos. Portanto, você poderá precisar atribuir códigos numéricos a dados categóricos antes de alimentar os dados no computador. Por exemplo, você pode escolher atribuir os códigos 1, 2, 3 e 4 às categorias "sem dor", "dor branda", "dor moderada" e "dor forte", respectivamente. Esses códigos podem ser acrescidos aos formulários ao serem coletados os dados. Para dados binários, por exemplo, respostas sim/não, em geral é conveniente atribuir os códigos 1 (por exemplo, para "sim") e 0 (para "não").

• *Variáveis single-coded*: só existe uma resposta possível para uma pergunta, por exemplo, "o paciente está morto?". Não é possível responder ambos, "sim" e "não", a essa pergunta.

• *Variáveis multi-coded*: mais de uma resposta é possível para cada respondente: por exemplo, "quais sintomas este paciente teve?". Nesse caso, um indivíduo pode ter tido qualquer um de vários sintomas. Existem duas maneiras de tratar esse tipo de dado, dependendo de qual das duas situações ele se aplica.

– *Existem apenas poucos sintomas possíveis, e os indivíduos podem ter tido muitos deles*: podem ser criadas diferentes variáveis binárias que correspondam ao paciente ter respondido sim ou não para a presença de cada sintoma possível. Por exemplo, "o paciente teve tosse?" "o paciente teve dor de garganta?".

– *Existe um grande número de sintomas possíveis, mas espera-se que cada paciente sofra de apenas alguns deles*: diferentes variáveis nominais podem ser criadas; cada variável sucessiva permite denominar um sintoma sofrido pelo paciente. Por exemplo, "qual foi o primeiro sintoma que o paciente sofreu?" "qual foi o segundo sintoma?". Você precisará decidir antecipadamente o número máximo de sintomas que você imagina que um paciente provavelmente tenha sofrido.

Dados numéricos

Dados numéricos devem ser alimentados com a mesma precisão com que são mensurados, e a unidade de medida deve ser consistente para todas as observações a respeito de uma variável. Por exemplo, o peso deve ser registrado em quilos ou libras, mas não em qualquer uma dessas unidades indistintamente.

Múltiplos formulários por paciente

Às vezes, coletam-se informações sobre o mesmo paciente em mais de uma ocasião. É importante que exista algum identificador singular (por exemplo, um número de série) relacionado ao indivíduo, que permita a você ligar todos os dados de um indivíduo num estudo.

Problemas com datas e horas

Datas e horas devem ser inseridas de maneira consistente, por exemplo dia/mês/ano ou mês/dia/ano, mas não das duas maneiras indistintamente. É importante descobrir qual formato o programa estatístico pode ler.

Codificação de valores faltantes

Você deve considerar o que irá fazer com valores faltantes antes de inserir os dados. Na maioria dos casos, você precisará usar algum símbolo para representar um valor faltante. Os programas estatísticos tratam valores faltantes de maneiras diferentes. Alguns usam caracteres especiais (por exemplo, ponto ou asterisco) para indicar valores faltantes, ao passo que outros exigem que você defina seu próprio código para um valor faltante (os valores comumente usados são 9.999 ou –99). O valor escolhido deve ser um que não seja possível para essa variável. Por exemplo, ao inserir uma variável categórica com quatro categorias (codificadas 1, 2, 3 e 4), você pode escolher o valor 9 para representar valores faltantes. Entretanto, se a variável for "idade da criança", um código diferente deverá ser escolhido. Dados faltantes são discutidos com mais detalhes no Capítulo 3.

Exemplo

Variáveis nominais – sem categorização (Deficiência hemorrágica, Sexo do bebê)

Variável discreta – só pode assumir certos valores numa faixa (Idade gestacional)

Variável *multicoded* – usada para criar quatro variáveis binárias separadas (Intervenções requeridas durante a gravidez)

Erro no questionário – alguns completados em kg, outros em lb/oz. (Peso do bebê)

DATA (Data do parto)

Variável contínua (Idade da mãe)

Nominal (Grupo sangüíneo)

Ordinal (Freqüência de sangramento gengival)

				Intervenções requeridas durante a gravidez					Peso do bebê						
Número da paciente	Deficiência hemorrágica	Sexo do bebê	Idade gestacional (semanas)	Gás inalado	Petidina intramuscular	Petidina intravenosa	Epidural	Escore de apgar	kg	lb	oz	Data do parto	Idade da mãe (anos) na data do parto	Grupo sangüíneo	Freqüência de sangramento gengival
47	3	3	–	–	–	–	–	–	–	–	–	08/08/74	–	3	6
33	3	–	41	0	1	0	1	–	–	6	13	11/08/52	27,26	1	4
34	3	1	39	1	0	0	0	–	–	7	14	04/02/53	22,12	1	1
43	3	1	41	1	1	0	0	–	–	8	0	26/02/54	27,51	3	33
23	3	2	–	0	0	0	0	10/1–10/	11,19	–	–	29/12/65	36,58	1	3
49	3	3	–	–	–	–	–	–	–	–	–	09/08/57	–	1	5
51	3	3	–	–	–	–	–	–	–	–	–	21/06/51	–	3	5
20	2	41	0	1	0	0	–	–	7	12	15/08/96	25.61	3	3	–
64	4	–	–	1	1	0	0	–	–	–	–	10/11/51	24,61	3	2
27	3	1	14	1	0	0	0	ok		8	8	02/12/71	22,45	1	1
38	3	2	38	1	0	0	0	9/1–9/5	–	6	10	12/11/61	31,60	1	1
50	3	2	40	0	0	0	0	–	–	5	11	06/02/68	18,75	1	6
54	4	1	41	0	1	0	0	–	–	7	4	17/10/59	24,62	3	2
7	1	1	40	0	0	0	1	–	–	6	5	17/12/65	20,35	2	6
9	1	2	38	0	1	0	0	–	–	5	4	12/12/96	28,49	3	3
17	1	4	–	–	–	–	–	–	–	–	–	15/05/71	26,81	1	5
53	3	2	40	0	0	1	0	–	–	8	7	07/03/41	31,04	1	3
56	4	2	40	0	0	0	0	–	3,5	–	0	16/11/57	37,86	3	3
58	4	1	40	0	1	0	1	–	–	8	0	17/063/47	22,32	3	Y
14	1	1	38	0	0	0	1	–	–	7	12	04/05/61	19,12	4	2

Deficiência hemorrágica:
1 = Hemofilia A
2 = Hemofilia B
3 = Doença de von Willebrand
4 = Deficiência de fator XI (FXI)

Sexo do bebê:
1 = Homem
2 = Mulher
3 = Aborto
4 = Ainda grávida

Intervenções:
0 = Não
1 = Sim

Grupo sangüíneo:
1 = O + ve
2 = O – ve
3 = A + ve
4 = A – ve
5 = B + ve
6 = B – ve
7 = AB + ve
8 = AB – ve

Freqüência de sangramento gengival:
1 = Mais de uma vez por dia
2 = Uma vez por dia
3 = Uma vez por semana
4 = Uma vez por mês
5 = Menos freqüentemente
6 = Nunca

Figura 2.1 – Parte de uma planilha mostrando dados coletados numa amostra de 64 mulheres com distúrbios hemorrágicos hereditários.

Como parte de um estudo a respeito do efeito de distúrbios hemorrágicos hereditários sobre a gravidez e o parto, dados foram coletados numa amostra de 64 mulheres, registradas em um único centro de hemofilia de Londres. As mulheres foram questionadas sobre seu distúrbio hemorrágico e sua primeira gravidez (ou sua gravidez atual se, na data da entrevista, estivessem grávidas pela primeira vez). A Figura 2.1 mostra os dados de uma pequena seleção de mulheres, após os dados serem inseridos numa planilha, mas antes de ter sido verificada a existência de erros. Os esquemas de codificação para as variáveis categóricas são mostrados no final da Figura 2.1. Cada linha da planilha representa um indivíduo separado no estudo; cada coluna representa uma variável diferente. Quando a mulher ainda está grávida, sua idade na data do parto foi calculada a partir da data estimada para o parto. Dados relativos aos nativivos são mostrados no Capítulo 37.

Dados gentilmente fornecidos por Dr. R. A. Kadir, University Department of Obstetrics and Gynaecology, e Professor C. A. Lee, Haemophilia Centre and Haemostasis Unit, Royal Free Hospital, Londres.

978-85-7241-701-3

3 Verificação de erros e *outliers*

Em qualquer estudo, existe sempre o potencial de ocorrência de erros num conjunto de dados, seja no início, ao obter as mensurações, ou ao coletar, transcrever e inserir os dados num computador. É difícil eliminar todos esses erros. Entretanto, você pode reduzir o número de erros de digitação e transcrição verificando os dados cuidadosamente após sua inserção. Com freqüência, a simples varredura visual dos dados identificará valores obviamente errados. Neste capítulo, sugerimos várias outras abordagens que você pode usar ao verificar dados.

Erros de digitação

Erros de digitação são a fonte mais freqüente de erros na inserção de dados. Se a quantidade de dados é pequena, você pode verificar os dados digitados comparando-os aos formulários/questionários originais, para ver se existe algum erro de digitação. Entretanto, isso toma tempo se a quantidade de dados é grande. É possível digitar os dados duas vezes e comparar os dois conjuntos de dados usando um programa de computador. Quaisquer diferenças entre os dois conjuntos de dados revelarão erros de digitação. Embora essa abordagem não exclua a possibilidade de o mesmo erro ter sido digitado incorretamente nas duas ocasiões, ou de que o valor no formulário/questionário esteja incorreto, ela ao menos minimiza o número de erros. A desvantagem desse método é que ele toma o dobro do tempo para inserir os dados, o que pode ter maiores implicações de custo ou tempo.

978-85-7241-701-3

Verificação de erros

• *Dados categóricos*: é relativamente fácil verificar dados categóricos, uma vez que as respostas para cada variável só podem assumir um entre vários valores limitados. Portanto, valores não permitidos devem ser erros.

• *Dados numéricos*: com freqüência, é difícil verificar dados numéricos, mas eles têm propensão a erros. Por exemplo, é simples transpor algarismos ou colocar a vírgula decimal no lugar errado ao digitar dados numéricos. Dados numéricos podem ser *verificados por faixa* – ou seja, limites superiores e inferiores podem ser especificados para cada variável. Se um valor está fora desses limites, ele é marcado para investigação adicional.

• *Datas*: na maioria das vezes é difícil verificar a precisão de datas, embora, às vezes, você possa saber que as datas precisam estar dentro de certos períodos de tempo. Datas podem ser verificadas para certificação de sua validade. Por exemplo, 30 de fevereiro está necessariamente incorreto, como também qualquer dia do mês maior que 31 e qualquer mês maior que 12. Certas verificações lógicas também podem ser aplicadas. Por exemplo, a data de nascimento de um paciente deve corresponder à sua idade, e os pacientes em geral devem ter nascido antes de entrarem na pesquisa (pelo menos na maioria das pesquisas). Além disso, pacientes que morreram não devem comparecer a visitas de acompanhamento subseqüentes.

Em todas as verificações de erros, um valor só deve ser corrigido se existir prova de ter ocorrido um erro. Você não deve alterar valores simplesmente por parecerem incomuns.

Lidar com dados faltantes

Sempre existe uma chance de que alguns dados estejam faltando. Se uma proporção muito grande dos dados estiver faltando, os resultados terão pouca probabilidade de ser confiáveis. As razões pelas quais faltam dados sempre devem ser investigadas – se os dados faltantes tendem a se agrupar numa variável específica e/ou num subgrupo específico de indivíduos, isso pode indicar que a variável não se aplica ou nunca foi mensurada para aquele grupo de indivíduos. Se for esse o caso, poderá ser necessário excluir da análise essa variável ou esse grupo de indivíduos. Podemos encontrar problemas específicos quando a chance de falta de dados estiver fortemente relacionada à variável de maior interesse em nossa pesquisa (por exemplo, o resultado numa análise de regressão – Cap. 27). Nessa situação, nossos resultados poderão ser fortemente tendenciosos (Cap. 12). Por exemplo, suponha que estamos interessados numa mensuração que reflete o estado de saúde de pacientes, e que essa informação esteja faltando para alguns pacientes porque eles não se sentiam bem o suficiente para comparecer às consultas clínicas: temos a probabilidade de ter uma visão geral superotimista da saúde do paciente se desprezarmos os dados faltantes na análise. Pode ser possível reduzir essa tendenciosidade usando-se métodos estatísticos adequados[1] ou estimando-se, de alguma maneira, os dados faltantes[2], mas uma opção preferível é minimizar a quantidade de dados faltantes logo de início.

Outliers

O que são *outliers*?

Outliers são observações distintas do corpo principal dos dados, e incompatíveis com o restante dos dados. Esses valores podem ser observações genuínas de indivíduos com níveis muito extremos da variável. Entretanto, eles também podem resultar de erros de digitação ou da escolha incorreta de unidades; portanto, quaisquer valores suspeitos devem ser verificados. É importante detectar se existem *outliers* no conjunto de dados, pois eles podem ter um impacto considerável sobre os resultados de alguns tipos de análises (Cap. 29).

Por exemplo, uma mulher com 2,13m de altura provavelmente apareceria como um *outlier* na maioria dos conjuntos de dados. Entretanto, embora esse valor seja claramente muito elevado, se comparado às alturas usuais de mulheres, ele pode ser genuíno e a mulher pode simplesmente ser muito alta. Nesse caso, você deve investigar mais esse valor, possivelmente verificando outras variáveis como a idade e a altura dela, antes de tomar qualquer decisão sobre a validade do resultado. O valor só deve ser alterado se realmente existir prova de que está incorreto.

Verificação da presença des *outliers*

Uma abordagem simples é imprimir os dados e verificá-los visualmente. Isso é adequado se o número de observações não é muito grande, e se o potencial *outlier* é muito menor ou maior do que o restante dos dados. A verificação de faixa também deve identificar possíveis *outliers*. Alternativamente, os dados podem ser plotados de alguma maneira (Cap. 4) – *outliers* podem ser claramente identificados em histogramas e diagramas de dispersão (ver também o Cap. 29 para uma discussão sobre *outliers* na análise de regressão).

Lidar com *outliers*

É importante não remover um indivíduo de uma análise simplesmente porque seus valores são maiores ou menores do que os esperados. Entretanto, a inclusão de *outliers* pode afetar o resultado quando algumas técnicas estatísticas são usadas. Uma abordagem simples é repetir a análise incluindo e excluindo o valor. Se os resultados são similares, então, o *outlier* não tem uma grande influência sobre o resultado. Todavia, se os resultados se alteram fortemente, é importante usar métodos adequados que não são afetados para analisar os dados. Eles incluem o uso de transformações (Cap. 9) e testes não-paramétricos (Cap. 17).

978-85-7241-701-3

REFERÊNCIAS BIBLIOGRÁFICAS

1 Laird, N.M. (1988). Missing data in longitudinal studies. *Statistics in Medicine*, **7**, 305-315.

2 Engels, J.M. and Diehr, P. (2003). Imputation of missing longitudinal data: a comparison of methods. *Journal of Clinical Epidemiology*, **56**: 968-976.

Exemplo

Os valores foram inseridos incorretamente, sem faltar uma coluna?

Valores faltantes codificados com um "–"

Isto é genuíno? Improvável estar correto

				Intervenções requeridas durante a gravidez					Peso do bebê						
Número da paciente	Deficiência hemorrágica	Sexo do bebê	Idade gestacional (semanas)	Gás inalado	Petidina intramuscular	Petidina intravenosa	Epidural	Escore de apgar	kg	lb	oz	Data do parto	Idade da mãe (anos) na data do parto	Grupo sangüíneo	Freqüência de sangramento gengival
47	3	3	–	–	–	–	–	–	–	–	–	08/08/74	–	3	6
33	3	–	41	0	1	0	1	–	–	6	13	11/08/52	27,26	1	4
34	3	1	39	1	0	0	0	–	–	7	14	04/02/53	22,12	1	1
43	3	1	41	1	1	0	0	–	–	8	0	26/02/54	27,51	3	33
23	3	2	–	0	0	0	0	10/1–10/	(11,19)	–	–	29/12/65	36,58	1	3
49	3	3	–	–	–	–	–	–	–	–	–	09/08/57	–	1	5
51	3	3	–	–	–	–	–	–	–	–	–	21/06/51	–	3	5
20	2	(41)	→ 0	1	0	0	–	–	7	12	15/08/96	25.61	3	3	–
64	4	–	–	1	1	0	0	–	–	–	–	10/11/51	24,61	3	2
27	3	1	(14)	1	0	0	0	ok		8	8	02/12/71	22,45	1	1
38	3	2	38	1	0	0	0	9/1–9/5	–	6	10	12/11/61	31,60	1	1
50	3	2	40	0	0	0	0	–	–	5	11	06/02/68	18,75	1	6
54	4	1	41	0	1	0	0	–	–	7	4	17/10/59	24,62	3	2
7	1	1	40	0	0	0	1	–	–	6	5	17/12/65	20,35	2	6
9	1	2	38	0	1	0	0	–	–	5	4	(12/12/96)	28,49	3	3
17	1	4	–	–	–	–	–	–	–	–	–	15/05/71	26,81	1	5
53	3	2	40	0	0	1	0	–	–	8	7	07/03/41	31,04	1	3
56	4	2	40	0	0	0	0	–	3,5	–	0	16/11/57	37,86	3	3
58	4	1	40	0	1	0	1	–	–	8	0	(17/063/47)	22,32	3	(Y)
14	1	1	38	0	0	0	1	–	–	7	12	04/05/61	19,12	4	2

Algarismos transpostos? Deveria ser 41?

Isto está correto? Jovem demais para ter filho!

Erro de digitação? Deveria ser 17/06/47

?

Figura 3.1 – Verificação de erros num conjunto de dados.

Após inserir os dados descritos no Capítulo 2, o conjunto de dados é verificado contra erros. Algumas das inconsistências destacadas são simples erros de digitação. Por exemplo, o código "41" na coluna "sexo do bebê" está incorreto como resultado da falta de informação do sexo da paciente 20; o restante dos dados para a paciente 20 foram digitados nas colunas incorretas. Outros (por exemplo, valores incomuns nas colunas de idade gestacional e peso) têm probabilidade de ser erros, mas as notas devem ser verificadas antes da tomada de qualquer decisão, pois elas podem refletir *outliers* genuínos. Nesse caso, a idade gestacional da paciente número 27 era de 41 semanas, e decidiu-se que um peso de 11,19kg era incorreto. Como não foi possível encontrar o peso correto para esse bebê, o valor foi digitado como faltante.

4 Exibição gráfica de dados

Uma das primeiras coisas que você poderá querer fazer quando estiver inserindo seus dados num computador é resumi-los de alguma maneira que você possa "sentir" os dados. Isso pode ser feito produzindo-se diagramas, tabelas ou estatísticas resumidas (Cap. 5 e 6). Diagramas são, com freqüência, ferramentas poderosas para exprimir informações sobre os dados, proporcionar quadros sumários simples e destacar *outliers* e **tendências** antes da execução de qualquer análise formal.

Uma variável

Distribuições de freqüências

A **distribuição empírica** *de freqüências* de uma variável relaciona cada possível observação, classe de observações (isto é, faixa de valores) ou categoria, conforme adequado, à sua **freqüência** observada de ocorrência. Se substituirmos cada freqüência por uma **freqüência relativa** (a porcentagem da freqüência total), podemos comparar **distribuições de freqüências** em dois ou mais grupos de indivíduos.

Exibição de distribuições de freqüências

Uma vez obtidas as freqüências (ou freqüências relativas) para dados *categóricos* ou alguns dados *numéricos discretos*, elas podem ser exibidas visualmente.

• ***Gráfico de barras ou colunas***: uma barra horizontal ou vertical separada é desenhada para cada categoria, sendo seu comprimento proporcional à freqüência dessa categoria. As barras são separadas por pequenas lacunas, para indicar que os dados são categóricos ou discretos (Fig. 4.1*A*).

• ***Gráfico de* pizza**: uma "*pizza*" circular é cortada em seções, uma para cada categoria, de modo que a área de cada categoria é proporcional à freqüência dessa categoria (Fig. 4.1*B*).

Em geral é mais difícil exibir dados *numéricos contínuos*, pois eles podem precisar ser resumidos antes de serem desenhados. Os diagramas comumente usados incluem os seguintes:

• ***Histograma***: similar a um gráfico de barras, mas não deve haver lacunas entre as barras, pois os dados são contínuos (Fig. 4.1*D*). A largura de cada barra do histograma

978-85-7241-701-3

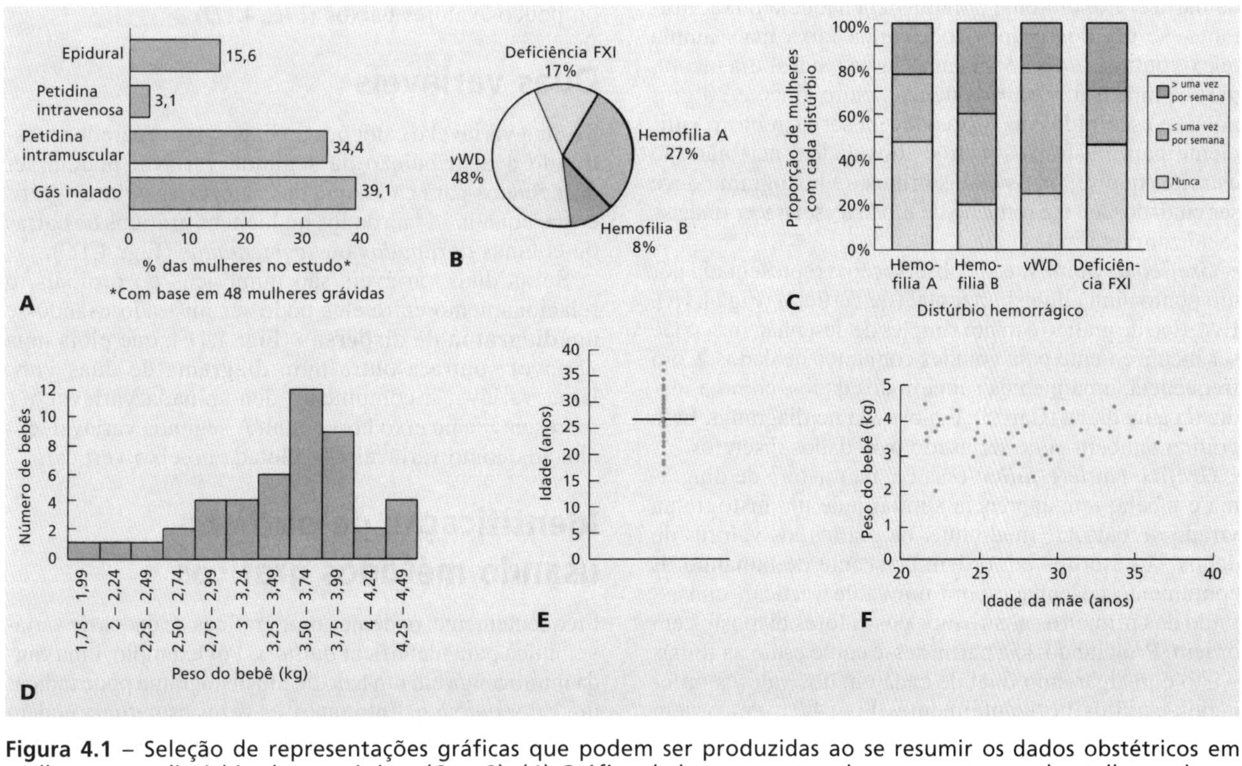

Figura 4.1 – Seleção de representações gráficas que podem ser produzidas ao se resumir os dados obstétricos em mulheres com distúrbios hemorrágicos (Cap. 2). (*A*) Gráfico de barras mostrando a porcentagem de mulheres do estudo que necessitaram de alívio da dor em qualquer das intervenções listadas durante o trabalho de parto. (*B*) Gráfico de *pizza* mostrando a porcentagem de mulheres do estudo com cada distúrbio hemorrágico. (*C*) Gráfico de colunas segmentadas mostrando a freqüência com a qual mulheres com diferentes distúrbios hemorrágicos apresentam sangramento gengival. (*D*) Histograma mostrando o peso do bebê ao nascer. (*E*) Gráfico de pontos mostrando a idade da mãe quando do nascimento do bebê, com a idade mediana marcada como uma linha horizontal. (*F*) Diagrama de dispersão mostrando o relacionamento entre a idade da mãe no momento do parto (no eixo horizontal ou *x*) e o peso do bebê (no eixo vertical ou *y*). FXI, fator XI; vWD, doença de von Willebrand.

Dipropionato de beclometasona		Placebo
3	1	04
665	1,1	39
53	1,2	99
9751	1,3	1135677999
955410	1,4	0148
987655	1,5	00338899
9531100	1,6	0001355
731	1,7	00114569
99843110	1,8	6
654400	1,9	01
6	2	
7	2,1	19
10	2,2	

Figura 4.2 – Gráfico caule-e-folha mostrando o volume expiratório forçado em 1s (VEF1) (litros) em crianças recebendo dipropionato de beclometasona inalado ou placebo (Cap. 21).

se relaciona a uma faixa de valores para a variável. Por exemplo, o peso do bebê (Fig. 4.1*D*) pode ser categorizado como 1,75 a 1,99kg, 2 a 2,24kg... 4,25 a 4,49kg. A área da barra é proporcional à freqüência naquela faixa. Portanto, se um dos grupos cobrir uma faixa mais ampla que os outros, sua base será mais larga e sua altura menor, para compensar. Com freqüência, entre cinco e 20 grupos são escolhidos; as faixas devem ser estreitas o suficiente para ilustrar os padrões dos dados, mas não tão estreitas que sejam os dados brutos. O histograma deve ser cuidadosamente rotulado de modo a esclarecer onde se localizam os limites.

- ***Gráfico de pontos***: cada observação é representada por um ponto numa linha horizontal (ou vertical) (Fig. 4.1*E*). Esse tipo de gráfico é muito simples de desenhar, mas pode ser inconveniente para grandes conjuntos de dados. Com freqüência, uma medida sumária dos dados, como a média ou a mediana (Cap. 5), é mostrada no diagrama. Esse gráfico também pode ser usado para dados discretos.
- ***Gráfico caule-e-folha***: essa é uma mistura de diagrama e tabela; tem aparência similar à de um histograma virado de lado, de modo que, na prática, os valores de dados são escritos em ordem crescente de tamanho. É comumente desenhado com um caule vertical, consistindo dos primeiros algarismos dos valores dispostos em ordem. Projetando-se a partir desse caule estão as folhas – isto é, o algarismo final de cada um dos valores ordenados escritos horizontalmente (Fig. 4.2), em ordem numérica crescente.
- ***Gráfico de caixa*** *(freqüentemente denominado gráfico* box-and-whisker*)*: esse é um retângulo vertical ou horizontal, cujas extremidades correspondem aos quartis superior e inferior dos valores de dados (Cap. 6). Uma linha traçada através do retângulo corresponde ao valor mediano (Cap. 5). *Whiskers*, começando nas extremidades do retângulo, em geral indicam valores mínimos e máximos, mas às vezes se relacionam a percentis específicos, por exemplo, o 5º e o 95º percentis (Cap. 6, Fig. 6.1). *Outliers* podem ser marcados.

"Formato" da distribuição de freqüências

A escolha do método estatístico mais adequado dependerá, na maioria das vezes, do formato da distribuição. A **distribuição unimodal** dos dados, no sentido de que tem um único "pico", é freqüente. Às vezes, há **distribuição bimodal** (dois picos) ou **distribuição uniforme** (cada valor é igualmente provável e não existem picos). Quando a distribuição é unimodal, a meta principal é verificar onde recai a maioria dos valores de dados, em relação aos valores máximo e mínimo. Em particular, é importante avaliar se ocorre:

- ***Distribuição simétrica***: centrada em algum ponto médio, um lado sendo a imagem especular do outro (ver Fig. 5.1, adiante).
- ***Distribuição deslocada*** *para a direita (deslocada positivamente)*: uma longa cauda para a direita, com um ou poucos valores altos. Tais dados são comuns em pesquisa médica (ver Fig. 5.1, adiante).
- ***Distribuição deslocada*** *para a esquerda (deslocada negativamente)*: uma longa cauda para a esquerda, com um ou poucos valores baixos (Fig. 4.1*D*).

Duas variáveis

Se uma variável é categórica, diagramas separados mostrando a distribuição da segunda variável podem ser desenhados para cada uma das categorias. Outros gráficos adequados a tais dados incluem os gráficos de barras ou colunas *agrupadas* ou *segmentadas* (Fig. 4.1*C*).

Se as duas variáveis são numéricas ou ordinais, o relacionamento entre elas pode ser ilustrado usando-se um **diagrama de dispersão** (Fig. 4.1*F*), que plota uma variável contra a outra num diagrama de duas vias. Uma variável é comumente denominada variável x e representada no eixo horizontal. A segunda variável, conhecida como variável y, é plotada no eixo vertical.

Identificação de *outliers* usando métodos gráficos

Freqüentemente, podemos usar gráficos de dados de variável única para identificar *outliers*. Por exemplo, uma cauda muito longa em um lado de um histograma pode indicar um valor *outlying*. Entretanto, às vezes os *outliers* podem se tornar aparentes ao se considerar o relacionamento entre duas variáveis. Por exemplo, um peso de 55kg não seria incomum para uma mulher de 1,6m de altura, mas seria incomumente baixo se a altura da mulher fosse 1,9m.

978-85-7241-701-3

5 Descrição de dados: "média"

Resumo de dados

É muito difícil ter qualquer "sensação" para um conjunto de mensurações numéricas, a menos que possamos resumir os dados de maneira significativa. Um diagrama (Cap. 4) é, freqüentemente, um útil ponto de partida. Também podemos condensar a informação provendo medidas que descrevem as características importantes dos dados. Em particular, se temos alguma percepção do que constitui um valor representativo e se sabemos quão amplamente dispersas estão as observações em torno dele, podemos formular uma imagem dos dados. A **média** é um termo geral para uma medida de *localização*; ela descreve uma mensuração típica. Devotamos este capítulo às médias, de modo que as mais comuns são a média propriamente dita e a mediana (Tabela 5.1). Introduzimos medidas que descrevem a dispersão ou a *amplitude* das observações no Capítulo 6.

Média aritmética

A **média aritmética** (freqüentemente denominada apenas média) de um conjunto de valores é calculada somando-se todos os valores e dividindo essa soma pelo número de valores no conjunto.

É útil ser capaz de resumir essa descrição verbal por meio de uma fórmula algébrica. Utilizando notação matemática, escrevemos nosso conjunto de dados de n observações de uma variável, x, como $x_1, x_2, x_3 ... x_n$. Por exemplo, x pode representar a altura de um indivíduo (cm), de modo que x_1 representa a altura do primeiro indivíduo, e x_i a altura no iésimo indivíduo, etc. Podemos escrever a fórmula da média aritmética das observações, grafada por $\bar{x}$ e pronunciada como "x traço", como:

$$\bar{x} = \frac{x_1 + x_2 + x_3 + ... + x_n}{n}$$

Usando notação matemática, podemos encurtar isso para:

$$\bar{x} = \frac{\sum_{i=1}^{n} x_i}{n}$$

Em que Σ (a letra grega "sigma" maiúscula) significa "a soma de", e os índices e expoentes em Σ indicam que somamos os valores de $i = 1$ até n. Com freqüência, isso é abreviado adicionalmente como:

$$\bar{x} = \frac{\sum x_i}{n} \quad \text{ou para} \quad \bar{x} = \frac{\sum x}{n}$$

Mediana

Se dispusermos nossos dados em ordem de grandeza, começando com o menor valor e terminando com o maior valor, então, a **mediana** é o valor central desse conjunto ordenado. A mediana divide os valores ordenados em duas metades, com um número igual de valores acima e abaixo dela.

É fácil calcular a mediana se o número de observações, n, é *ímpar*. Ela é a $(n + 1)/2^{\underline{a}}$ observação no conjunto ordenado. Assim, por exemplo, se $n = 11$, então a mediana é a $(11 + 1)/2 = 12/2 = 6^{\underline{a}}$ observação no

Tabela 5.1 – Vantagens e desvantagens de médias

Tipo de Média	Vantagens	Desvantagens
Média	Usa todos os valores de dados Algebricamente definida, portanto matematicamente tratável Distribuição de amostragem conhecida (Cap. 9)	Distorcida por *outliers* Distorcida por dados deslocados
Mediana	Não distorcida por *outliers* Não distorcida por dados deslocados	Ignora a maioria das informações Não algebricamente definida Distribuição de amostragem complicada
Moda	Facilmente determinada para dados categóricos	Ignora a maioria das informações Não algebricamente definida Distribuição de amostragem desconhecida
Média geométrica	Antes da transformação reversa, tem as mesmas vantagens da média Adequada para dados deslocados para a direita	Adequada somente se a transformação logarítmica produz uma distribuição simétrica
Média ponderada	Mesmas vantagens da média Atribui importância relativa a cada observação Algebricamente definida	Pesos precisam ser conhecidos ou estimados

978-85-7241-701-3

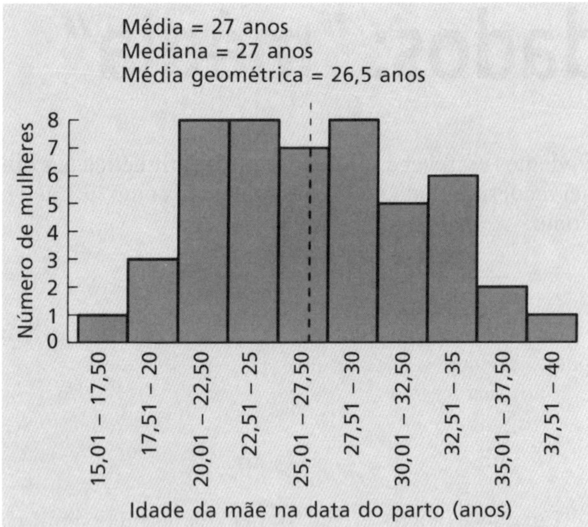

Figura 5.1 – Média, mediana e média geométrica da idade das mulheres do estudo descrito no Capítulo 2, na data do parto. Como a distribuição aparece razoavelmente simétrica, as três medidas da "média" resultam em valores similares, conforme indicado pela linha tracejada.

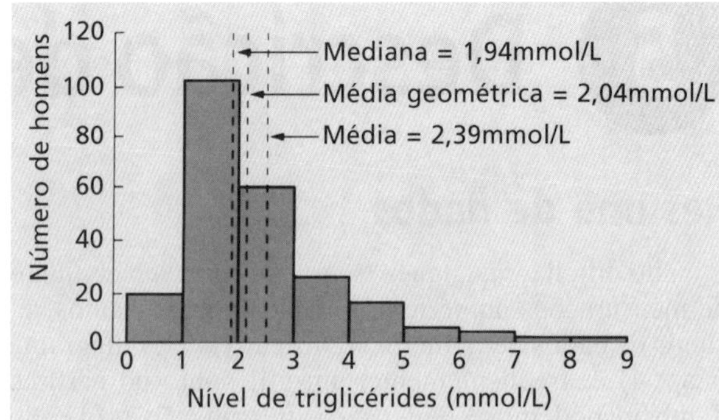

Figura 5.2 – Média, mediana e média geométrica do nível de triglicérides numa amostra de 232 homens que desenvolveram doença cardíaca (Cap. 19). Como a distribuição dos níveis de triglicérides está deslocada para a direita, a média resulta numa "média" maior que a mediana ou que a média geométrica.

conjunto ordenado. Se n é *par*, então, estritamente, não existe mediana. Entretanto, amiúde a calculamos como a média aritmética das duas observações centrais no conjunto ordenado (ou seja, a $n/2^{a}$ e a $[n/2 + 1]^{a}$). Assim, por exemplo, se $n = 20$, a mediana é a média aritmética da $20/2 = 10^{a}$ e da $(20/2 + 1) = (10 + 1) = 11^{a}$ observações no conjunto ordenado.

A mediana é similar à média se os dados são simétricos (Fig. 5.1); menor que a média se os dados estão deslocados para a direita (Fig. 5.2); e maior que a média se os dados estão deslocados para a esquerda.

Moda

A **moda** é o valor que ocorre mais freqüentemente num conjunto de dados; se os dados são contínuos, em geral agrupamos os dados e calculamos o grupo modal. Alguns conjuntos de dados não têm uma moda porque cada valor ocorre somente uma vez. Às vezes, existe mais de uma moda; isso ocorre quando dois ou mais valores ocorrem o mesmo número de vezes, e a freqüência de ocorrência de cada um desses valores é maior que aquela de qualquer outro valor. Raramente usamos a moda como medida sumária.

Média geométrica

A média aritmética, uma medida sumária de localização, é inadequada quando nossos dados estão deslocados. Se os dados estiverem deslocados para a direita, podemos produzir uma distribuição mais simétrica se obtivermos o logaritmo (de base 10 ou de base e) de cada valor da variável nesse conjunto de dados (Cap. 9). A média aritmética dos valores logarítmicos é uma medida de localização para os dados transformados. Para se obter uma medida que tem as mesmas unidades que as observações originais, é preciso fazer a transformação reversa (isto é, obter o antilog) da média dos dados logarítmicos; esta é denominada média geométrica. Contanto que a distribuição dos dados logarítmicos seja aproximadamente simétrica, a **média geométrica** será similar à mediana e menor que a média dos dados brutos (Fig. 5.2).

Média ponderada

Usamos uma **média ponderada** quando certos valores da variável de interesse, x, são mais importante que outros. Acoplamos um peso, w (*weight*), a cada um dos valores, x_i, de nossa amostra, para refletir sua importância. Se os valores $x_1, x_2, x_3 ... x_n$ têm pesos correspondentes $w_1, w_2, w_3 ... w_n$, a média aritmética ponderada é:

$$\frac{w_1x_1 + w_2x_2 + ... + w_nx_n}{w_1 + w_2 + ... + w_n} = \frac{\Sigma w_ix_i}{\Sigma w_i}$$

Por exemplo, suponha que estamos interessados em determinar a duração média da internação hospitalar de pacientes de um distrito, e conhecemos o tempo médio de alta de pacientes de todos os hospitais. Para considerar a quantidade de informação disponível, uma abordagem seria usar como peso o número de pacientes no hospital associado.

A média ponderada e a média aritmética serão idênticas se cada peso for igual a um.

978-85-7241-701-3

6 Descrição de dados: "espalhamento"

Resumo de dados

Se formos capazes de fornecer duas mensurações sumárias de uma **variável contínua**, uma que dê uma indicação do valor "médio" e outra que descreva o "espalhamento" das observações, teremos condensado os dados de maneira significativa. Explicamos como escolher uma média adequada no Capítulo 5. Devotamos este capítulo a uma discussão das mensurações mais comuns do *espalhamento* (*dispersão* ou *variabilidade*), comparadas na Tabela 6.1.

Faixa

A **faixa** é a diferença entre as observações maior e menor do conjunto de dados; você poderá encontrar esses dois valores indicados, em vez da diferença entre eles. Note que a faixa proporciona uma medida enganosa do espalhamento se houver *outliers* (Cap. 3).

Faixas derivadas de percentis

O que são percentis?

Suponha que ordenamos nossos dados em ordem de grandeza, começando pelo menor valor da variável, x, e terminando com seu maior valor. O valor de x que tem 1% das observações do conjunto ordenado inferior a ele (e 99% das observações acima dele) é denominado o primeiro **percentil**. O valor de x que tem 2% das observações inferiores a ele é denominado o segundo percentil, e assim por diante. Os valores de x que dividem o conjunto ordenado em dez grupos de igual tamanho, ou seja, o 10º, 20º, 30º... 90º percentis, são denominados **decis**. Os valores de x que dividem o conjunto ordenado em quatro grupos de igual tamanho, ou seja, 25º, 75º percentis, são denominados **quartis**. O 50º percentil é a **mediana** (Cap. 5).

Uso de percentis

Podemos obter uma medida do espalhamento não influenciada por *outliers* excluindo os valores extremos do conjunto de dados e determinando a faixa das observações restantes. A **faixa interquartis** é a diferença entre o primeiro e o terceiro quartis, isto é, entre o 25º e o 75º percentis (Fig. 6.1). Ele contém os 50% centrais das observações do conjunto ordenado de dados, com 25% das observações abaixo do seu limite inferior e 25% delas acima do seu limite superior. A **faixa interdecis** contém os 80% centrais das observações, ou seja, aquelas entre o 10º e o 90º percentis. Com freqüência, usamos a faixa que contém os 95% centrais das observações, ou seja, ela exclui 2,5% das observações acima do seu limite superior e 2,5% abaixo do seu limite inferior (Fig. 6.1).

Tabela 6.1 – Vantagens e desvantagens de medidas de espalhamento

Medida de Espalhamento	Vantagens	Desvantagens
Faixa	Facilmente determinada	Usa somente duas observações Distorcida por *outliers* Tende a aumentar com o aumento do tamanho da amostra
Faixas baseadas em percentis	Usualmente não afetadas por *outliers* Independentes do tamanho da amostra Adequadas para dados deslocados	Cálculo desajeitado Não podem ser calculadas para amostras pequenas Usa somente duas observações Não são algebricamente definidas
Variância	Usa todas as observações Algebricamente definida	As unidades de medida são o quadrado das unidades dos dados brutos Sensível a *outliers* Inadequada para dados deslocados
Desvio padrão	Mesmas vantagens da variância Unidades de medida são as mesmas que as dos dados brutos Facilmente interpretado	Sensível a *outliers* Inadequada para dados deslocados

978-85-7241-701-3

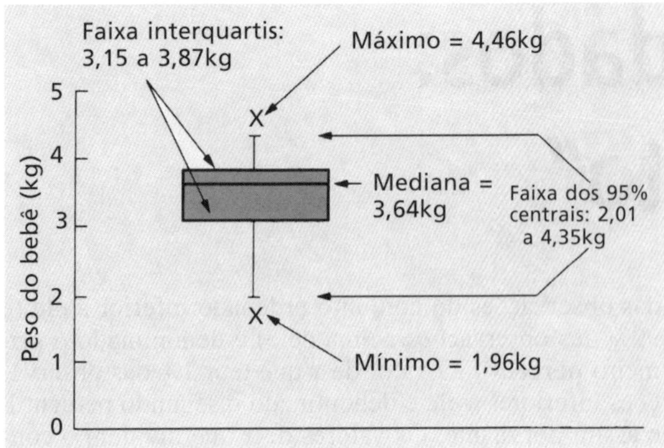

Figura 6.1 – Diagrama "*box-and-whisker*" do peso do bebê ao nascer (Cap. 2). Esta figura ilustra a mediana, a faixa interquartis, a faixa que contém os 95% centrais das observações, e os valores máximo e mínimo.

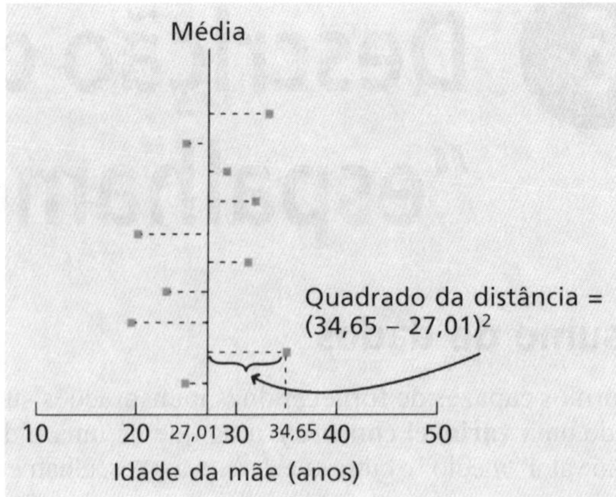

Figura 6.2 – Diagrama mostrando o espalhamento de valores selecionados da idade da mãe, no momento do parto do bebê (Cap. 2), em relação ao valor médio. A variância é calculada adicionando-se os quadrados das distâncias entre cada ponto e a média, e dividindo por (n – 1).

Desde que esse intervalo seja calculado a partir de valores suficientes da variável em indivíduos sadios, podemos usá-lo para diagnosticar a doença. Ele é, então, denominado **intervalo de referência**, *faixa de referência* ou **faixa normal** (Cap. 38).

Variância

Uma maneira de mensurar o espalhamento dos dados é determinar o quanto cada observação se desvia da média aritmética. Claramente, quanto maiores os desvios, maior a variabilidade das observações. Entretanto, não podemos usar a média desses desvios como medida do espalhamento porque as diferenças positivas cancelam exatamente as diferenças negativas. Sobrepujamos esse problema elevando cada desvio ao quadrado e encontrando a média desses desvios ao quadrado (Fig. 6.2); a isso denominamos **variância**. Se temos uma amostra de n observações, x_1, x_2, x_3... x_n, cuja média é $\bar{x} = (\Sigma x_i)/n$, calculamos a variância, em geral notada como s^2, dessas observações utilizando a fórmula:

$$s^2 = \frac{\Sigma(x_i - \bar{x})^2}{n - 1}$$

Podemos observar que isso não é exatamente o mesmo que a média aritmética dos desvios elevados ao quadrado, porque dividimos por n – 1 em vez de n. A razão para isso é que quase sempre confiamos em dados de amostras em nossas investigações (Cap. 10). Pode-se demonstrar teoricamente que obtemos uma melhor **estimativa** da amostra da variância da população se dividirmos por (n – 1).

As unidades de variância são o quadrado das unidades das observações originais, por exemplo, se a variável é o peso medido em kg, as unidades da variância são kg².

Desvio padrão

O **desvio padrão (DP)** é a raiz quadrada da variância. Numa amostra de n observações, ele é:

$$s = \sqrt{\frac{\Sigma(x_i - \bar{x})^2}{n - 1}}$$

Podemos pensar no desvio padrão como uma espécie de média dos desvios das observações em relação à média. Ele é avaliado nas mesmas unidades que os dados brutos.

Se dividirmos o desvio padrão pela média, e expressarmos esse quociente como uma porcentagem, obteremos o **coeficiente de variação**. Ele é uma medida de espalhamento que não depende das unidades de medida, mas tem desvantagens teóricas, por isso não é apreciado por estaticistas.

Variação intra-indivíduos e interindivíduos

Se efetuarmos mensurações repetidas de uma variável contínua num indivíduo, esperaremos observar alguma variação (variabilidade *intra-indivíduo*) nas respostas desse indivíduo. Isso pode ocorrer porque um dado indivíduo nem sempre responde exatamente da mesma maneira e/ou em razão de um erro de medida. Entretanto, a variação intra-indivíduo é amiúde menor que a variação obtida quando efetuamos uma única mensuração em cada indivíduo de um grupo (variabilidade *interindivíduos*). Por exemplo, um rapaz de 17 anos de idade tem uma capacidade vital pulmonar que varia entre 3,60 e 3,87L quando a mensuração é repetida dez vezes; os valores para mensurações únicas de dez rapazes da mesma idade encontram-se entre 2,98 e 4,33L. Esses conceitos são importantes no projeto do estudo (Cap. 13).

978-85-7241-701-3

7 Distribuições teóricas: distribuição Normal

978-85-7241-701-3

No Capítulo 4, mostramos como criar uma **distribuição empírica** *de freqüências* dos dados observados. Isso contrasta com uma **distribuição de probabilidades** teórica, descrita por um **modelo** matemático. Quando nossa distribuição empírica se aproxima de uma distribuição de probabilidades específica, podemos usar nosso conhecimento teórico daquela distribuição para responder a perguntas sobre os dados. Isso, com freqüência, exige a avaliação de probabilidades.

Compreensão da probabilidade

A **probabilidade** mensura a incerteza; ela está no âmago da teoria estatística. Uma probabilidade mensura a chance de ocorrer um determinado evento. Ela é um número positivo entre zero e um. Se é igual a zero, o evento *não pode* ocorrer. Se é um, o evento *precisa* ocorrer. A probabilidade do evento *complementar* (o evento que *não* ocorre) é igual a um menos a probabilidade de ocorrência do evento. Discutimos a **probabilidade condicional**, ou seja, a probabilidade de um evento ocorrer se outro evento houver ocorrido, no Capítulo 45.

Podemos calcular a probabilidade utilizando diversas abordagens.

• ***Probabilidade subjetiva***: nosso grau pessoal de crença de que o evento ocorrerá (por exemplo, que o mundo termine no ano 2050).

• ***Probabilidade freqüentista***: a proporção de vezes em que o evento ocorreria se repetíssemos o experimento um grande número de vezes (por exemplo, o número de vezes que obteríamos "cara" se lançássemos 1000 vezes uma moeda não viciada).

• *Probabilidade* a priori: isso exige conhecimento do *modelo* teórico, denominado **distribuição de probabilidades**, que descreve as probabilidades de todos os possíveis resultados do "experimento". Por exemplo, a teoria genética nos permite descrever a distribuição das probabilidades da cor dos olhos de um bebê filho de uma mulher de olhos azuis e um homem de olhos castanhos, por meio da especificação inicial de todos os genótipos possíveis de cor dos olhos do bebê e suas probabilidades.

Regras de probabilidade

Podemos usar as regras de probabilidade para somar e multiplicar probabilidades.

• *Regra de adição*: se dois eventos, A e B, são *mutuamente exclusivos* (isto é, cada evento exclui a ocorrência do outro), a probabilidade de ocorrência de um ou do outro é igual à soma de suas probabilidades.

$$\text{Prob (A } ou \text{ B)} = \text{Prob (A)} + \text{Prob (B)}$$

por exemplo, se as probabilidades de um paciente adulto, num determinado consultório odontológico, não ter dentes faltantes, ter alguns dentes faltantes ou ser edentado (ou seja é, não ter dentes) são, respectivamente, 0,67, 0,24 e 0,09, a probabilidade de um paciente ter alguns dentes é 0,67 + 0,24 = 0,91.

• *Regra de multiplicação*: se dois eventos, A e B, são *independentes* (ou seja, a ocorrência de um evento não é contingente com a ocorrência do outro), a probabilidade de ocorrência dos dois eventos é igual ao produto de suas probabilidades.

$$\text{Prob (A } e \text{ B)} = \text{Prob (A)} \times \text{Prob (B)}$$

por exemplo, se dois pacientes não relacionados estão aguardando por cirurgia odontológica, a probabilidade de que nenhum dos dois tenha dentes faltantes é 0,67 × 0,67 = 0,45.

Distribuições de probabilidades: teoria

Uma **variável aleatória** é uma quantidade que pode assumir qualquer valor pertencente a um conjunto de valores mutuamente exclusivos, com uma dada probabilidade. Uma **distribuição de probabilidades** mostra as probabilidades de todos os possíveis valores da variável aleatória. Ela é uma distribuição teórica, expressa matematicamente, e tem média e variância análogas àquelas de uma distribuição empírica. Cada distribuição de probabilidades é definida por certos **parâmetros**, que são medidas sumárias (por exemplo, média, variância) que caracterizam aquela distribuição (isto é, o conhecimento sobre elas permite

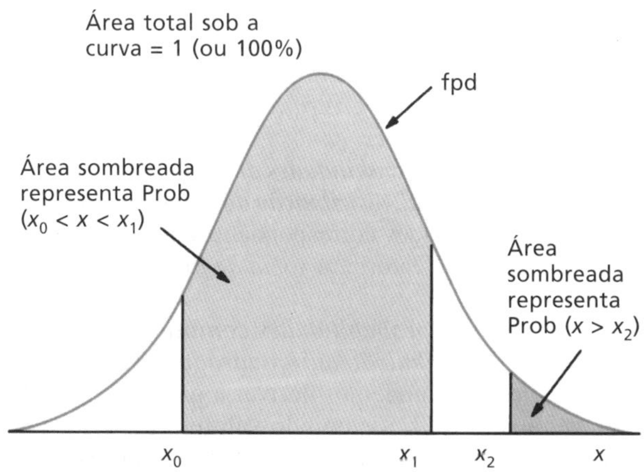

Figura 7.1 – Função da densidade de probabilidade (fdp), de *x*. Prob = probabilidade.

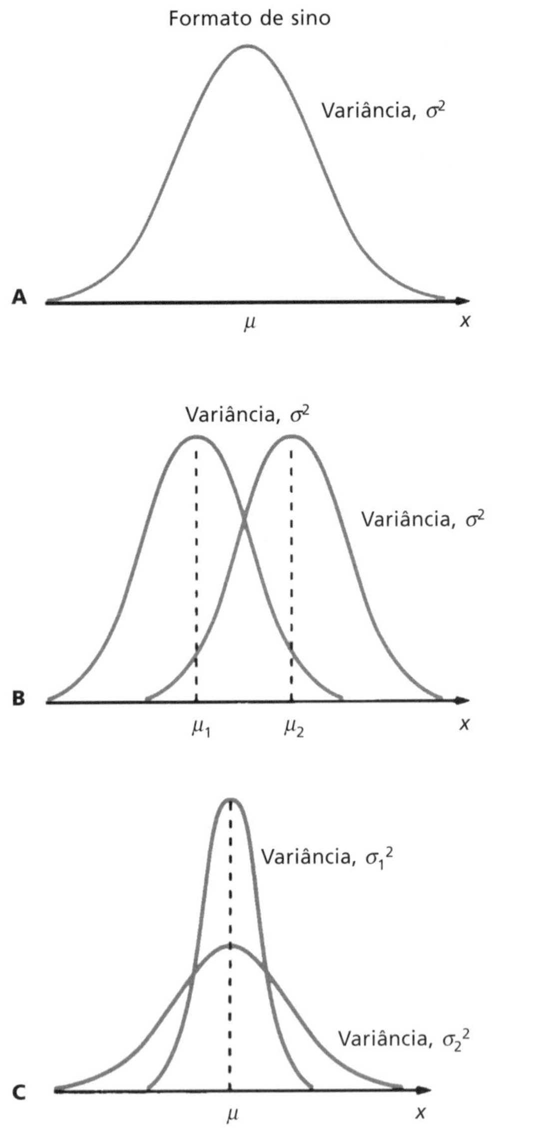

Figura 7.2 – Função da densidade de probabilidade da distribuição Normal da variável, *x*. (*A*) Simétrica em torno da média, μ: variância = σ^2. (*B*) Efeito da alteração da média ($\mu_2 > \mu_1$). (*C*) Efeito da alteração da variância ($\sigma_1^2 < \sigma_2^2$).

que a distribuição seja totalmente descrita). Esses parâmetros são estimados na amostra por **estatísticas** relevantes. Dependendo de a variável aleatória ser discreta ou contínua, pode haver:

- ***Distribuição de probabilidades discreta*** *(por exemplo,* ***distribuição binomial, distribuição de Poisson****)*: podemos derivar probabilidades correspondentes a cada possível valor da variável aleatória. *A soma de todas as probabilidades é um.*
- ***Distribuição de probabilidades contínua*** *(por exemplo, Normal,* ***distribuição qui-quadrado, distribuição t e distribuição F****)*: podemos derivar a probabilidade da variável aleatória, *x*, assumindo valores em certas faixas (porque existem infinitamente muitos valores de *x*). Se o eixo horizontal representar os valores de *x*, poderemos traçar uma curva a partir da equação da distribuição

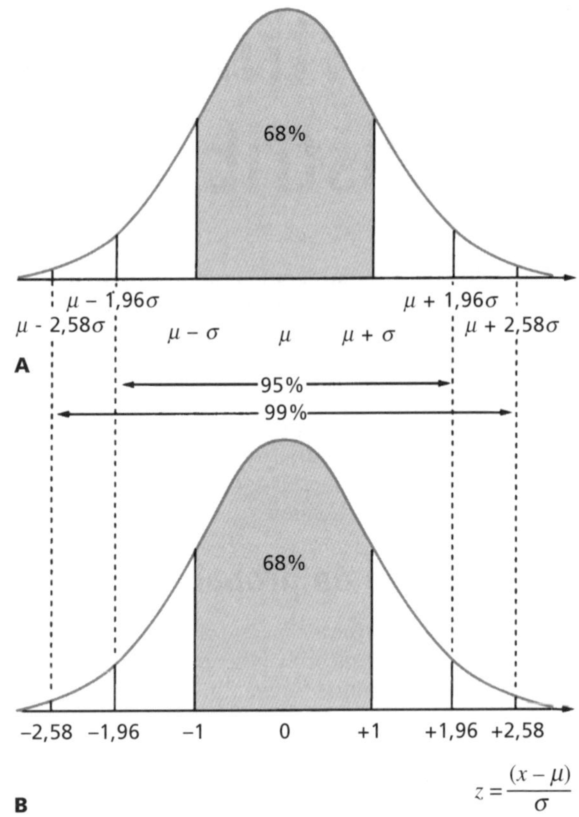

Figura 7.3 – Áreas (porcentagens da probabilidade total) sob a curva para (*A*) distribuição Normal de *x*, com média μ e variância σ^2, e (*B*) distribuição Normal Padrão de *z*.

(a **função de densidade de probabilidade**); ela se parece com uma distribuição empírica de freqüências relativas (Cap. 4). *A área total sob a curva é igual a um*; essa área representa a probabilidade de todos os possíveis eventos. A probabilidade de *x* se localizar entre dois limites é igual à área sob a curva encontrada entre esses valores (Fig. 7.1). Para conveniência, foram produzidas tabelas (Apêndice A) para nos permitir avaliar as probabilidades de interesse para distribuições de probabilidades contínuas comumente usadas. Elas são em particular úteis no contexto de intervalos de confiança (**IC**) (Cap. 11) e teste de hipóteses (Cap. 17).

Distribuição Normal (de Gauss)

Uma das mais importantes distribuições em estatística é a **distribuição Normal (distribuição de Gauss)**. Sua função de densidade de probabilidade (Fig. 7.2) é:

- Totalmente descrita por dois parâmetros, a *média* (μ) e a *variância* (σ^2).
- Em formato de sino (unimodal).
- Simétrica em relação à sua média.
- Deslocada para a direita se a média é aumentada, e para a esquerda se a média é diminuída (assumindo-se variância constante).
- Sofre achatamento com o aumento da variância, mas toma formato de pico com a diminuição da variância (para uma média fixa).

978-85-7241-701-3

978-85-7241-701-3

Propriedades adicionais:

• A média e a mediana de uma distribuição Normal são iguais.

• A probabilidade (Fig. 7.3*A*) de uma variável aleatória, x, Normalmente distribuída, com média, μ, e desvio padrão, σ, estar entre:

- (μ - σ) e (μ + σ) é 0,68.
- (μ - 1,96σ) e (μ + 1,96σ) é 0,95.
- (μ - 2,58σ) e (μ + 2,58σ) é 0,99.

Esses intervalos podem ser usados para definir **intervalos de referência** (Cap. 6 e 38).

Mostramos como avaliar a Normalidade no Capítulo 35.

Distribuição Normal Padrão

Existem infinitamente muitas distribuições Normais, dependendo dos valores de μ e σ. A **distribuição Normal Padrão** (Fig. 7.3*B*) é uma distribuição Normal específica, para a qual probabilidades foram tabuladas (Apêndice A, Tabelas A1 e A4).

• A distribuição Normal Padrão tem *média igual a zero* e *variância igual a um*.

• Se a variável aleatória, x, tem uma distribuição Normal com média, m, e variância, s^2, então o **Desvio Normal Padronizado (DNP)**, $z = \frac{x-\mu}{\sigma}$ é uma variável aleatória que tem uma distribuição Normal Padrão.

8 Distribuições teóricas: outras distribuições

Algumas palavras de conforto

Não se preocupe se você achar complexa a teoria subjacente às distribuições de probabilidades. Nossa experiência demonstra que você quer saber apenas quando e como usar essas distribuições. Portanto, delineamos o essencial e omitimos as equações que definem as distribuições de probabilidades. Você descobrirá que só precisará tornar-se familiar com as idéias básicas, a terminologia e, talvez (embora não com freqüência nesta era de computadores), saber como consultar as tabelas.

Mais distribuições de probabilidades contínuas

Essas distribuições se baseiam em variáveis aleatórias contínuas. Freqüentemente, ela não é uma variável mensurável que segue uma distribuição assim, mas uma estatística derivada da variável. A área total sob a função de densidade de probabilidade representa a probabilidade de todos os possíveis resultados e é igual a um (Cap. 7). Discutimos a distribuição Normal no Capítulo 7; outras distribuições comuns são descritas neste capítulo.

Distribuição *t*

Ver Apêndice A, Tabela A2 e Fig. 8.1.

- Derivada por W.S. Gossett, que publicou sob o pseudônimo "Student", é com freqüência denominada *distribuição t de Student*.
- O parâmetro que caracteriza a distribuição *t* é o *grau de liberdade*, de maneira que podemos desenhar a função de densidade de probabilidade se conhecemos a equação da distribuição *t* e seus graus de liberdade. Discutimos graus de liberdade no Capítulo 11; note que, na maioria das vezes, eles estão intimamente afiliados ao tamanho da amostra.
- Seu formato é similar àquele da Distribuição Normal Padrão, porém mais espalhado, com caudas mais longas. Seu formato se aproxima da Normalidade com o aumento dos graus de liberdade.
- Ela é em particular útil para calcular intervalos de confiança para, e testar hipóteses sobre, uma ou duas médias (Cap. 19 a 21).

Distribuição do qui-quadrado (χ^2)

Ver Apêndice A, Tabela A3 e Fig. 8.2.

- É uma distribuição deslocada para a direita, assumindo valores positivos.
- Caracteriza-se por seus **graus de liberdade** (Cap. 11).
- Seu formato depende dos graus de liberdade; ela se torna mais simétrica e se aproxima da Normalidade com o aumento dos graus de liberdade.
- É particularmente útil para analisar dados categóricos (Cap. 23 a 25).

Distribuição *F*

Ver Apêndice A, Tabela A5.

- É deslocada para a direita.
- É definida por um quociente. A distribuição de um quociente de duas variâncias estimadas, calculadas a partir de dados normais, aproxima-se da distribuição *F*.
- Os dois parâmetros que a caracterizam são os **graus de liberdade** (Cap. 11) do numerador e do denominador do quociente.

978-85-7241-701-3

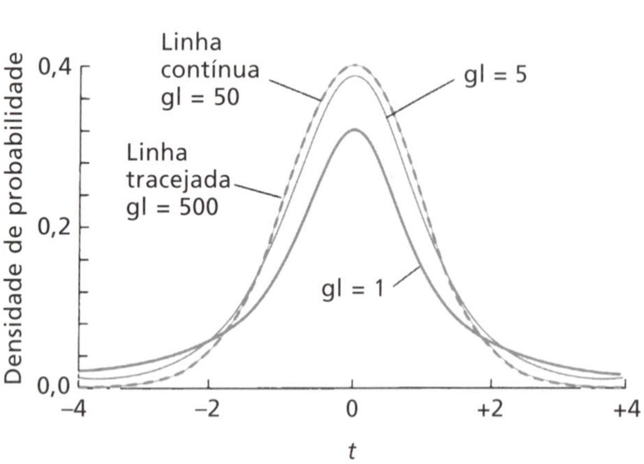

Figura 8.1 – Distribuições *t* com graus de liberdade (gl) = 1, 5, 50 e 500.

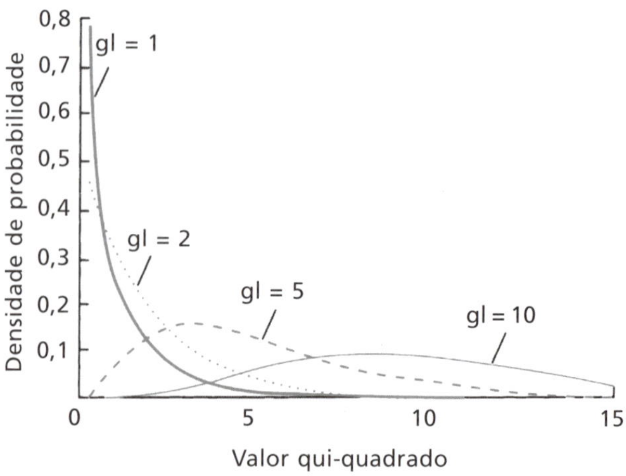

Figura 8.2 – Distribuições qui-quadrado com graus de liberdade (gl) = 1, 2, 5 e 10.

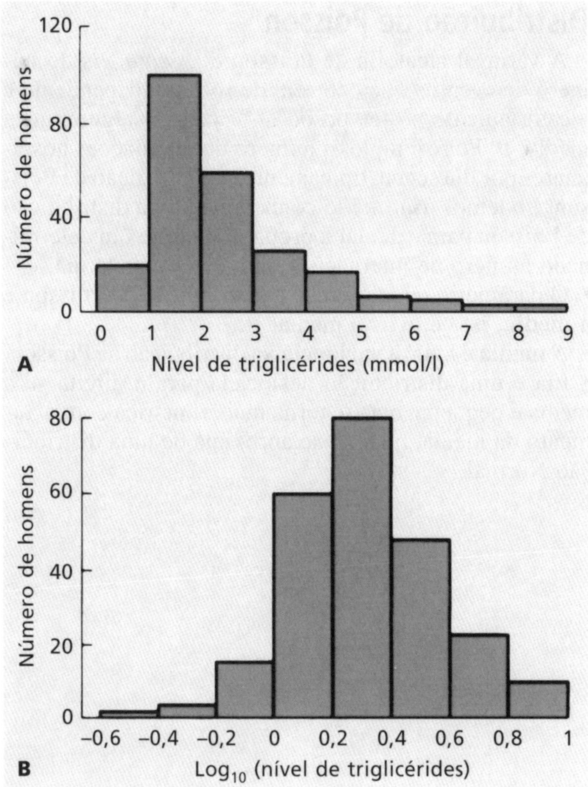

978-85-7241-701-3

Figura 8.3 – (*A*) Distribuição Lognormal dos níveis de triglicérides em 232 homens que desenvolveram doença cardíaca (Cap. 19). (*B*) Distribuição aproximadamente Normal de $\log_{10}$ (nível de triglicérides).

• A distribuição *F* é em particular útil para comparar duas variâncias (Cap. 18), e mais de duas médias usando-se a análise de variância (**ANOVA** – *Analysis of Variance*) (Cap. 22).

Distribuição Lognormal

• É a distribuição de probabilidades de uma variável aleatória cujo logaritmo (base 10 ou *e*) segue a distribuição Normal.
• É altamente deslocada para a direita (Fig. 8.3*A*).
• Se, quando transformamos em logaritmos nossos dados brutos que são deslocados para a direita, produzimos uma distribuição empírica quase Normal (Fig. 8.3*B*), nossos dados se aproximam da **distribuição Lognormal**.
• Muitas variáveis em medicina seguem uma distribuição Lognormal. Podemos usar as propriedades da distribuição Normal (Cap. 7) para fazer inferências sobre essas variáveis após transformar os dados em seus logaritmos.
• Se um conjunto de dados tem uma distribuição Lognormal, podemos usar a média geométrica (Cap. 5) como medida sumária de localização.

Distribuições discretas de probabilidades

A variável aleatória que define a distribuição das probabilidades é discreta. A soma das probabilidades de todos os possíveis eventos mutuamente exclusivos é igual a um.

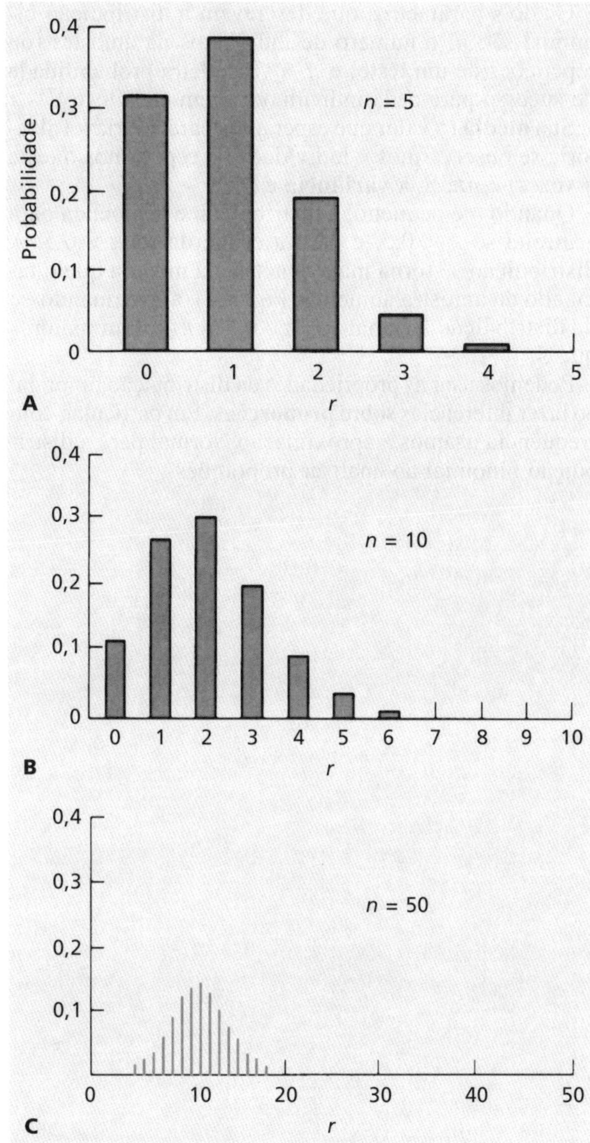

Figura 8.4 – Distribuição binomial mostrando o número de sucessos, *r*, quando a probabilidade de sucesso é π = 0,20 para tamanhos de amostras (*A*) *n* = 5, (*B*) *n* = 10 e (*C*) *n* = 50. (*Obs.*: no Cap. 23, a soroprevalência observada de HHV-8 foi $p = 0{,}187 \approx 0{,}2$, e o tamanho da amostra foi 271: assumiu-se que a proporção seguia uma distribuição Normal).

Distribuição binomial

• Suponha, numa dada situação, que só existam dois resultados: "sucesso" e "fracasso". Por exemplo, podemos estar interessados em saber se uma mulher concebe (sucesso) ou não concebe (fracasso) após fertilização *in vitro* (FIV). Se observarmos *n* = 100 mulheres não-relacionadas que se submetem a FIV (cada qual com a mesma probabilidade de conceber), a variável aleatória binomial é o número observado de concepções (sucessos). Freqüentemente, esse conceito é explicado em termos de *n* repetições independentes de um teste (por exemplo, 100 lances de uma moeda) no qual o resultado é sucesso (por exemplo, cara) ou fracasso.

• Os dois parâmetros que descrevem a distribuição binomial são n, o número de indivíduos na amostra (ou repetições de um teste) e π, a verdadeira probabilidade de sucesso para cada indivíduo (ou em cada teste).
• Sua **média** (o valor que esperamos para a variável aleatória se observarmos n indivíduos ou repetirmos o teste n vezes) é $n\pi$. Sua **variância** é $n\pi(1 - \pi)$.
• Quando n é pequeno, a distribuição é deslocada para a direita se $\pi < 0,5$, e para a esquerda se $\pi > 0,5$. A distribuição se torna mais simétrica à medida que o tamanho da amostra aumenta (Fig. 8.4), aproximando-se da distribuição Normal se $n\pi$ e $n(1 - \pi)$ forem maiores que 5.
• Podemos usar as propriedades da distribuição binomial ao fazer inferências sobre **proporções**. Em particular, com freqüência usamos a aproximação Normal para a distribuição binomial ao analisar proporções.

Distribuição de Poisson

• A variável aleatória de Poisson é a *contagem* do número de eventos que ocorrem de forma independente e aleatoriamente no tempo ou no espaço, a alguma taxa média, μ. Por exemplo, o número de internações hospitalares por dia segue, tipicamente, a distribuição de Poisson. Podemos usar nosso conhecimento da distribuição de Poisson para calcular a probabilidade de um determinado número de internações num determinado dia.
• O parâmetro que descreve a distribuição de Poisson é a **média**, isto é, a taxa média, μ.
• A **média** é igual à **variância** na distribuição de Poisson.
• Ela é uma distribuição deslocada para a direita se a média é pequena, mas se torna mais simétrica com o aumento da média, quando se aproxima de uma distribuição Normal.

978-85-7241-701-3

9 Transformações

Por que transformar?

As observações em nossa investigação podem não ser compatíveis com as exigências da análise estatística pretendida (Cap. 35).

978-85-7241-701-3

- Uma variável pode não ser Normalmente distribuída, uma exigência *distribucional* para muitas diferentes análises.
- O espalhamento das observações em cada um de vários grupos pode ser diferente (variância constante é uma suposição sobre um **parâmetro** na comparação de médias usando-se teste *t* não-pareado e análise de variância – Cap. 21 e 22).
- Duas variáveis podem não ser linearmente relacionadas (*linearidade* é uma suposição em muitas análises de regressão – Cap. 27 a 33 e 42).

É sempre útil *transformar* nossos dados para satisfazer as suposições subjacentes às técnicas estatísticas propostas.

Como transformamos?

Convertemos nossos dados brutos em dados transformados efetuando a mesma transformação matemática para cada observação. Suponha que temos n observações (y_1, y_2... y_n) sobre uma variável y, e decidimos que a transformação logarítmica é adequada. Obtemos o logaritmo de cada observação para produzir (log y_1, log y_2... log y_n). Se denominarmos z a variável transformada, então, z = log y_i para cada i (i = 1, 2... n) e nossos **dados transformados** podem ser grafados (z_1, z_2... z_n).

Verificamos que a transformação atingiu seu propósito de produzir um conjunto de dados que satisfaz as suposições da análise estatística planejada (por exemplo, plotando um histograma dos dados transformados – Cap. 35), e passamos a analisar os dados transformados (z_1, z_2..., z_n). Com freqüência, efetuamos a transformação reversa de quaisquer medições sumárias (como a média) para a escala original de mensuração; então, confiamos nas conclusões que tiramos a partir de testes de hipóteses (Cap. 17) sobre os dados transformados.

Transformações típicas

Transformação logarítmica, *z* = log *y*

Ao efetuar a transformação logarítmica de dados, podemos escolher usar logaritmos base 10 ($\log_{10} y$, o logaritmo "comum") ou base e ($\log_e y = \ln y$, o logaritmo "natural" ou Neperiano) ou qualquer outra base, mas precisamos ser consistentes para uma determinada variável de um conjunto de dados. Note que não podemos obter o logaritmo de um número negativo ou de zero. A transformação reversa de um logaritmo é denominada antilogaritmo; o antilogaritmo de um logaritmo Neperiano é o exponencial, *e*.

- Se y está deslocado para a direita, z = log y tem, com freqüência, *distribuição* aproximadamente *Normal* (Fig. 9.1*A*). Então, y tem uma distribuição Lognormal (Cap. 8).
- Se existe uma relação exponencial entre y e qualquer outra variável, x, de tal forma que a curva resultante se curva para cima quando y (no eixo vertical) é plotado contra x (no eixo horizontal), a relação entre z = log y e x é aproximadamente *linear* (Fig. 9.1*B*).
- Suponha que temos diferentes grupos de observações, cada qual se constituindo em mensurações de uma variável contínua, y. Podemos encontrar que os grupos com os maiores valores de y também têm variâncias maiores. Em particular, se o coeficiente de variação (o desvio padrão dividido pela média) de y é constante para todos os grupos,

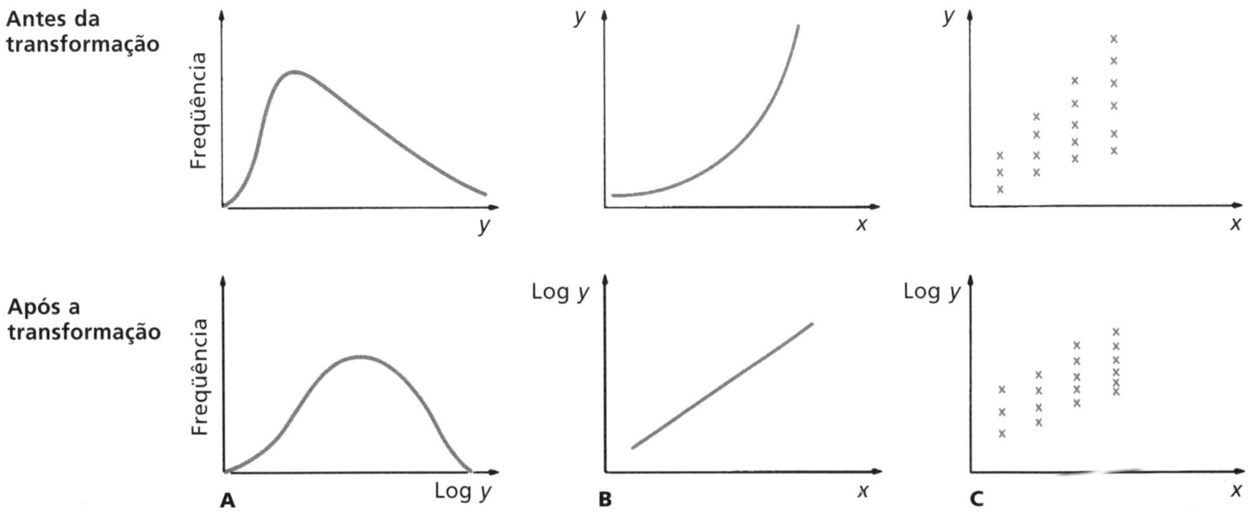

Figura 9.1 – Efeitos da transformação logarítmica: (*A*) normalização, (*B*) linearidade e (*C*) estabilização da variância.

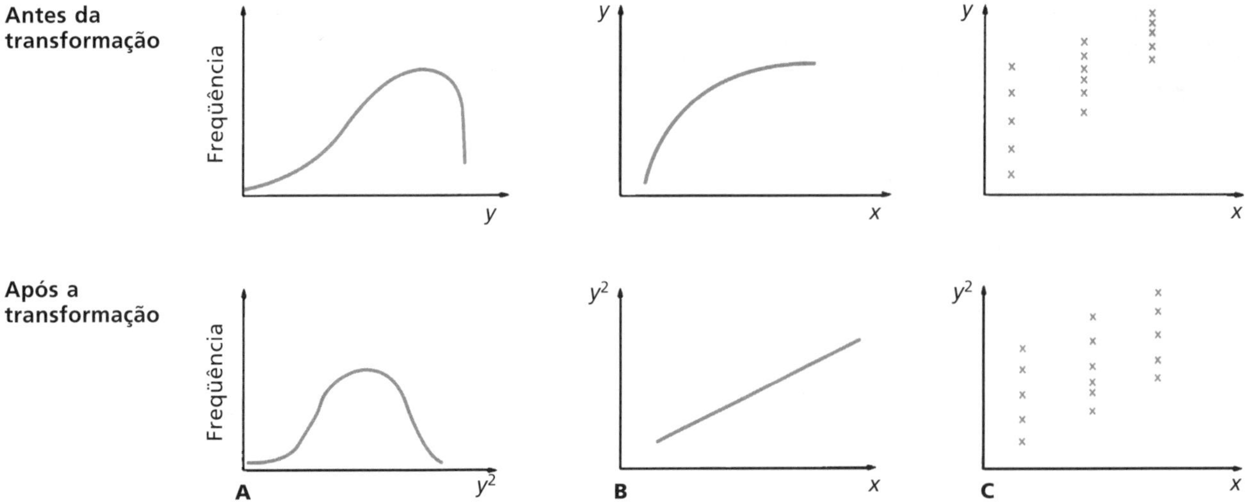

Figura 9.2 – Efeito da transformação quadrada: (*A*) normalização, (*B*) linearidade e (*C*) estabilização da variância.

a transformação logarítmica, $z = \log y$, produz grupos com *variâncias similares* (Fig. 9.1*C*).

A transformação logarítmica é usada freqüentemente em medicina, em virtude de sua interpretação lógica e porque muitas variáveis têm distribuições deslocadas para a direita.

Transformação da raiz quadrada, $z=\sqrt{y}$

Essa transformação tem propriedades similares àquelas da transformação logarítmica, embora os resultados, após sua transformação reversa, sejam mais complicados de interpretar. Além das suas capacidades de *Normalização* e *linearidade*, ela é eficaz em *estabilizar a variância*, caso esta aumente com o aumento dos valores de y, isto é, se a variância dividida pela média é constante. Na maioria das vezes aplicamos a transformação da raiz quadrada se y é a contagem de um evento raro ocorrendo no tempo ou no espaço, ou seja, uma variável de Poisson (Cap. 8). Lembre-se, não podemos extrair a raiz quadrada de um número negativo.

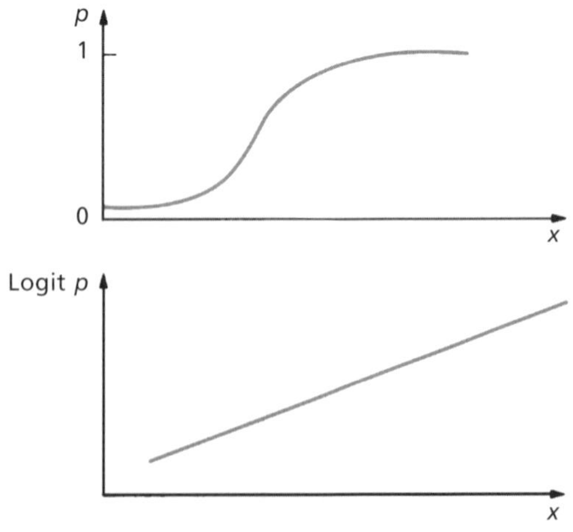

Figura 9.3 – Efeito da transformação logit sobre uma curva sigmóide.

Transformação recíproca, $z = 1/y$

Com freqüência, aplicamos a transformação recíproca a tempos de sobrevida, a menos que estejamos usando técnicas especiais para análise de sobrevida (Cap. 41). A transformação recíproca tem propriedades similares àquelas da transformação logarítmica. Além de suas capacidades de *Normalização* e *linearidade*, ela é mais eficaz em *estabilizar a variância* do que a transformação logarítmica, se a variância aumenta muito expressivamente com o aumento dos valores de y, isto é, a variância dividida pela $(\text{média})^4$ é constante. Note que não podemos obter o recíproco de zero.

Transformação quadrada, $z = y^2$

A transformação quadrada resulta no reverso da transformação logarítmica.

- Se y é deslocado para a esquerda, a distribuição de $z = y^2$ é, com freqüência, aproximadamente *Normal* (Fig. 9.2*A*).
- Se a relação entre duas variáveis, x e y, é tal que uma linha curvando-se para baixo é produzida quando plotamos y contra x, então, a relação entre $z = y^2$ e x é aproximadamente *linear* (Fig. 9.2*B*).
- Se a variância de uma variável contínua, y, tende a diminuir com o aumento do valor de y, então, a transformação quadrada, $z = y^2$, *estabiliza a variância* (Fig. 9.2*C*).

Transformação logit (logística), $z = \ln \frac{p}{1-p}$

Essa é a transformação que aplicamos com maior freqüência a cada proporção, p, de um conjunto de proporções. Não podemos efetuar a transformação logit se $p = 0$ ou $p = 1$, porque os valores logit correspondentes são $-\infty$ e $+\infty$. Uma solução é tomar p como $1/(2n)$ em vez de 0, e como $\{1 - 1/(2n)\}$ em vez de 1, em que n é o tamanho da amostra.

Ela *lineariza* uma curva sigmóide (Fig. 9.3). Veja, no Capítulo 30, o uso da transformação logit na análise de regressão.

978-85-7241-701-3

10 Amostragem e distribuições de amostragens

978-85-7241-701-3

Por que amostramos?

Em estatística, uma **população** representa o grupo total de indivíduos nos quais estamos interessados. Geralmente, é custoso e trabalhoso estudar a população inteira e, em alguns casos, pode ser impossível porque a população pode ser hipotética (por exemplo, pacientes que possam receber um tratamento no futuro). Portanto, coletamos dados numa **amostra** de indivíduos que cremos serem *representativos* dessa população (ou seja, eles têm características similares às dos indivíduos da população) e os usamos para tirar conclusões (isto é, fazer **inferências**) sobre a população.

Quando tomamos uma amostra da população, precisamos reconhecer que a informação da amostra pode não refletir totalmente o que é verdadeiro na população. Introduzimos um **erro de amostragem** estudando somente uma parte da população. Neste capítulo, mostramos como usar distribuições de probabilidades teóricas (Cap. 7 e 8) para quantificar esse erro.

Obtenção de uma amostra representativa

Idealmente, objetivamos uma **amostragem aleatória**. Uma lista de todos os indivíduos da população é elaborada (a **moldura de amostragem**), e indivíduos são selecionados de forma aleatória nessa lista, isto é, toda possível amostra de um dado tamanho da população tem igual probabilidade de ser escolhida. Às vezes, podemos ter dificuldade para construir essas listas ou os custos envolvidos podem ser proibitivos, então, obtemos uma **amostra de conveniência**. Por exemplo, ao estudar pacientes com uma patologia clínica específica, podemos escolher um único hospital e investigar alguns ou todos os pacientes com a patologia nesse hospital. Muito ocasionalmente podem ser usados esquemas não-aleatórios, como **amostragem de quota** ou **amostragem sistemática**. Embora os testes estatísticos descritos neste livro assumam que os indivíduos sejam selecionados aleatoriamente para a amostra, os métodos são geralmente razoáveis desde que a amostra seja *representativa* da população.

Estimativas de pontos

Na maioria das vezes, estamos interessados no valor de um **parâmetro** da população (Cap. 7), por exemplo, uma média ou uma proporção. Parâmetros são usualmente denotados pelas letras do alfabeto grego. Por exemplo, com freqüência nos referimos à média da população como μ, e ao desvio padrão da população como σ. Estimamos o valor do parâmetro usando os dados coletados da amostra. Essa estimativa é denominada *estatística da amostra*, e é uma **estimativa de ponto** do parâmetro (isto é, ela assume um valor único), ao contrário de uma **estimativa de intervalo** (Cap. 11), que assume uma faixa de valores.

Variação da amostragem

Se tomarmos amostras repetidas de mesmo tamanho, de uma população, é improvável que as estimativas do parâmetro da população seriam exatamente as mesmas em cada amostra. Entretanto, nossas estimativas devem ser todas próximas do valor verdadeiro do parâmetro na população, e as próprias estimativas devem ser similares entre si. Quantificando a variabilidade dessas estimativas, obtemos uma informação sobre a precisão da nossa estimativa e podemos, assim, avaliar o erro de amostragem.

Na realidade, é comum tomarmos somente uma amostra da população. Entretanto, ainda fazemos uso de nosso conhecimento sobre a distribuição teórica de estimativas de amostras para fazer inferências sobre o parâmetro da população.

Distribuição de amostragem da média

Suponha que estamos interessados em estimar a média da população; poderíamos tomar da população muitas amostras repetidas de tamanho n e estimar a média em cada amostra. Um histograma das estimativas dessas médias mostraria sua distribuição (Fig. 10.1); essa é a **distribuição de amostragem da média**. Podemos mostrar que:

- Se o tamanho da amostra é razoavelmente grande, as estimativas da média seguem uma distribuição *Normal*, seja qual for a distribuição dos dados originais na população (isso provém de um teorema conhecido como o Teorema do Limite Central).
- Se o tamanho da amostra é pequeno, as estimativas da média seguem uma distribuição Normal, desde que os dados da população sigam uma distribuição Normal.
- A média das estimativas é uma estimativa **não-tendenciosa** da média verdadeira da população, ou seja, a média das estimativas é igual à média verdadeira da população.
- A variabilidade da distribuição é medida pelo desvio padrão das estimativas; isso é conhecido como o **erro padrão da média** (freqüentemente denotado como **EPM**). Se conhecermos o desvio padrão da população (σ), então, o erro padrão da média é dado por:

$$\text{EPM} = \sigma / \sqrt{n}$$

Quando só temos uma amostra, como é de costume, nossa melhor estimativa da média da população é a média da amostra e, em razão de raramente conhecermos o desvio padrão da população, estimamos o erro padrão da média como:

$$EPM = s/\sqrt{n}$$

Em que s é o desvio padrão das observações da amostra (Cap. 6). O EPM fornece uma medida da precisão da nossa estimativa.

Interpretação dos erros padrão

- Um erro padrão *grande* indica que a estimativa é *imprecisa*.
- Um erro padrão *pequeno* indica que a estimativa é *precisa*.

O erro padrão é reduzido, isto é, obtemos uma estimativa mais precisa, se:

- O tamanho da amostra é aumentado (Fig. 10.1).
- Os dados são menos variáveis.

Desvio padrão ou erro padrão da média?

Embora esses dois parâmetros pareçam ser similares, eles são usados para diferentes propósitos. O desvio padrão descreve a variação dos valores de dados e deve ser mencionado se você deseja ilustrar variabilidade nos dados. Em contraste, o erro padrão descreve a precisão da média da amostra, e deve ser *quoted* se você está interessado na média de um conjunto de valores de dados.

Distribuição de amostragem da proporção

Podemos estar interessados na proporção de indivíduos de uma população que possuem algumas características. Tendo tomado da população uma amostra de tamanho n, nossa melhor estimativa, p, da proporção da população, π, é dada por:

$$P = r/n$$

Em que r é o número de indivíduos da amostra com a característica. Se fôssemos tomar da nossa população amostras repetidas de tamanho n, e plotar as estimativas da proporção como um histograma, a resultante **distribuição de amostragem da proporção** se aproximaria de uma distribuição Normal com valor médio π. O desvio padrão dessa distribuição de proporções estimadas é o **erro padrão da proporção**. Quando tomamos somente uma única amostra, ele é estimado por:

$$EP(p) = \sqrt{\frac{p(1-p)}{n}}$$

Isso fornece uma medida da precisão da nossa estimativa de π; um erro padrão pequeno indica uma estimativa precisa.

Exemplo

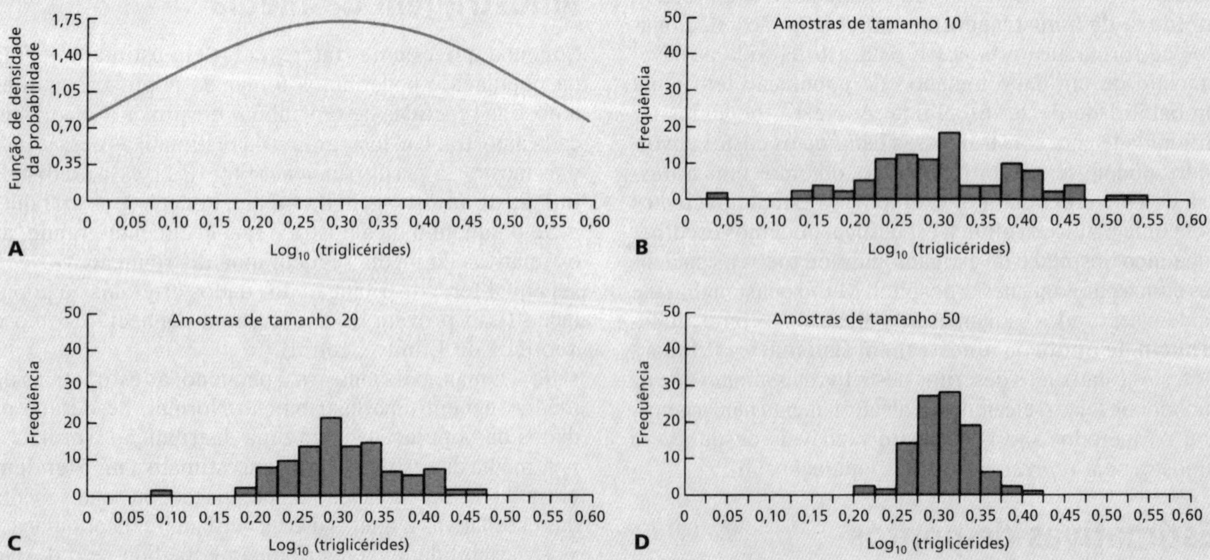

Figura 10.1 – (*A*) Distribuição Normal teórica de $\log_{10}$ (níveis de triglicérides) com média = 0,31 $\log_{10}$ (mmol/L) e desvio padrão = 0,24 $\log_{10}$ (mmol/L), e distribuições observadas das médias de 100 amostras aleatórias de tamanhos (*B*) 10, (*C*) 20 e (*D*) 50, obtidas dessa distribuição teórica.

978-85-7241-701-3

11 Intervalos de confiança

Uma vez que tomamos uma amostra da nossa população, obtemos uma estimativa de ponto (Cap. 10) do parâmetro de interesse, e calculamos seu erro padrão para indicar a precisão da estimativa. Entretanto, para a maioria das pessoas, o erro padrão não é, por si só, particularmente útil. É mais útil incorporar essa medida de precisão a uma **estimativa de intervalo** para o parâmetro da população. Fazemos isso usando nosso conhecimento sobre a distribuição teórica das probabilidades da estatística da amostra para calcular um **intervalo de confiança para um parâmetro**. Em geral, o intervalo de confiança ultrapassa cada lado da estimativa em algum múltiplo do erro padrão; os dois valores (os **limites de confiança**) que definem o intervalo são geralmente separados por uma vírgula, um traço ou a palavra "a", e delimitados por chaves.

Intervalo de confiança para a média

Uso da distribuição Normal

No Capítulo 10, afirmamos que a média da amostra segue uma distribuição Normal se o tamanho da amostra é grande. Portanto, podemos usar as propriedades da distribuição Normal ao considerar a média da amostra. Em particular, 95% da distribuição de médias de amostras se localizam dentro de 1,96 desvios padrões (DP) de distância da média da população. Denominamos esse DP o erro padrão da média (EPM) e, quando temos uma única amostra, o *intervalo de confiança (IC)* de 95% *para a média* é:

978-85-7241-701-3

(Média da amostra – [1,96 × EPM] a Média da amostra + [1,96 × EPM])

Se repetíssemos o experimento muitas vezes, essa faixa de valores conteria a média verdadeira da população em 95% das ocasiões. Essa faixa é conhecida como o intervalo de confiança de 95% para a média. Em geral interpretamos esse intervalo de confiança como a faixa de valores dentro da qual temos 95% de confiança de que se localize a média verdadeira da população. Embora não estritamente correto (a média da população é um valor fixo e, portanto, não pode ter uma probabilidade ligada a ele), interpretaremos o intervalo de confiança dessa maneira, por ser conceitualmente mais fácil de entender.

Uso da distribuição *t*

No sentido estrito, só deveríamos usar a distribuição Normal no cálculo se conhecêssemos o valor da variância, σ^2, na população. Além disso, se o tamanho da amostra é pequeno, a média da amostra só segue uma distribuição Normal se os dados da população subjacente estão distribuídos Normalmente. Quando os dados não estão distribuídos Normalmente e/ou não conhecemos a variância da população, mas a estimamos por s^2, a média da amostra segue uma distribuição *t* (Cap. 8). Calculamos o intervalo de confiança de 95% para a média como:

(Média da amostra – [$t_{0,05}$ × EPM] a Média da amostra + [$t_{0,05}$ × EPM])

$$\text{Ou seja: Média da amostra} \pm t_{0,05} \times \frac{s}{\sqrt{n}}$$

Em que $t_{0,05}$ é o **ponto de porcentagem** (percentil) da distribuição *t* com $(n - 1)$ graus de liberdade, o que dá uma probabilidade bicaudal (Cap. 17) de 0,05 (Apêndice A, Tabela A2). Isso geralmente proporciona um intervalo de confiança um pouco mais amplo do que quando usada a distribuição Normal, para acomodar a incerteza extra que introduzimos estimando o desvio padrão da população e/ou em razão do tamanho pequeno da amostra. Quando o tamanho da amostra é grande, a diferença entre as duas distribuições é desprezível. *Portanto, sempre usamos a distribuição* t *ao calcular um intervalo de confiança para a média, mesmo se o tamanho da amostra é grande.*

Por convenção, usualmente quote intervalos de confiança de 95%. Poderíamos calcular outros intervalos de confiança, por exemplo, um intervalo de confiança de 99% para a média. Em vez de multiplicar o erro padrão pelo valor tabulado da distribuição *t*, correspondente a uma probabilidade bicaudal de 0,05, multiplicamo-lo pelo valor correspondente a uma probabilidade bicaudal de 0,01. O intervalo de confiança de 99% é mais amplo do que um intervalo de confiança de 95%, para refletir nossa confiança aumentada de que a faixa inclui a média verdadeira da população.

Intervalo de confiança para a proporção

A distribuição de amostragem de uma proporção segue uma distribuição Binomial (Cap. 8). Entretanto, se o tamanho da amostra, *n*, é razoavelmente grande, a distribuição de amostragem da proporção é aproximadamente Normal, com média p. Estimamos p pela proporção na amostra, $p = r/n$ (em que *r* é o número de indivíduos na amostra com a característica de interesse), e seu erro padrão é estimado por $\sqrt{\frac{p(1-p)}{n}}$ (Cap. 10).

O *intervalo de confiança de 95% para a proporção* é estimado por:

$$\left(p - \left[1{,}96 \times \sqrt{\frac{p(1-p)}{n}}\right] \text{ a } p + \left[1{,}96 \times \sqrt{\frac{p(1-p)}{n}}\right]\right)$$

Se o tamanho da amostra é pequeno (usualmente quando *np* ou $n\,[1 - p]$ é menor que 5), temos de usar a distribuição Binomial para calcular intervalos de confiança exatos[1]. Note que, se *p* é expresso como porcentagem, substituímos $(1 - p)$ por $(100 - p)$.

Interpretação de intervalos de confiança

Ao interpretar um intervalo de confiança, estamos interessados em várias questões.

• *Quão grande ele é?* Um intervalo amplo indica que a estimativa é imprecisa; um intervalo estreito indica uma estimativa precisa. A amplitude do intervalo de confiança depende do tamanho do erro padrão, que por sua vez depende do tamanho da amostra e, ao considerar uma variável numérica, a variabilidade dos dados. Portanto, estudos pequenos sobre dados variáveis produzem intervalos de confiança mais amplos do que estudos maiores sobre dados menos variáveis.

• *Que implicações clínicas podem ser derivadas dele?* Os limites superior e inferior proporcionam um meio de avaliar se os resultados são clinicamente importantes (ver Exemplo).

• *Ele inclui algum valor de interesse particular?* Podemos verificar se um valor hipotético para o parâmetro da população cai dentro do intervalo de confiança. Em caso afirmativo, nossos resultados são consistentes com esse valor hipotético. Caso contrário, é improvável (para um intervalo de confiança de 95%, a chance é de, no máximo, 5%) que o parâmetro tenha esse valor.

Graus de liberdade

Você irá se deparar com o termo "graus de liberdade" em estatística. Em geral, eles podem ser calculados como o tamanho da amostra menos o número de restrições num cálculo específico; essas restrições podem ser os parâmetros que devem ser estimados. Como ilustração simples, considere um conjunto de três números que, somados, resultam num total específico (T). Dois dos números são "livres" para assumir qualquer valor, mas o número restante é fixado pela restrição imposta por T. Portanto, os números têm dois graus de liberdade. Similarmente, os graus de liberdade da variância da amostra,

$s^2 = \dfrac{\sum(x - \bar{x})^2}{n - 1}$ (Cap. 6) são o tamanho da amostra menos um, porque temos de calcular a média da amostra ($\bar{x}$), uma estimativa da média da população, para avaliar s^2.

Bootstrapping

Bootstrapping é um processo de simulação intensiva por computador o qual podemos usar para derivar um intervalo de confiança para um parâmetro, se não queremos fazer pressuposições relacionadas à distribuição de amostragem da sua estimativa (por exemplo, a distribuição Normal para a média da amostra). A partir do exemplo original, criamos um grande número de amostras aleatórias (em geral um mínimo de 1000), cada uma do mesmo, tamanho na amostra original, amostrando com substituição, por exemplo, permitindo que um indivíduo selecionado seja "substituído" de modo que, potencialmente esse indivíduo possa ser incluído mais de uma vez numa dada amostra. Cada amostra proporciona uma estimativa do parâmetro, e usamos a variabilidade da distribuição dessas estimativas para obter um intervalo de confiança para o parâmetro, por exemplo, considerando percentis relevantes (por exemplo, o 2,5º e o 97,5º percentis para proporcionar um intervalo de confiança de 95%).

978-85-7241-701-3

REFERÊNCIA BIBLIOGRÁFICA

1 Diem, K. (1970) *Documenta Geigy Scientific Tables*, 7th Edn. Blackwell Publishing: Oxford.

978-85-7241-701-3

Exemplo

Intervalo de confiança para a média

Estamos interessados em determinar a idade média no primeiro parto em mulheres com distúrbios hemorrágicos. Numa amostra de 49 dessas mulheres (Cap. 2):

Idade média quando do parto, $\bar{x} = 27{,}01$ anos
Desvio padrão, $s = 5{,}1282$ anos

$$\text{Erro padrão, EPM} = \frac{5{,}1282}{\sqrt{49}} = 0{,}7326 \text{ anos}$$

A variável é quase Normalmente distribuída, mas, em decorrência da variância da população ser desconhecida, usamos a distribuição t para calcular o intervalo de confiança. O intervalo de confiança de 95% para a média é:

$$27{,}01 \pm (2{,}011 \times 0{,}7326) = (25{,}54,\ 28{,}48) \text{ anos}$$

Em que 2,011 é o ponto de porcentagem da distribuição t com $(49 - 1) = 48$ graus de liberdade, dando uma probabilidade bicaudal de 0,05 (Apêndice A, Tabela A2).

Temos 95% de certeza de que a idade média verdadeira no primeiro parto, em mulheres com distúrbios hemorrágicos na população, encontra-se entre 25,54 e 28,48 anos. Essa faixa é razoavelmente estreita, refletindo uma estimativa precisa. Na população geral, a idade média no primeiro parto, em 1977, era de 26,8 anos. Como 26,8 está em nosso intervalo de confiança, não existe evidência de que mulheres com distúrbios hemorrágicos tendam a dar à luz com mais idade que outras mulheres.

Note que o intervalo de confiança de 99% (25,05, 28,97 anos) é ligeiramente mais amplo que o IC de 95%, refletindo nossa confiança aumentada de que a média da população se situa no intervalo.

Intervalo de confiança para a proporção

Das 64 mulheres incluídas no estudo, 27 (42,2%) relataram ter sangramento gengival pelo menos uma vez por semana. Essa é uma porcentagem relativamente alta e pode proporcionar um meio de identificar mulheres não diagnosticadas com distúrbios hemorrágicos na população geral. Calculamos um intervalo de confiança de 95% para a proporção com sangramento gengival na população.

Proporção da amostra = 27/64 = 0,422

Erro padrão da proporção =

$$\sqrt{\frac{0{,}422(1 - 0{,}422)}{64}} = 0{,}0617$$

Intervalo de confiança de 95% = $0{,}422 \pm (1{,}96 \times 0{,}0617) = (0{,}301,\ 0{,}543)$

Temos 95% de certeza de que a porcentagem verdadeira de mulheres da população, com distúrbios hemorrágicos, que têm sangramento gengival com essa freqüência, encontra-se entre 30,1% e 54,3%. Esse é um intervalo de confiança razoavelmente amplo, sugerindo precisão precária; uma amostra de maior tamanho nos capacitaria a obter uma estimativa mais precisa. Entretanto, os limites superior e inferior desse intervalo de confiança indicam que uma porcentagem substancial dessas mulheres tem probabilidade de ter sangramento gengival. Precisaríamos obter uma estimativa da freqüência dessa queixa na população geral antes de tirar quaisquer conclusões sobre seu valor na identificação de mulheres não diagnosticadas com distúrbios hemorrágicos.

12 Projeto de estudos I

O projeto de estudos é vitalmente importante, pois estudos precariamente projetados podem ter resultados enganosos. Grandes quantidades de dados provenientes de um estudo precário não compensarão os problemas no seu projeto. Neste capítulo e no próximo, discutiremos alguns dos aspectos principais do projeto de estudos. Nos Capítulos 14 a 16, discutimos tipos específicos de estudo: testes clínicos, estudos de coorte e estudos de controle de casos.

As metas de qualquer estudo devem ser claramente declaradas no início. Podemos desejar estimar um parâmetro da população (como o risco de algum evento [Cap. 15]), para considerar associações entre um determinado fator etiológico e um prognóstico de interesse, ou para avaliar o efeito de uma intervenção (como um novo tratamento). Pode haver vários projetos possíveis para qualquer estudo assim. A escolha definitiva de projeto dependerá não somente das metas, mas dos recursos disponíveis e de considerações éticas (Fig. 12.1).

Estudos experimentais ou observacionais

- **Estudo experimental** envolve algum tipo de intervenção do investigador para afetar o resultado. O teste clínico (Cap. 14) é um exemplo de estudo experimental no qual o investigador introduz alguma forma de tratamento. Outros exemplos incluem estudos em animais ou estudos laboratoriais realizados em condições experimentais. Estudos experimentais proporcionam a evidência mais convincente para qualquer hipótese, por ser geralmente possível controlar fatores que possam afetar o resultado. Entretanto, esses estudos nem sempre são viáveis ou, quando envolvem seres humanos ou animais, podem ser não-éticos.
- **Estudo observacional**, por exemplo, estudos de coorte (Cap. 15) ou de controle de caso (Cap. 16), é aquele em que o investigador nada faz para afetar o resultado, mas simplesmente observa o que acontece. Esse estudo pode proporcionar informações mais pobres do que os estudos experimentais, porque com freqüência é impossível controlar todos os fatores que afetam o resultado. Contudo, em algumas situações, ele pode ser o único tipo de estudo útil ou possível. **Estudos epidemiológicos**, que avaliam o relacionamento entre fatores de interesse e doença na população, são observacionais.

Avaliação de causalidade em estudos observacionais

Embora a evidência mais convincente para o papel causal de um fator numa doença usualmente provenha de estudos experimentais, a informação proveniente de estudos observacionais pode ser usada desde que preencha

Tipo de estudo	Tempo	Forma	Ação em tempo passado	Ação no tempo presente (ponto de partida)	Ação em tempo futuro	Usos típicos
Transversal	Transversal	Observacional		Coletar toda a informação		Estimativa de prevalência Valores de referência e testes diagnósticos Estado atual de saúde de um grupo
Transversal repetitivo	Transversal	Observacional		Coletar toda a informação	Coletar toda a informação Coletar toda a informação	Alterações ao longo do tempo
Coorte (Cap. 15)	Longitudinal (prospectivo)	Observacional		Definir coorte e avaliar fatores de risco	→ Seguir → Observar resultados	Prognóstico e história natural (o que acontecerá com alguém com a doença) Etiologia
Controle de caso (Cap. 16)	Longitudinal (retrospectivo)	Observacional	Avaliar fatores de risco ← Trilhar	Definir casos e controles (isto é, resultado)		Etiologia (em especial para doenças raras)
Experimental	Longitudinal (prospectivo)	Experimental		Aplicar intervenção	→ Seguir → Observar resultados	Ensaio clínico para avaliar tratamento (Cap. 14) Ensaio para avaliação de medida preventiva, por exemplo, ensaio de vacinação em grande escala Experimento laboratorial

Figura 12.1 – Projetos de estudos.

978-85-7241-701-3

978-85-7241-701-3

certo número de critérios. Os critérios mais bem conhecidos para avaliar causa foram propostos por Hill[1].
• A causa precisa preceder o efeito.
• A associação deve ser plausível, isto é, o resultado deve ser biologicamente sensato.
• Devem existir resultados consistentes a partir de vários estudos.
• A associação entre a causa e o efeito deve ser forte.
• Deve existir uma relação dose-resposta com o efeito, ou seja, níveis mais elevados do efeito devem levar à doença mais grave ou a início mais rápido da doença.
• A remoção do fator de interesse deve reduzir o **risco de doença**.

Estudos transversais ou longitudinais

• **Estudos transversais** são efetuados num único ponto no tempo. Os exemplos incluem pesquisas e censos da população. Eles são em particular adequados para estimar a **prevalência de ponto** de uma condição na população.

$$\text{Prevalência de ponto} = \frac{\text{Número com a doença num único ponto do tempo}}{\text{Número total estudado no mesmo ponto do tempo}}$$

Como não sabemos quando os eventos ocorreram antes do estudo, podemos apenas dizer que existe uma associação entre o fator de interesse e a doença, e não que o fator tem probabilidade de ter *causado* a doença. Adicionalmente, não somos capazes de estimar a **incidência** da doença, ou seja, a taxa de novos eventos num período específico (Cap. 31). Além disso, em razão de estudos transversais serem efetuados somente em um ponto do tempo, não podemos considerar tendências ao longo do tempo. Entretanto, efetuar esses estudos é, em geral, rápido e barato.
• Estudos *transversais repetitivos* podem ser efetuados em diferentes pontos no tempo para avaliar tendências ao longo do tempo. Entretanto, como esses estudos envolvem diferentes grupos de indivíduos em cada ponto no tempo, pode ser difícil avaliar se alterações aparentes ao longo do tempo refletem simplesmente diferenças entre os grupos de indivíduos estudados.
• **Estudos longitudinais** acompanham uma amostra de indivíduos ao longo do tempo. Eles são, em geral, **estudos prospectivos**, uma vez que os indivíduos são acompanhados a partir de algum ponto no tempo (Cap. 15). Algumas vezes, **estudos retrospectivos**, nos quais são selecionados indivíduos e identificados fatores que ocorreram no seu passado (Cap. 16), também são percebidos como longitudinais. Estudos longitudinais geralmente demoram mais tempo que estudos transversais, exigindo assim mais recursos e, caso se apóiem em memória de pacientes ou em prontuários médicos, podem estar sujeitos a tendenciosidade (explicada no final deste capítulo).

Estudos experimentais são em geral prospectivos, porque consideram o impacto de uma intervenção sobre um resultado que ocorrerá no futuro. Entretanto, estudos observacionais podem ser prospectivos ou retrospectivos.

Controles

O uso de um grupo de comparação, ou **grupo de controle**, é essencial ao se projetar um estudo e interpretar quaisquer achados de pesquisa. Por exemplo, ao avaliar o papel causal de um determinado fator para uma doença, o risco da doença deve ser considerado tanto nos indivíduos expostos quanto naqueles não expostos ao fator de interesse (Cap. 15 e 16). Ver também "Comparações de tratamentos", no Capítulo 14.

Tendenciosidade

Quando existe uma diferença sistemática entre o resultado de um estudo e o verdadeiro estado de coisas, diz-se que ocorreu tendenciosidade. Os tipos dessa incluem:
• *Tendenciosidade do observador*: um observador consistentemente relata uma determinada variável para mais ou para menos.
• *Tendenciosidade confundente*: quando uma associação espúria surge em decorrência de uma incapacidade de ajustamento total a fatores relacionados ao fator de risco e ao resultado (ver Cap. 34).
• ***Tendenciosidade de seleção***: pacientes selecionados para inclusão num estudo não são representativos da população à qual os resultados serão aplicados.
• **Tendenciosidade de informação**: as medições são incorretamente registradas de maneira sistemática.
• ***Tendenciosidade de publicação***: tendência de publicar somente os artigos que relatam resultados positivos ou tópicos.

Outros tipos podem, por exemplo, ser **tendenciosidade de memória** (Cap. 16), **efeito entrante saudável** (Cap. 15), *tendenciosidade de avaliação* (Cap. 14) e **tendenciosidade de alocação** (Cap. 14).

REFERÊNCIA BIBLIOGRÁFICA

1 Hill, AB. (1965) The environment and disease: association or causation? *Proceedings of the Royal Society of Medicine*, **58**, 295.

13 Projeto de estudos II

Variação

A variação em dados pode ser provocada por fatores conhecidos, "erros" de mensuração, ou podem ser uma **variação aleatória** *inexplicável*. Mensuramos o impacto da variação nos dados da estimativa do parâmetro de uma população usando o erro padrão (Cap. 10). Quando a mensuração de uma variável está sujeita à variação considerável, as estimativas relacionadas a essa variável são imprecisas, com grandes erros padrões. Claramente, é desejável reduzir o impacto da variação o máximo possível, aumentando desse modo a precisão de nossas estimativas. Existem diversas maneiras de se fazer isso.

Replicação

Nossas estimativas são mais precisas se tomarmos réplicas (por exemplo, duas ou três mensurações de uma dada variável para cada indivíduo, em cada ocasião). Entretanto, uma vez que mensurações replicadas não são independentes, precisamos tomar cuidado ao analisar esses dados. Uma abordagem simples é usar a média de cada conjunto de réplicas na análise, em vez das mensurações originais. Alternativamente, podemos usar métodos que de forma específica tratam com mensurações replicadas (Cap. 41 e 42).

Tamanho da amostra

A escolha do tamanho adequado para um estudo é um aspecto crucial do projeto de estudos. Com um tamanho de amostra aumentado, o erro padrão de uma estimativa será reduzido, levando à precisão aumentada e poder de estudo (Cap. 18). Cálculos simples de tamanho (Cap. 36) devem ser efetuados antes do início do estudo.

Projetos de estudos específicos

Modificações de projetos de estudos simples podem gerar estimativas mais precisas. Essencialmente, estamos comparando o efeito de um ou mais "*tratamentos*" sobre

978-85-7241-701-3

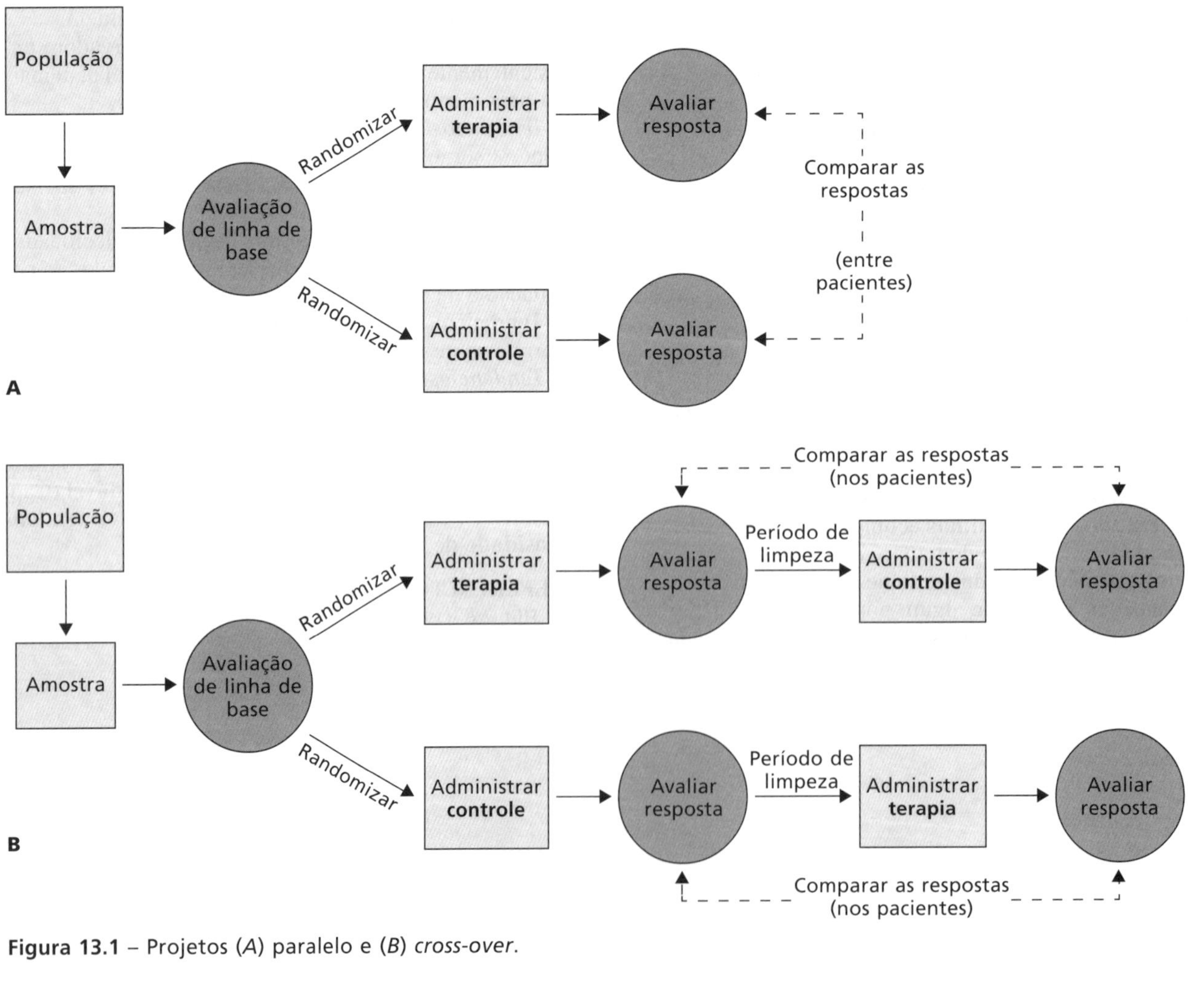

Figura 13.1 – Projetos (*A*) paralelo e (*B*) *cross-over*.

unidade experimental. A unidade experimental é o menor grupo de "indivíduos" que pode ser considerado independente para fins de análise; por exemplo, um determinado paciente, volume sangüíneo ou placa cutânea. Se unidades experimentais são atribuídas aleatoriamente (isto é, ao acaso) a tratamentos (Cap. 14) e não há qualquer outro refinamento no projeto, então, temos um **projeto randomizado completo**. Embora esse projeto seja direto para análise, ele é ineficiente se existir variação substancial entre as unidades experimentais. Nessa situação, podemos incorporar *blocagem* e/ou usar um **projeto *cross-over*** para reduzir o impacto desta variação.

Blocagem

Freqüentemente é possível agrupar unidades experimentais, que compartilham características similares, num **bloco** ou **estrato** homogêneo (por exemplo, os blocos podem representar diferentes faixas etárias). A variação entre unidades de um bloco é menor do que entre unidades de blocos diferentes. Os indivíduos dentro de cada bloco são atribuídos de forma aleatória a tratamentos; comparamos tratamentos dentro de cada bloco em vez de fazer uma comparação global entre os indivíduos de blocos diferentes. Podemos, assim, avaliar os efeitos do tratamento com mais precisão do que se não houvesse blocagem.

978-85-7241-701-3

Projetos paralelos *versus cross-over*

Ver Figura 13.1.

Geralmente, fazemos comparações entre indivíduos de diferentes grupos. Por exemplo, a maioria dos testes clínicos (Cap. 14) é composta de **teste paralelo**, no qual cada paciente recebe um dos dois (ou ocasionalmente mais) tratamentos que estão sendo comparados, ou seja, isso resulta em comparações *interindivíduos*.

Em razão de comumente haver menos variação de medida num único indivíduo do que entre indivíduos diferentes (Cap. 6), em algumas situações pode ser preferível considerar o uso de cada indivíduo como seu próprio controle. Essas comparações *intra-indivíduos* proporcionam comparações mais precisas do que aquelas originadas por projetos interindivíduos, e menos indivíduos são necessários para que o estudo atinja o mesmo nível de precisão. Num cenário de teste clínico, o **projeto *cross-over***[1] é um exemplo de comparação intra-indivíduo; se há dois tratamentos, cada indivíduo recebe cada tratamento, um após o outro, numa ordem aleatória, a fim de eliminar qualquer efeito de calendário. Os períodos de tratamento são separados por um **período de limpeza**, que permite a dissipação de quaisquer efeitos residuais do tratamento anterior (**efeito *carry-over***). Analisamos a diferença das respostas nos dois tratamentos para cada indivíduo. Esse projeto só pode ser usado quando o tratamento alivia temporariamente sintomas, em vez de proporcionar uma cura, e quando o tempo de resposta não é prolongado.

Tabela 13.1 – Combinações de tratamento ativo

	Beta-caroteno	
Aspirina	*Não*	*Sim*
Não	Nenhuma	Betacaroteno
Sim	Aspirina	Aspirina + betacaroteno

Experimentos fatoriais

Quando estamos interessados em mais de um fator, estudos separados que avaliam o efeito de variar um fator de cada vez podem ser ineficientes e custosos. *Projetos fatoriais* permitem a análise simultânea de qualquer número de *fatores* de interesse. O projeto mais simples, um **experimento fatorial** 2 × 2, considera dois fatores (por exemplo, dois tratamentos diferentes), cada um em dois **níveis** (por exemplo, tratamento ativo ou inativo). Como exemplo, considere o estudo US Physicians Health[2], projetado para avaliar a importância de aspirina e betacaroteno na prevenção de doença cardíaca e câncer. Foi usado um projeto fatorial 2 × 2, sendo os dois fatores os diferentes compostos, e os dois níveis de cada um indicando se o médico tomou o composto ativo ou placebo (Cap. 14). A Tabela 13.1 mostra as possíveis combinações de tratamento.

Avaliamos o efeito do nível de betacaroteno comparando os pacientes da coluna da esquerda com aqueles da coluna da direita. Similarmente, avaliamos o efeito do nível de aspirina comparando os pacientes da linha superior com aqueles da linha inferior. Além disso, podemos testar se os dois fatores são *interativos*, isto é, quando o efeito do nível de betacaroteno é diferente para os dois níveis de aspirina. Se os efeitos diferem, dizemos que existe uma **interação** entre os dois fatores (Cap. 34). Nesse exemplo, uma interação poderia sugerir que a combinação de aspirina e betacaroteno é mais (ou menos) eficaz do que seria esperado pela simples adição dos efeitos separados de cada droga. Esse projeto, portanto, proporciona informação adicional a dois estudos separados e é um uso mais eficiente de recursos, exigindo um menor tamanho de amostra para obter estimativas com um dado grau de precisão.

REFERÊNCIAS BIBLIOGRÁFICAS

1 Senn, S. (1993) *Cross-over Trials in Clinical Research*. Wiley, Chichester.
2 Steering Committee of the Physician's Health Study Research Group. (1989) Final report of the aspirin component of the on-going Physicians Health Study. *New England Journal of Medicine*, **321**, 129-135.

14 Testes clínicos

Um **teste clínico**[1] é qualquer forma de estudo experimental planejado, em geral projetado para avaliar o efeito de um novo tratamento sobre um resultado clínico em seres humanos. Os testes clínicos podem ser estudos pré-clínicos – pequenos estudos clínicos para investigar efeito e segurança (testes *Fases I/II*), ou avaliações completas do novo tratamento (testes *Fase III*). Neste capítulo, discutimos os aspectos principais dos testes Fase III, todos os quais devem ser relatados em qualquer publicação (ver lista de verificação da **declaração CONSORT**, na Tabela 14.1 e Figs. 14.1 e 14.2).

Comparações de tratamentos

Testes clínicos são estudos prospectivos nos quais estamos interessados em mensurar o impacto de um tratamento administrado agora sobre um possível resultado futuro. Em geral, os testes clínicos avaliam novas intervenções (por exemplo, tipo ou dose de droga ou procedimento cirúrgico). Ao longo deste capítulo, assumimos, para simplificação, que um único novo tratamento é avaliado num teste.

Uma característica importante de um teste clínico é que ele deve ser comparativo (Cap. 12). Sem um tratamento de **controle**, é impossível ter certeza de que qualquer resposta seja decorrente unicamente do efeito do tratamento, e a importância do novo tratamento pode ser superestimada. O controle pode ser o tratamento padrão (**controle positivo**) ou, se ele não existir, pode ser um **controle negativo**, que pode ser **placebo** (um tratamento com a aparência e o sabor da nova droga, mas não contém qualquer composto ativo) ou a ausência de tratamesnto, se as considerações éticas assim permitirem.

Pontos finais

Precisamos decidir antecipadamente qual resultado reflete de maneira mais precisa o benefício da nova terapia. Isso é conhecido como **ponto final primário** do estudo e em geral se relaciona à *eficácia* do tratamento. Os **pontos finais secundários**, que freqüentemente se relacionam à toxicidade, são de interesse e também devem ser considerados de início. De modo geral, todos esses pontos finais são analisados ao final do estudo. Entretanto, podemos desejar efetuar algumas **análises intermediárias** pré-planejadas (por exemplo, para garantir que nenhuma grande toxicidade ocorreu, exigindo o cancelamento do teste). Deve-se tomar cuidado ao comparar tratamentos nesses momentos, em virtude de problemas de teste de múltiplas hipóteses (Cap. 18).

Alocação de tratamento

Quando um paciente é formalmente incluído num teste clínico, ele é alocado a um grupo de tratamento. Em geral, os pacientes são alocados de maneira aleatória (isto é, ao acaso), usando-se um processo conhecido como *alocação randomizada* ou **randomização**. Com freqüência isso é efetuado usando-se uma lista de números aleatórios gerada por computador, ou uma tabela de números aleatórios (Apêndice A, Tabela A12). Por exemplo, para alocar pacientes a dois tratamentos, podemos seguir uma seqüência de números aleatórios e alocar o paciente ao tratamento A, se o número for par (considerando zero como par), e ao tratamento B, se for ímpar. Esse processo promove similaridade entre os grupos de tratamento, em termos de características de linha de base ao entrar no teste (ou seja, ele evita **tendenciosidade de alocação** e, conseqüentemente, **confusão** [Caps. 12 e 34]), maximizando a eficiência do teste. Se uma característica de linha de base não estiver homogeneamente distribuída nos grupos de tratamento (avaliado por meio do exame de medidas sumárias adequadas, por exemplo, as médias e os desvios padrões), a discrepância deve ser decorrente do acaso, se tiver sido usada randomização. Portanto, é inadequado efetuar um teste formal de hipótese estatística (por exemplo teste *t*, Cap. 21) para comparar os parâmetros de qualquer característica de linha de base nos grupos de tratamento, porque o teste de hipótese avalia se a diferença entre os grupos é resultante do acaso.

Testes nos quais os pacientes são randomizados para receber o novo tratamento ou um tratamento de controle são conhecidos como **testes controlados randomizados** (freqüentemente referidos como **TCR**) e considerados ótimos.

Existem refinamentos adicionais de otimização, incluindo *randomização estratificada* (que controla os efeitos de fatores importantes) e *randomização blocada* (que garante grupos de tratamento de tamanhos aproximadamente iguais). A **alocação sistemática**, por meio da qual os pacientes são alocados a grupos de tratamento de maneira sistemática, possivelmente por dia de visita ou data de nascimento, deve ser evitada sempre que possível; o médico pode ser capaz de determinar o tratamento proposto para um paciente antes que ele seja incluído no teste, e isso pode influenciar sua decisão a respeito de incluir o paciente no teste. Às vezes, usamos um processo conhecido como **randomização em grupo**, no qual alocamos de forma aleatória *grupos* de indivíduos (por exemplo, todas as pessoas registradas num único consultório) a tratamentos, em vez de cada indivíduo. Devemos ter cuidado ao planejar o tamanho do estudo e ao analisar os dados em tais estudos (ver também Caps. 36, 41 e 42)[2].

Cegamento ou mascaramento

Pode haver *tendenciosidade de avaliação* quando pacientes e/ou clínicos estão conscientes da alocação do tratamento, em particular se a resposta é subjetiva. Uma consciência da alocação do tratamento pode influenciar o registro de sinais de melhora ou efeitos adversos. Portanto, quando possível, todos os participantes (clínicos, pacientes, assessores) de um teste devem passar por **cegamento** ou **mascaramento** para a alocação do tratamento. Um teste no

978-85-7241-701-3

Tabela 14.1 – Lista de verificação de itens da declaração CONSORT (Consolidation of Standards for Reporting Trials – Consolidação de Padrões para Relatar Testes) a incluir quando relatar um teste randomizado (www.consort-statement.org)

Seção do Artigo e Tópico	Item	Descrição	Relatado na Página nº
Título e Resumo	1	Como os participantes foram alocados para intervenções (por exemplo, "alocação randomizada", "randomizados" ou "atribuídos de maneira randomizada").	
Introdução			
Background	2	*Background* científico e explicação do raciocínio.	
Métodos			
Participantes	3	Critérios de elegibilidade para participantes, e cenários e locações em que os dados foram coletados.	
Intervenções	4	Detalhes precisos das intervenções pretendidas para cada grupo, como e quando elas foram realmente administradas.	
Objetivos	5	Objetivos específicos e hipóteses.	
Resultados	6	Mensurações de resultados primários e secundários claramente definidas e, quando aplicável, quaisquer métodos utilizados para aprimorar a qualidade das mensurações (por exemplo, múltiplas observações, treinamento de assessores).	
Tamanho da amostra	7	Como foi determinado o tamanho da amostra e, quando aplicável, explicação de quaisquer análises intermediárias e regras de parada.	
Randomização – Geração da seqüência	8	Método utilizado para gerar a seqüência de alocação randomizada, incluindo detalhes de qualquer restrição (por exemplo, blocagem, estratificação).	
Randomização – Ocultamento da alocação	9	Método utilizado para implementar a seqüência de alocação randomizada (por exemplo, frascos numerados ou telefone central), esclarecendo se a seqüência foi ocultada até a atribuição das intervenções.	
Randomização – Implementação	10	Quem gerou a seqüência de alocação, quem incluiu os participantes e quem atribuiu os participantes aos seus grupos.	
Cegamento (Mascaramento)	11	Especificar se os participantes, aqueles que administraram as intervenções e aqueles que avaliaram os resultados, foram cegados ou não à atribuição dos grupos. Quando relevante, como foi avaliado o sucesso do cegamento.	
Métodos estatísticos	12	Métodos estatísticos utilizados para comparar o(s) resultado(s) primário(s) entre os grupos; métodos para análises adicionais, tais como análises de subgrupos e análises ajustadas.	
Resultados			
Fluxo de participantes	13	Fluxo de participantes através de cada estágio (um diagrama é fortemente recomendado; ver Fig. 14.1). Especificamente para cada grupo, relatar os números de participantes atribuídos de forma randomizada, recebendo o tratamento pretendido, completando o protocolo de estudo e analisados para o resultado primário. Descrever desvios do protocolo a partir do estudo, conforme planejado, juntamente com as razões.	
Recrutamento	14	Datas que definem os períodos de recrutamento e acompanhamento.	
Dados de linha de base	15	Demografia de linha de base e características clínicas de cada grupo.	
Números analisados	16	Número de participantes (denominador) em cada grupo incluído em cada análise e se a análise foi por "intenção de tratar". Declarar os resultados em números absolutos quando possível (por exemplo, 10/20, não 50%).	
Resultados e estimativa	17	Para cada resultado primário e secundário, um sumário dos resultados de cada grupo e o tamanho estimado do efeito e sua precisão (por exemplo, intervalo de confiança de 95%).	
Análises apendiculares	18	Tratar a multiplicidade relatando quaisquer outras análises efetuadas, incluindo análises de subgrupos e análises ajustadas, indicando as pré-especificadas e as exploratórias.	
Eventos adversos	19	Todos os eventos adversos ou efeitos colaterais importantes em cada grupo de intervenção.	
Discussão			
Interpretação	20	Interpretação dos resultados, considerando hipóteses de estudo, fontes de potencial tendenciosidade ou imprecisão, e perigos associados à multiplicidade de análises e resultados.	
Generalização	21	Generalização (validade externa) dos achados do teste.	
Evidência global	22	Interpretação geral dos resultados no contexto das evidências atuais.	

978-85-7241-701-3

qual o paciente, a equipe de tratamento e o assessor não têm consciência da alocação do tratamento é um *teste* **duplo-cego**. Testes nos quais é impossível cegar o paciente podem ser **simples-cegos**, desde que o clínico e/ou o assessor seja cego para a alocação do tratamento.

Problemas com pacientes

Uma vez que testes clínicos envolvem seres humanos, os problemas com pacientes são importantes. Em particular, qualquer teste clínico precisa ser aprovado por um *comitê de ética* que julgará se o teste não infringe a Declaração de Helsinki. *O consentimento informado do paciente* precisa ser obtido de cada paciente (ou dos pais ou do guardião legal, se o paciente for menor de idade) antes de incluí-lo num teste.

Protocolo

Antes de se efetuar qualquer teste clínico, deve ser preparada uma descrição por escrito de todos os aspectos do teste, conhecida como o *protocolo*. Isso inclui informações sobre as metas e os objetivos do teste, juntamente com uma definição de quais pacientes serão recrutados (*critérios de inclusão e exclusão*), escalas de tratamento, coleta e análise de dados, planos de contingência, caso surjam problemas, e pessoal para o estudo. É importante recrutar pacientes suficientes para um teste, de modo que a chance de detectar corretamente um efeito verdadeiro de tratamento seja suficientemente alta. Portanto, antes de efetuar qualquer teste clínico, deve ser calculado o *tamanho* ótimo *do teste* (Cap. 36).

Desvios do protocolo são pacientes que entram no teste, mas não preenchem os critérios do protocolo, por exemplo, pacientes incorretamente recrutados ou que se retiraram do estudo, e pacientes que trocaram de tratamento. Para evitar tendenciosidade, deve haver uma análise de intenção de tratar do estudo, na qual todos os pacientes sobre os quais dispomos de informações são analisados nos grupos aos quais foram alocados no início, independentemente de terem seguido o regime do tratamento. Quando possível, deve-se tentar coletar informações sobre pacientes que se retiram do estudo. **Análises no tratamento**, nas quais os pacientes são incluídos na análise apenas se completarem um tratamento completo, não são recomendadas, pois com freqüência levam a comparações tendenciosas sobre tratamentos.

978-85-7241-701-3

REFERÊNCIAS BIBLIOGRÁFICAS

1 Pocock, S.J. (1983) *Clinical Trials: A Practical Approach*. Wiley, Chichester.
2 Kerry, S.M. and Bland, J.M. (1998) Sample size in cluster randomisation. *British Medical Journal*, **316**, 549.

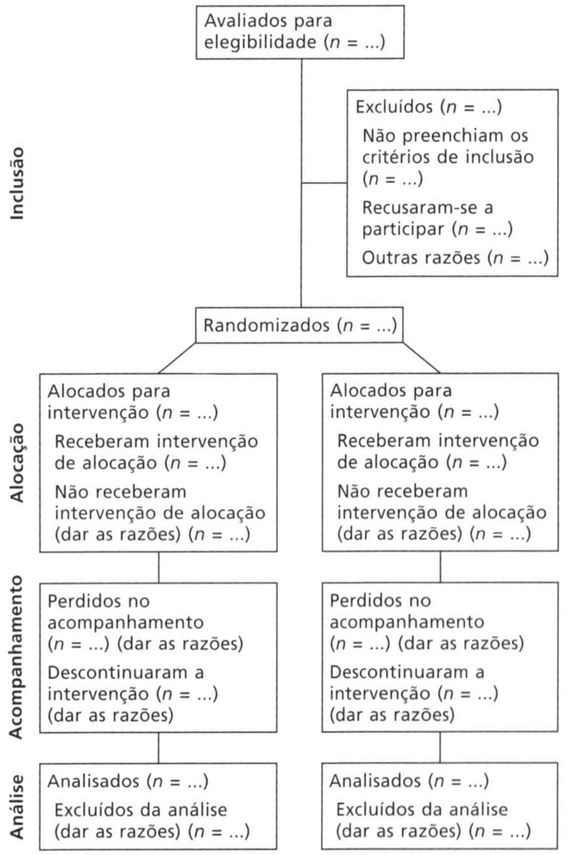

Figura 14.1 – Perfil da declaração CONSORT (Consolidation of Standards for Reporting Trials – Consolidação de Padrões para Relatar Testes) do progresso do Randomized Controlled Trial (Teste Controlado Randomizado) (www.consort-statement.org).

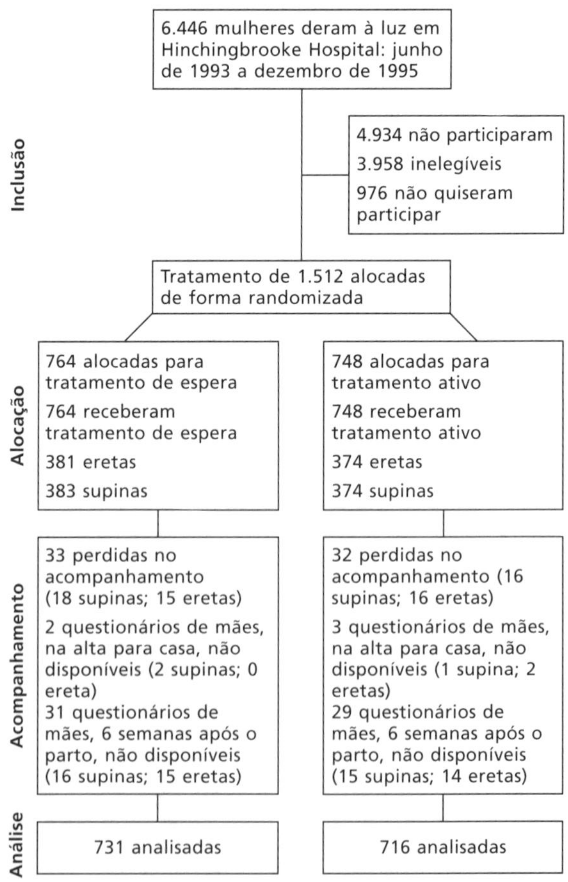

Figura 14.2 – Exemplo de perfil de teste (adaptado, sob permissão, do teste descrito no Cap. 40).

15 Estudos de coorte

Um **estudo de coorte** toma um grupo de indivíduos e, em geral, o acompanha prospectivamente, tendo como meta estudar se a exposição a um determinado fator etiológico afetará a incidência do resultado de uma doença no futuro (Fig. 15.1). Se isso ocorrer, o fator é normalmente conhecido como um **fator de risco** para o resultado da doença. Por exemplo, diversos estudos de coorte investigaram a relação entre fatores dietéticos e câncer. Embora a maioria dos estudos de coorte sejam prospectivos, coortes *históricos* podem ser investigados, obtendo-se a informação retrospectivamente. Entretanto, a qualidade de estudos históricos depende, com freqüência, de prontuários médicos e memória, podendo estar, portanto, sujeita a tendenciosidade.

Estudos de coorte podem ser fixos ou dinâmicos. Se indivíduos deixam uma coorte *fixa*, eles não são substituídos. Em coortes *dinâmicas*, indivíduos podem sair da coorte e novos indivíduos podem entrar ao se tornarem elegíveis.

Seleção da coorte

A coorte deve ser representativa da população para a qual os resultados serão generalizados. É sempre vantajoso o fato de os indivíduos poderem ser recrutados de uma fonte similar, como um determinado grupo ocupacional (por exemplo, trabalhadores civis, médicos), uma vez que as informações sobre mortalidade e morbidade podem ser facilmente obtidas dos registros mantidos no local de trabalho, e os indivíduos podem ser contatados quando necessário. Entretanto, uma coorte assim pode não ser verdadeiramente representativa da população geral, podendo ser mais saudável. Coortes também podem ser recrutadas a partir de listas de clínicos gerais, assegurando que um grupo de indivíduos com diferentes estados de saúde seja incluído no estudo. Entretanto, esses pacientes tendem a ter *backgrounds* sociais similares, por residirem na mesma área.

Ao tentar avaliar o efeito etiológico de um fator de risco, os indivíduos recrutados para coortes devem ser hígidos no início do estudo. Isso é necessário para garantir que qualquer exposição ao fator de risco ocorra antes do resultado, capacitando assim um papel causal para o fator a ser postulado. Em razão de os indivíduos serem hígidos no início do estudo, com freqüência observamos um **efeito entrante saudável**. As taxas de mortalidade no primeiro período do estudo são, então, menores que as esperadas para a população geral. Isso é aparente quando as taxas de mortalidade começam a aumentar repentinamente alguns anos após o início do estudo.

Acompanhamento de indivíduos

Ao acompanhar indivíduos ao longo do tempo, sempre existe o problema de que eles podem ser *perdidos*. Indivíduos podem mudar-se sem deixar o novo endereço ou podem decidir que desejam sair do estudo. Os benefícios de um estudo de coorte são reduzidos se um grande número de indivíduos é perdido do **acompanhamento**. Devemos, portanto, encontrar meios de minimizar essas perdas, por exemplo, mantendo contato regular com os indivíduos.

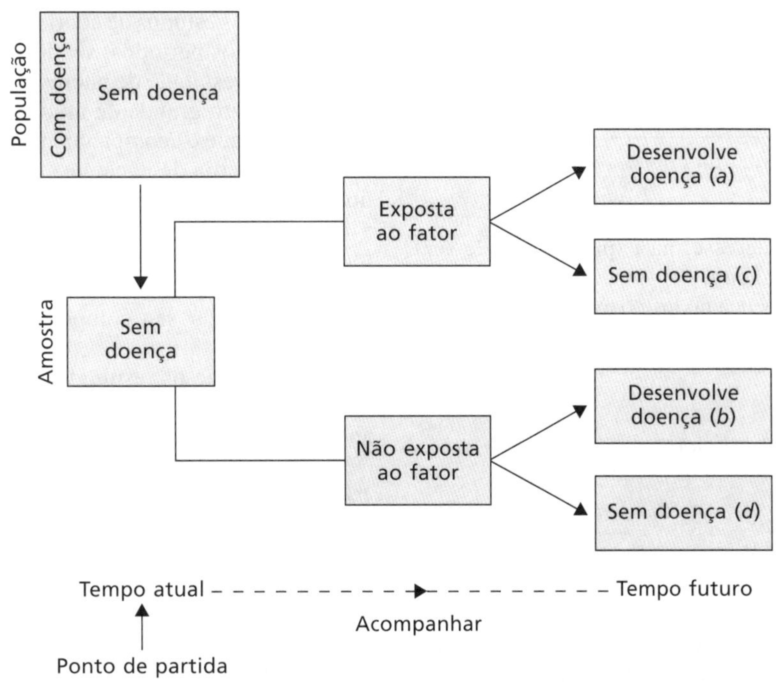

Figura 15.1 – Representação esquemática de um estudo de coorte (freqüências entre parênteses, ver Tabela 15.1).

978-85-7241-701-3

Tabela 15.1 – Freqüências observadas (ver Fig. 15.1)

	Exposto ao Fator		
	Sim	*Não*	*Total*
Doença de interesse			
Sim	*a*	*b*	*a + b*
Não	*c*	*d*	*c + d*
Total	*a + c*	*b + d*	*n = a + b + c + d*

Informações sobre resultados e exposições

É importante obter informações completas e precisas sobre os resultados de doenças, por exemplo, mortalidade e enfermidade por causas diferentes. Isso pode envolver a busca por meio de registros de doenças, estatísticas de mortalidade, e prontuários de clínicos gerais e hospitais.

A exposição aos riscos de interesse pode mudar ao longo do período do estudo. Por exemplo, ao avaliar a relação entre consumo de álcool e doença cardíaca, o consumo de álcool típico de um indivíduo tem probabilidade de mudar ao longo do tempo. Portanto, é importante entrevistar os indivíduos do estudo em ocasiões repetidas, para estudar alterações na exposição ao longo do tempo.

Análise de estudos de coorte

A Tabela 15.1 contém as freqüências observadas.

Em razão de os pacientes serem acompanhados longitudinalmente ao longo do tempo, é possível estimar o **risco** de desenvolver a doença na população calculando-se o risco na amostra estudada.

Risco estimado de doença

$$= \frac{\text{Número que desenvolveu a doença ao longo do período de estudo}}{\text{Número total na coorte}} = \frac{a+b}{n}$$

O risco de doença nos indivíduos expostos e não-expostos ao fator de interesse, na população, pode ser estimado da mesma maneira.

Risco estimado de doença no grupo exposto: $\text{risco}_{\text{exp}} = a/(a + c)$.

Risco estimado de doença no grupo não-exposto: $\text{risco}_{\text{não-exp}} = b/(b + d)$

Então, **risco relativo** *estimado* $= \dfrac{\text{risco}_{\text{exp}}}{\text{risco}_{\text{não-exp}}}$

$$= \frac{a/(a+c)}{b/(b+d)}$$

O **risco relativo (RR)** indica o risco aumentado (ou diminuído) de doença associado à exposição ao fator de interesse. Um risco relativo de um indica que o risco é o mesmo nos grupos exposto e não-exposto. Um risco relativo maior que um indica que existe risco aumentado no grupo exposto, em comparação com o grupo não-exposto; um risco relativo menor que um indica uma redução do risco de doença no grupo exposto. Por exemplo, um risco relativo de dois indicaria que os indivíduos do grupo exposto tiveram o dobro do risco de doença que aqueles do grupo não-exposto.

Um risco relativo deve sempre ser interpretado juntamente com o risco subjacente da doença. Até mesmo um risco relativo grande pode ter implicações clínicas limitadas, quando o risco subjacente de doença é muito pequeno.

Um intervalo de confiança para o risco relativo deve ser calculado, e podemos testar se o risco relativo é igual a um. Isso é facilmente efetuado num computador, portanto, podemos omitir os detalhes.

Vantagens dos estudos de coorte

- A seqüência temporal dos eventos pode ser avaliada.
- Eles podem fornecer informações sobre uma ampla gama de resultados.
- É possível mensurar diretamente incidência/risco de doença.
- É possível coletar informações muito detalhadas sobre a exposição a uma ampla gama de fatores.
- É possível estudar a exposição a fatores raros.
- A exposição pode ser mensurada em diversos pontos no tempo, de forma que alterações na exposição ao longo do tempo podem ser estudadas.
- Existem reduzidas **tendenciosidade de memória** e **tendenciosidade de seleção**, comparativamente aos estudos de controle de casos (Cap. 16).

Desvantagens dos estudos de coorte

- Em geral, os estudos de coorte acompanham indivíduos durante longos períodos, sendo assim custosos.
- Quando o resultado de interesse é raro, é necessário um tamanho muito grande de amostra.
- À medida que o acompanhamento aumenta, existe com freqüência perda de pacientes por migração ou abandono do estudo, levando a resultados tendenciosos.
- Como conseqüência da longa escala de tempo, freqüentemente é difícil manter a consistência das medições e dos resultados ao longo do tempo. Além disso, indivíduos podem modificar seu comportamento após uma entrevista inicial.
- É possível que os resultados da doença e suas probabilidades, ou a própria etiologia da doença, alterem-se ao longo do tempo.

Coortes clínicas

Às vezes, selecionamos uma coorte de pacientes apresentando a mesma patologia com que comparecem a um ou mais hospitais, e os acompanhamos (como pacientes internados ou de ambulatório) para ver quantos pacientes apresentam resolução (no caso de resultado positivo da patologia) ou alguma indicação de evolução da doença,

978-85-7241-701-3

como morte ou recidiva. As informações que coletamos de cada paciente é, em geral, aquela coletada como parte dos cuidados clínicos de rotina. As metas de **coortes clínicas** ou *bases de dados observacionais* podem incluir a descrição dos resultados de indivíduos com a patologia e a avaliação dos efeitos de diferentes abordagens de tratamento (por exemplo, diferentes drogas ou modalidades de tratamento). Em contraste com testes controlados randomizados (Cap. 14), que com freqüência incluem uma amostra altamente seletiva de indivíduos desejosos de participar do teste, as coortes clínicas em geral incluem todos os pacientes com a patologia nos hospitais do estudo. Assim, acredita-se que os resultados dessas coortes reflitam de forma mais precisa os resultados que seriam vistos na prática clínica. Entretanto, como nesses estudos a alocação para o tratamento não é randomizada (Cap. 14), as coortes clínicas são particularmente propensas a tendenciosidade confundente (Cap. 12 e 34).

Exemplo

978-85-7241-701-3

O British Regional Heart Study[1] é um grande estudo de coorte de 7.735 homens com idades entre 40 e 59 anos, selecionados aleatoriamente de centros médicos em 24 cidades britânicas, com o objetivo de identificar fatores de risco para doença isquêmica do coração. No recrutamento para o estudo, os homens foram interrogados sobre vários fatores demográficos e de estilo de vida, incluindo informação sobre hábitos de consumo de cigarros. Dos 7.718 homens que forneceram informação sobre o *status* tabagístico, 5.899 (76,4%) haviam fumado em algum estágio de suas vidas (incluindo os que, no momento, eram fumantes ou ex-fumantes). Ao longo dos dez anos subseqüentes, 650 desses 7.718 homens (8,4%) tiveram infarto do miocárdio (IM). Os resultados, exibidos na tabela mostram o número (e a porcentagem) de fumantes e não-fumantes que desenvolveram e não desenvolveram IM ao longo do período de dez anos.

$$\text{Risco relativo estimado} = \frac{(563/5.899)}{(87/1.819)} = 2,00$$

Pode-se demonstrar que o intervalo de confiança de 95% para o risco relativo verdadeiro é (1,60, 2,49).

Podemos interpretar que o risco relativo significa que um homem de meia-idade, que *sempre* fumou, tem o dobro de probabilidade de sofrer um IM nos próximos dez anos, em relação a um homem que *nunca* fumou. Alternativamente, o risco de um homem que sempre fumou sofrer um IM é 100% maior que o de um homem que nunca fumou.

Status Tabagístico na Linha de Base	Infarto do Miocárdio nos Dez Anos Subseqüentes		
	Sim	*Não*	*Total*
Sempre fumaram	563 (9,5%)	5.336 (90,5%)	5.899
Nunca fumaram	87 (4,8%)	1.732 (95,2%)	1.819
Total	650 (8,4)	7.068 (71,6%)	7.718

[1] Dados gentilmente fornecidos por Dr. F. C. Lampe, Sra. M. Walker e Dr. P. Whincup, Department of Primary Care and Population Sciences, Royal Free e University College Medical School, London, UK.

16 Estudos de controle de casos

Um estudo de controle de casos compara as características de um grupo de pacientes com um resultado de doença específico (os **casos**) com um grupo de indivíduos sem um resultado de doença (os **controles**), para verificar se quaisquer fatores ocorreram com maior ou menor freqüência nos casos do que nos controles (Fig. 16.1). Tais estudos retrospectivos não fornecem informação sobre a prevalência ou a incidência de doença, mas podem dar pistas sobre quais fatores elevam ou reduzem o risco de doença.

Seleção de casos

É importante definir se devem ser recrutados **casos incidentes** (pacientes recrutados no momento do diagnóstico) ou **casos prevalentes** (pacientes que já haviam sido diagnosticados ao entrar no estudo). Casos prevalentes podem ter tido tempo de refletir sobre sua história de exposição a fatores de risco, em especial se a doença é bem divulgada, como câncer, e podem ter alterado seu comportamento após o diagnóstico. É importante identificar tantos casos quanto possível, de maneira que os resultados tenham mais peso e as conclusões possam ser generalizadas para futuras populações. Para esse fim, pode ser necessário acessar listas de hospitais e registros de doenças, e incluir casos que morreram durante o período de tempo em que os casos e controles foram definidos, porque sua exclusão pode levar a uma amostra tendenciosa de casos.

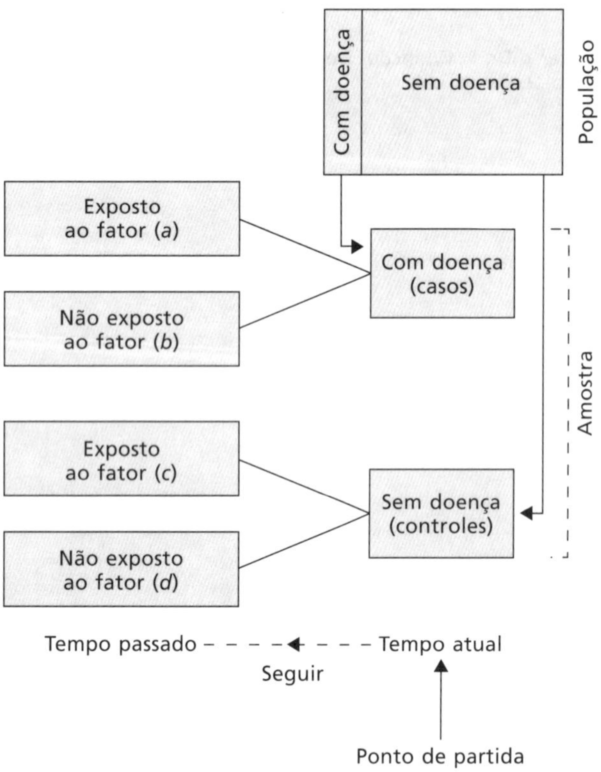

Figura 16.1 – Representação esquemática de um estudo de controle de casos.

Seleção de controles

Os controles devem ser triados ao ingressarem no estudo, para assegurar de que não têm a doença de interesse. Às vezes, pode existir mais de um controle para cada caso. Quando possível, os controles devem ser selecionados na mesma fonte dos casos. Controles são freqüentemente selecionados em hospitais. Todavia, como fatores de risco relacionados a um resultado de doença podem também estar relacionados a outros resultados de doenças, a seleção de controles com base em hospital pode selecionar excessivamente indivíduos que foram expostos ao fator de risco de interesse, e podem, portanto, nem sempre ser adequados. Na maioria das vezes é aceitável selecionar controles na população geral, embora eles possam não estar tão motivados a participar de tal estudo, de modo que as taxas de resposta podem, portanto, ser mais precárias nos controles do que nos casos. O uso de controles da vizinhança pode assegurar que os casos e controles tenham *backgrounds* sociais similares.

978-85-7241-701-3

Pareamento

Muitos estudos de controle de casos sofrem **pareamento** com o objetivo de selecionar casos e controles tão similares quanto possível. Em geral, é útil parear os indivíduos quanto ao sexo (ou seja, se o caso é homem, o controle também deve ser homem) e, às vezes, os pacientes estarão pareados quanto ao sexo. Entretanto, é importante não parear com base no fator de risco de interesse ou em qualquer fator que caia no caminho causal da doença (Cap. 34), porque isso remove a capacidade do estudo de avaliar qualquer relação entre o fator de risco e a doença. Infelizmente, o pareamento significa que o efeito sobre a doença, das variáveis usadas para o pareamento, não pode ser estudado.

Análise de estudos de controle de casos não-pareados

A Tabela 16.1 mostra as freqüências observadas. Em virtude de os pacientes serem selecionados com base em seu estado de doença, não é possível estimar o risco de doença absoluto. Podemos calcular a ***odds ratio***, que é dada por:

$$\textit{Odds ratio} = \frac{\text{Chance de ser um caso do grupo exposto}}{\text{Chance de ser um caso do grupo não-exposto}}$$

Em que, por exemplo, a chance de ser um caso do grupo exposto é igual a:

$$\frac{\text{probabilidade de ser um caso do grupo exposto}}{\text{probabilidade de não ser um caso do grupo exposto}}$$

As chances de ser um caso nas amostras exposta e não-exposta são:

$$\text{chance}_{\text{exp}} = \frac{\left(\dfrac{a}{a+c}\right)}{\left(\dfrac{c}{a+c}\right)} = \frac{a}{c} \quad \text{chance}_{\text{não-exp}} = \frac{\left(\dfrac{b}{b+d}\right)}{\left(\dfrac{d}{b+d}\right)} = \frac{b}{d}$$

$$\text{E, portanto, a } \textbf{\textit{odds ratio}} \textit{ estimada } = \frac{a/c}{b/d} = \frac{a \times d}{b \times c}$$

978-85-7241-701-3

Quando uma doença é rara, a *odds ratio* é uma estimativa do risco relativo e é interpretada de maneira de maneira similar, isto é, ela dá uma indicação da chance aumentada (ou diminuída) associada à exposição ao fator de interesse. Uma *odds ratio* de um indica que a chance é a mesma nos grupos exposto e não-exposto; uma *odds ratio* maior que um indica que a chance de doença é maior no grupo exposto que no não-exposto, etc. Intervalos de confiança e testes de hipótese também podem ser gerados para a *odds ratio*.

Tabela 16.1 – Freqüências observadas (ver Fig. 16.1)

	Exposto ao Fator		
	Sim	*Não*	*Total*
Estado de doença			
Caso	*a*	*b*	*a* + *b*
Controle	*c*	*d*	*c* + *d*
Total	*a* + *c*	*b* + *d*	*n* = *a* + *b* + *c* + *d*

Análise de estudos de controle de casos pareados

Quando possível, a análise de estudos pareados de controle de casos deve levar em conta o fato de que os casos e controles são ligados entre si como resultado do pareamento. Detalhes adicionais de métodos de análise para estudos pareados podem ser encontrados no Capítulo 30 (ver Regressão Logística Condicional) e em Breslow & Day[1].

Vantagens dos estudos de controle de casos

- São geralmente rápidos, baratos e fáceis de realizar.
- São em particular adequados para doenças raras.
- Uma ampla gama de fatores de risco pode ser investigada.
- Não existe perda de acompanhamento.

Exemplo

Um total de 1.327 mulheres com 50 a 81 anos de idade e fraturas de quadril, que viviam numa área predominantemente urbana na Suécia, foram investigadas neste estudo não-pareado de controle de casos. Elas foram comparadas a 3.262 controles da mesma faixa etária, aleatoriamente selecionadas do registro nacional. O interesse centrou-se em determinar se mulheres submetendo-se à terapia de reposição hormonal (TRH) pós-menopausa tinham menor probabilidade de fraturas de quadril do que aquelas que não faziam essa reposição. Os resultados exibidos na Tabela 16.2 mostram os números de mulheres que faziam TRH e daquelas que a haviam feito anteriormente ou nunca, nos grupos caso e controle.

A *odds ratio* observada = (40 × 3.023) / (239 × 1.287) = 0,39.

Pode-se demonstrar que o intervalo de confiança de 95% para a *odds ratio* é (0,28, 0,56).

Assim, a chance de fratura de quadril numa mulher pós-menopausa dessa faixa etária, na Suécia, que faz TRH, foi de 39% daquela de uma mulher que fez TRH anteriormente ou nunca; ou seja, fazer TRH reduziu a chance de fratura de quadril em 61%.

Tabela 16.2 – Freqüências observadas no estudo sobre fraturas

	Faz Terapia de Reposição Hormonal (TRH)	Fez TRH Anteriormente ou Nunca	Total
Com fratura de quadril (casos)	40	1.287	1.327
Sem fratura de quadril (controles)	239	3.023	3.262
Total	279	4.310	4.589

Dados extraídos de: Michaelsson, K., Baron, J.A., Farahmand, B.Y. *et al.* (1998) Hormone replacement therapy and risk of hip fracture: population based case-control study. *British Medical Journal*, **316**, 1858-1863.

Desvantagens dos estudos de controle de casos

• A **tendenciosidade de memória**, quando os casos têm uma capacidade diferencial de se lembrar de certos detalhes sobre suas histórias, é um problema potencial. Por exemplo, um paciente de câncer pulmonar pode muito bem se lembrar do período ocasional em que fumava, ao passo que um controle pode não se lembrar de um período similar.

• Se o início da doença precedeu a exposição ao fator de risco, a causa não pode ser inferida.

• Estudos de controle de casos não são adequados quando exposições ao fator de risco são raras.

REFERÊNCIA BIBLIOGRÁFICA

1 Breslow, N.E. & Day, N.E. (1980) *Statistical Methods in Cancer Research. Volume I – The Analysis of Case-control Studies*. International Agency for Cancer Research, Lyon.

978-85-7241-701-3

17 Teste de hipótese

Freqüentemente recolhemos dados simples para avaliar quanta evidência existe contra uma hipótese específica sobre a população. Usamos um processo conhecido como **teste de hipótese** (ou **teste de significância**) para quantificar nossa crença contra uma determinada hipótese.

Este capítulo descreve o formato do teste de hipótese em geral (Quadro 17.1); detalhes sobre testes de hipóteses específicos são apresentados em capítulos subseqüentes. Para fácil referência, cada teste de hipótese é contido num quadro similarmente formatado.

Definindo as hipóteses de nulidade e alternativa

Em geral testamos a **hipótese de nulidade (H_0)**, que assume *nenhum efeito* (por exemplo, a diferença entre as médias é igual a zero) sobre a *população*. Por exemplo, se estamos interessados em comprar taxas de tabagismo em homens e mulheres da população, a hipótese de nulidade seria:

H_0: as taxas de tabagismo são as mesmas em homens e mulheres da população.

Depois, definimos a **hipótese alternativa (H_1)**, que se aplica caso a hipótese de nulidade não seja verdadeira. A hipótese alternativa se relaciona de forma mais direta com a teoria que desejamos investigar. Assim, no exemplo, poderíamos ter:

H_1: as taxas de tabagismo são diferentes em homens e mulheres da população.

Não especificamos qualquer direção para a diferença nas taxas de tabagismo, por exemplo, não afirmamos se os homens têm taxas maiores ou menores que as mulheres da população. Isso leva ao que é conhecido como **teste bicaudal**, pois damos margem a qualquer eventualidade, e isso é recomendado porque nunca temos certeza, *antecipadamente*, da direção de qualquer diferença, caso exista. Em algumas circunstâncias muito raras, podemos efetuar um **teste monocaudal** no qual uma direção

978-85-7241-701-3

Quadro 17.1 – Teste de hipótese – visão geral

Definimos cinco estágios ao efetuar um teste de hipótese:

1. Definir as *hipóteses de nulidade* e *alternativa* em estudo
2. Coletar dados relevantes de uma amostra de indivíduos
3. Calcular o valor da *estatística do teste*, específico para a hipótese de nulidade
4. Comparar o valor da estatística do teste com valores de uma distribuição de probabilidades conhecida
5. Interpretar o *valor* P e os resultados

de efeito é especificada em H_1. Isso pode ser aplicado se consideramos uma doença que provoca a morte de todos os indivíduos não tratados (uma nova droga não pode piorar as coisas) ou se conduzimos uma triagem de equivalência ou não-inferioridade (ver a última seção deste capítulo).

Obtendo a estatística do teste

Após coletar os dados, alimentamos valores de nossa amostra numa fórmula específica para o teste que estamos usando, a fim de determinar um valor para a **estatística do teste**. Isso reflete a quantidade de evidências nos dados *contra* a hipótese de nulidade – em geral, quanto maior o valor, ignorando-se seu sinal, maior a evidência.

Obtendo o valor *P*

Todas as estatísticas de testes seguem distribuições teóricas de probabilidades (Caps. 7 e 8). Relacionamos o valor da estatística de teste, obtido da amostra, à distribuição conhecida para obter o **valor *P***, a área em ambas as caudas (ou ocasionalmente em uma) da distribuição de probabilidades. A maioria dos programas de computadores proporciona o valor *P* bicaudal automaticamente. *O valor* P *é a probabilidade de obter nossos resultados, ou algo mais extremo, se a hipótese de nulidade for verdadeira*. A hipótese de nulidade se relaciona à população de interesse, não à amostra. Portanto, a hipótese de nulidade é verdadeira ou falsa, e *não podemos* interpretar o valor *P* como a probabilidade de a hipótese de nulidade ser verdadeira.

Uso do valor *P*

Precisamos decidir qual a quantidade de evidência que necessitamos para nos permitir decidir rejeitar a hipótese de nulidade em favor da alternativa. Quanto menor o valor *P*, maior a evidência contra a hipótese de nulidade.

- Por convenção, consideramos que, se o valor *P* é inferior a 0,05, existe evidência suficiente para rejeitar a hipótese de nulidade, pois existe apenas uma pequena chance de os resultados ocorrerem se a hipótese de nulidade for verdadeira. Então, *rejeitamos* a hipótese de nulidade e dizemos que os resultados são *significativos* ao nível de 5% (Fig. 17.1).
- Em contraste, se o valor *P* é igual ou superior a 0,05, com freqüência concluímos que não existe evidência suficiente para rejeitar a hipótese de nulidade. *Não rejeitamos* a hipótese de nulidade e dizemos que os resultados *não são significativos* ao nível de 5% (Fig. 17.1). Isso não significa que a hipótese de nulidade seja verdadeira, mas simplesmente que não temos evidência suficiente para rejeitá-la.

A escolha de 5% é arbitrária. Em 5% das ocasiões, rejeitaremos incorretamente a hipótese de nulidade quando

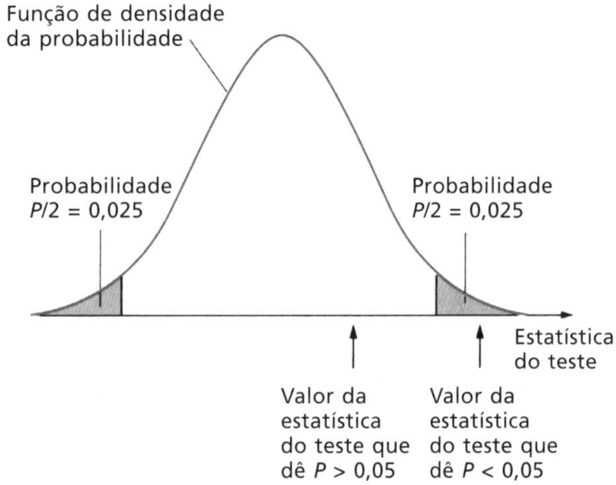

Figura 17.1 – Distribuição de probabilidades da estatística do teste exibindo uma probabilidade bicaudal, $P = 0{,}05$.

ela é verdadeira. Em situações nas quais as implicações clínicas de incorretamente rejeitar a hipótese de nulidade são graves, podemos exigir evidência mais forte antes de rejeitar a hipótese de nulidade (por exemplo, podemos decidir rejeitar a hipótese de nulidade se o valor *P* for inferior a 0,01 ou 0,001). O nível de corte eleito para o valor *P* (por exemplo, 0,05 ou 0,01) é denominado **nível de significância** do teste; ele precisa ser escolhido antes de os dados serem coletados.

Declarar um resultado somente como significativo, a um certo nível de corte (por exemplo, afirmar apenas que *P* é menor que 0,05), pode ser enganoso. Por exemplo, se $P = 0{,}04$, rejeitamos H_0; porém, se $P = 0{,}06$, não rejeitamos. Esses valores são realmente diferentes? Portanto, recomendamos declarar o valor *P* exato, freqüentemente obtido do resultado fornecido pelo computador.

Testes não-paramétricos

Testes de hipóteses com base no conhecimento das distribuições de probabilidades que os dados seguem são conhecidos como **testes paramétricos**. Na maioria das vezes, os dados não estão em conformidade com as pressuposições subjacentes a esses métodos (Cap. 35). Nesses casos, podemos usar **testes não-paramétricos** (às vezes denominados **testes sem distribuição** ou **métodos de classes**). Esses testes em geral substituem os dados por suas classes (isto é, os números 1, 2, 3 etc., descrevendo sua posição no conjunto de dados classificado) e não fazem pressuposições sobre a distribuição de probabilidades que os dados seguem.

Testes não-paramétricos são em particular úteis quando o tamanho da amostra é pequeno (de modo a ser impossível avaliar a distribuição dos dados) e/ou quando os dados são mensurados numa escala categórica. Entretanto, testes não-paramétricos são geralmente pródigos de informações; como conseqüência, eles têm menos poder (Cap. 18) de detectar um efeito real do que o teste paramétrico equivalente, se todas as pressuposições subjacentes ao teste paramétrico forem satisfeitas. Além disso, eles são primariamente testes de significância que, com freqüência, não provêem estimativas dos efeitos de interesse; eles levam a decisões em vez de a uma apreciação ou compreensão dos dados.

Qual teste?

Decidir qual teste estatístico usar depende do projeto do estudo, do tipo de variável e da distribuição que os dados em estudo seguem. O fluxograma na parte interna da capa o ajudará na decisão.

Teste de hipótese *versus* intervalos de confiança

Intervalos de confiança (Cap. 11) e testes de hipótese estão intimamente ligados. A meta primária de um teste de hipótese é tomar uma decisão e prover um valor *P* exato. Um intervalo de confiança quantifica o efeito de interesse (por exemplo, a diferença entre as médias) e nos capacita a avaliar as implicações clínicas dos resultados. Entretanto, por prover uma faixa de valores plausíveis para o efeito real, ele também pode ser usado para tomar uma decisão, embora um valor *P* exato não seja fornecido. Por exemplo, se o valor hipotético para o efeito (por exemplo, zero) estiver fora do intervalo de confiança de 95%, então, acreditamos que o valor hipotético é implausível e rejeitamos H_0. Nesse caso, sabemos que o valor *P* é menor que 0,05, mas não conhecemos seu valor exato.

978-85-7241-701-3

Testes de equivalência e não-inferioridade

Na maioria dos testes controlados randomizados (Cap. 14) de duas ou mais estratégias de tratamento, em geral estamos interessados em demonstrar a *superioridade* de pelo menos um tratamento sobre o(s) outros(s). Entretanto, em algumas situações podemos acreditar que um novo tratamento (por exemplo, droga) pode não ter maior eficácia clínica que um tratamento existente, mas terá outros benefícios importantes, talvez em termos de efeitos colaterais reduzidos, número de pílulas a serem ingeridas, ou custo. Então, podemos desejar mostrar somente que a eficácia do novo tratamento é similar (em algum **teste de equivalência**) ou não *substancialmente* pior (num **teste de não-inferioridade**) do que aquela do tratamento existente.

Ao conduzir um teste de equivalência ou de não-inferioridade, o procedimento de teste da hipótese, usado no **teste de superioridade** usual, que verifica a hipótese de nulidade de que os dois tratamentos são iguais, é irrelevante. Isso se dá porque (1) um resultado não-significativo não implica não-inferioridade/equivalência, e (2) mesmo que um efeito estatisticamente significativo seja detectado, ele pode não ter importância clínica. Em vez disso, essencialmente invertemos as hipóteses de nulidade e alternativa num teste de equivalência, de modo que a hipótese de nulidade expresse uma diferença e a hipótese alternativa expresse equivalência.

978-85-7241-701-3

Em vez de calcular a estatística do teste, em geral abordamos o problema de avaliar equivalência e não-inferioridade[1] determinando se o intervalo de confiança para o efeito de interesse (por exemplo, a diferença entre as médias de dois grupos de tratamento) se encontra total ou parcialmente dentro de uma *faixa de equivalência* pré-definida (ou seja, a faixa de valores, determinada por especialistas clínicos, que corresponde a um efeito sem qualquer importância clínica). Se a totalidade do intervalo de confiança para o efeito de interesse se encontra dentro da faixa de equivalência, concluímos que os dois tratamentos são equivalentes; nessa situação, mesmo que os limites superior e inferior do intervalo de confiança sugiram que um tratamento traga mais benefício que o outro, é improvável que ele tenha qualquer importância clínica. Num teste de não-inferioridade, queremos demonstrar que o novo tratamento não é substancialmente pior que o padrão (se o novo tratamento se mostrar melhor que o padrão, este será um bônus adicional). Nessa situação, se o limite inferior do intervalo de confiança adequado não se encontra abaixo do limite inferior da faixa de equivalência, concluímos que o novo tratamento não é inferior.

A menos que especificados de outra maneira, os testes de hipóteses nos capítulos subseqüentes são testes de superioridade. Note que os métodos para determinar o tamanho da amostra, descrito no Capítulo 36, não se aplica a testes de equivalência ou de não-inferioridade. O tamanho da amostra necessário para um teste de equivalência ou de não-inferioridade[2] é geralmente maior que aquele do teste de superioridade comparável, se todos os fatores que afetam o tamanho da amostra (por exemplo, nível de significância, poder) são os mesmos.

REFERÊNCIAS BIBLIOGRÁFICAS

1 John, B., Jarvis, P., Lewis, J.A. and Ebbutt, A.F. (1996). Trials to assess equivalence: the importance of rigorous methods. *British Medical Journal* **313**: 36-39.

2 Julious, S.A. (2004). Tutorial in Biostatistics: Sample sizes for clinical trials with Normal data. *Statistics in Medicine* **23**:1921-1986.

18 Erros no teste de hipótese

Tomar uma decisão

A maioria dos testes de hipóteses em estatística médica compara grupos de pessoas expostas a uma variedade de experiências. Podemos, por exemplo, estar interessados em comparar a eficácia de duas formas de tratamento para reduzir a mortalidade por câncer de mama ao longo de cinco anos. Para um dado resultado (por exemplo, morte), chamamos a *comparação de interesse* (por exemplo, a diferença entre as taxas de mortalidade ao longo de cinco anos) de **efeito de interesse** ou, se relevante, **efeito do tratamento**. Expressamos a hipótese de nulidade em termos de nenhum efeito (por exemplo, a mortalidade por câncer de mama ao longo de cinco anos é a mesma em dois grupos de tratamento); a hipótese alternativa bilateral é que o efeito não é zero. Efetuamos um teste de hipótese que nos capacita a decidir se temos evidências suficientes para rejeitar a hipótese de nulidade (Cap. 17). Podemos tomar uma de duas decisões; ou rejeitamos a hipótese de nulidade, ou não a rejeitamos.

Tomar a decisão errada

Embora esperamos tirar a conclusão correta sobre a hipótese de nulidade, temos de reconhecer que, em virtude de termos apenas uma amostra da população, podemos tomar a decisão errada quando rejeitamos, ou não, a hipótese de nulidade. Os erros que podemos cometer são mostrados na Tabela 18.1.

• ***Erro Tipo I***: *rejeitamos a hipótese de nulidade quando ela é verdadeira*, e concluímos que existe um efeito quando, na verdade, não existe nenhum. A chance (probabilidade) máxima de cometer um erro Tipo I é denotada por α (alfa). Esse é o nível de significância do teste (Cap. 17); rejeitamos a hipótese de nulidade se nosso valor P é inferior ao nível de significância, isto é, se $P < \alpha$.

Precisamos decidir sobre o valor de α antes de coletar nossos dados; em geral, atribuímos-lhe um valor convencional de 0,05, embora possamos escolher um valor mais restritivo, como 0,01, ou um valor menos restritivo, como 0,10. Nossa chance de cometer um erro Tipo I nunca excederá nosso nível de significância escolhido, digamos $\alpha = 0{,}05$, porque somente rejeitaremos a hipótese de nulidade se $P < 0{,}05$. Se constatarmos que $P > 0{,}05$, não rejeitaremos a hipótese de nulidade e, conseqüentemente, não cometemos um erro Tipo I.

• ***Erro Tipo II***: *não rejeitamos a hipótese de nulidade quando ela é falsa* e concluímos que não existe qualquer efeito quando, na verdade, ele existe. A chance de cometer um erro Tipo II é denotada por β (beta); seu complemento $(1 - \beta)$ é o **poder** do teste. O poder, portanto, é a *probabilidade de rejeitarmos a hipótese de nulidade quando ela é falsa*; ou seja, ele é a chance (em geral expressa como porcentagem) de detectar, como **estatisticamente significante** um efeito real de tratamento de um dado tamanho.

Idealmente, devemos querer que o poder do nosso teste seja 100%; precisamos reconhecer, porém, que isto é impossível porque sempre existe uma chance, ainda que mínima, de podermos cometer um erro Tipo II. Felizmente, porém, conhecemos quais fatores afetam o poder; assim, atentando para esses atores, podemos controlar o poder de um teste.

Tabela 18.1 – Conseqüências do teste de hipótese

	Rejeitar H_0	Não Rejeitar H_0
H_0 verdadeira	Erro Tipo I	Nenhum erro
H_0 falsa	Nenhum erro	Erro Tipo II

H_0 = hipótese de nulidade.

Poder e fatores correlatos

É essencial conhecermos o poder de um teste proposto, já no estágio de planejamento da nossa investigação. Claramente, só devemos embarcar num estudo se acreditamos que ele tem uma "boa" chance de detectar um efeito clinicamente relevante, caso exista (por "bom" entendemos que o poder deve ser de, no mínimo, 80%). É eticamente irresponsável, e um desperdício de tempo e recursos, efetuar um teste clínico que tenha, digamos, uma chance de apenas 40% de detectar um efeito real de tratamento.

Vários fatores têm influência direta sobre o poder de um dado teste.

• *Tamanho da amostra*: o poder aumenta com o aumento do tamanho da amostra. Isso significa que uma amostra grande tem maior capacidade, em relação a uma amostra pequena, de detectar um efeito clínico importante, se ele existir. Quando o tamanho da amostra é muito pequeno, o teste pode ter um poder inadequado para detectar um determinado efeito. Explicamos como escolher um tamanho de amostra, com considerações sobre o poder, no Capítulo 36. Os métodos também podem ser usados para avaliar o poder do teste para um dado tamanho de amostra.

• *Variabilidade das observações*: o poder aumenta à medida que diminui a variabilidade das observações (Fig. 18.1).

• ***Efeito de interesse***: o poder do teste é maior para efeitos maiores. Um teste de hipótese tem, assim, maior chance de detectar um efeito real grande do que um pequeno.

• ***Nível de significância***: o poder é maior se o nível de significância é maior (isto é equivalente à probabilidade do erro Tipo I [α] aumentar à medida que a probabilidade do erro Tipo II [β] diminui). Dessa forma, temos maior probabilidade de detectar um efeito real se decidimos, no estágio de planejamento, que consideraremos nosso valor P significativo se ele for inferior a 0,05, em vez de inferior a 0,01. Podemos ver essa relação entre poder e nível de significância na Figura 18.2.

Note que uma inspeção do intervalo de confiança (Cap. 11) para o efeito de interesse dá uma indicação da

978-85-7241-701-3

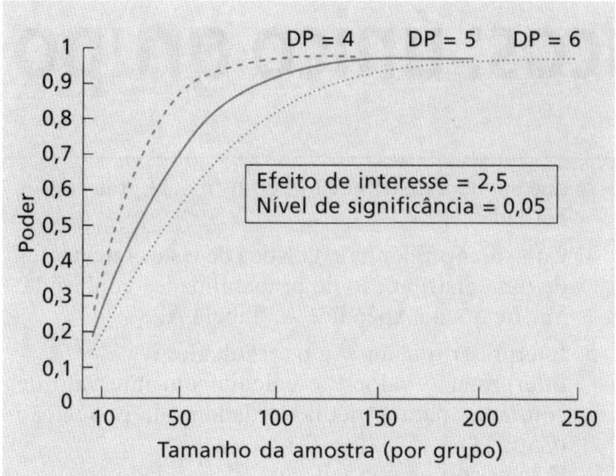

Figura 18.1 – Curvas de poder mostrando a relação entre o poder e o tamanho da amostra em cada um de dois grupos, para a comparação de duas médias usando-se o teste *t* não-pareado (Cap. 21). Cada curva de poder se relaciona a um teste bilateral para o qual o nível de significância é 0,05 e o efeito de interesse (por exemplo, a diferença entre as médias do tratamento) é 2,5. O desvio padrão (DP) das mensurações, assumido como igual nos dois grupos, é diferente para cada curva de poder (ver Exemplo, Cap. 36).

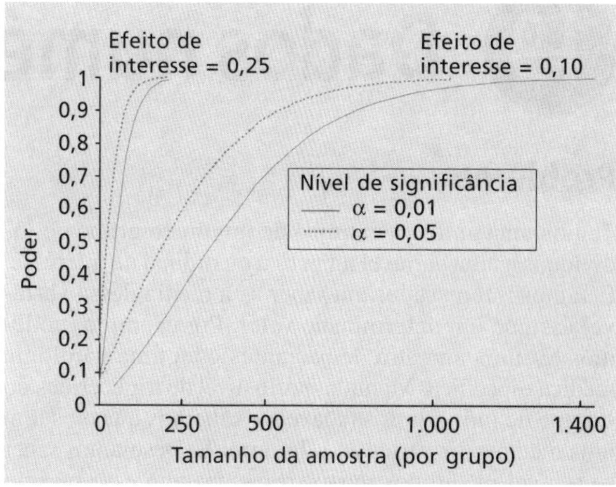

Figura 18.2 – Curvas de poder mostrando a relação entre o poder e o tamanho da amostra em cada um de dois grupos, a fim de comparar duas proporções usando o teste qui-quadrado (Cap. 24). As curvas são traçadas quando o efeito de interesse (por exemplo, a diferença nas proporções com a característica de interesse nos dois grupos de tratamento) é 0,25 (isto é, 0,65 a 0,40) ou 0,10 (isto é, 0,50 a 0,40); o nível de significância do teste bilateral é 0,05 ou 0,01 (ver Exemplo, Cap. 36).

adequação do poder do teste. Um intervalo de confiança amplo resulta de uma amostra pequena e/ou de dados com substancial variabilidade, sugerindo baixo poder.

Teste de múltiplas hipóteses

Freqüentemente, desejamos efetuar vários testes de significância num conjunto de dados, por exemplo, quando ele compreende muitas variáveis ou existem mais de dois tratamentos. A taxa de erro Tipo I aumenta dramaticamente com o aumento do número de comparações, levando a conclusões espúrias. Portanto, devemos efetuar somente um pequeno número de testes, escolhidos de modo a se relacionarem com as metas primárias do estudo e especificados *a priori*. É possível usar alguma forma de ajuste *post-hoc* para o valor *P*, a fim de dar conta do número de testes efetuados (Cap. 22). Por exemplo, a **correção de Bonferroni** (com freqüência considerada muito conservadora) multiplica cada valor *P* pelo número de testes efetuados; quaisquer decisões sobre a significância são, então, baseadas nesse valor *P* ajustado.

978-85-7241-701-3

19 Dados numéricos: único grupo

Problema

Temos uma amostra extraída de um único grupo de indivíduos e uma variável numérica ou ordinal de interesse. Estamos interessados em saber se a média dessa variável assume um determinado valor. Por exemplo, podemos ter uma amostra de pacientes com uma patologia médica específica. Monitoramos o nível de triglicérides do sangue de indivíduos saudáveis e sabemos que eles têm uma média geométrica de 1,74mmol/L. Desejamos saber se o nível médio dos nossos pacientes tem esse mesmo valor.

Teste *t* de uma só amostra

Premissas

Na população, a variável é Normalmente distribuída, com uma dada variância (na maioria das vezes desconhecida). Além disso, tomamos uma amostra de tamanho razoável, de modo a podermos verificar a premissa de Normalidade (Cap. 35).

Raciocínio

Estamos interessados em saber se a média, μ, da variável na população de interesse difere de algum valor hipotético, μ_1. Usamos uma estatística de teste baseada na diferença entre a média da amostra, $\bar{x}$, e μ_1. Assumindo o fato de não conhecermos a variância da população, essa estatística de teste, então, com freqüência denominada t, segue a distribuição t. Se conhecemos a variância da população ou se o tamanho da amostra é muito grande, pode ser usado um teste alternativo (freqüentemente denominado teste z), com base na distribuição Normal. Entretanto, nessas situações, os resultados dos dois testes são virtualmente idênticos.

Notação adicional

Nossa amostra tem tamanho n e o desvio padrão estimado é s.

1. Definir as hipóteses de nulidade e alternativa em estudo
   H_0: a média da população, μ, é igual a μ_1
   H_1: a média da população não é igual a μ_1
2. Coletar dados relevantes de uma amostra de indivíduos
3. Calcular o valor da estatística de teste específica para H_0

   $$t = \frac{(\bar{x} - \mu_1)}{s/\sqrt{n}}$$

   que segue a distribuição t com $(n - 1)$ graus de liberdade
4. Comparar o valor da estatística de teste com valores de uma distribuição de probabilidades conhecida
   Verificar t no Apêndice A, Tabela A2
5. Interpretar o valor P e os resultados
   Interpretar o valor P e calcular um intervalo de confiança para a média verdadeira da população (Cap. 11)
   O intervalo de confiança de 95% é dado por:

   $$\bar{x} \pm t_{0,05} \times (s/\sqrt{n})$$

   Em que $t_{0,05}$ é o ponto de porcentagem da distribuição t com $(n - 1)$ graus de liberdade, o que resulta numa probabilidade bicaudal de 0,05

978-85-7241-701-3

Interpretação do intervalo de confiança

O intervalo de confiança de 95% proporciona uma faixa de valores na qual temos 95% de certeza de encontrar a verdadeira média da população. Se o intervalo de confiança de 95% não inclui o valor hipotético da média, μ_1, rejeitamos a hipótese de nulidade ao nível de 5%. Porém, se o intervalo de confiança de 95% inclui μ_1, não rejeitamos a hipótese de nulidade a esse nível.

Se as premissas não são satisfeitas

Podemos nos preocupar com o fato de a variável não seguir uma distribuição Normal na população. Ao passo que o teste t é relativamente **robusto** (Cap. 35) até certo grau de não-Normalidade, um deslocamento extremo pode ser uma preocupação. Podemos transformar os dados de modo que a variável seja Normalmente distribuída (Cap. 9) ou usar um teste não-paramétrico, como o teste de sinal ou o teste de Wilcoxon (Cap. 20).

Teste de sinal

Raciocínio

O teste de sinal é um teste simples, com base na mediana da distribuição. Temos algum valor hipotético, λ, para a mediana da população. Se a nossa amostra provém dessa população, então, aproximadamente metade dos valores da nossa amostra deve ser maior que λ, e metade deve ser menor que λ (após excluir quaisquer valores iguais a λ). O teste de sinal considera o número de valores da nossa amostra maiores (ou menores) que λ.

O teste de sinal é um teste simples; podemos usar um teste mais poderoso, o teste de Wilcoxon (Cap. 20), que leva em consideração as classes dos dados e também seus sinais, ao efetuar tal análise.

1. Definir as hipóteses de nulidade e alternativa em estudo
   H_0: a mediana da população é igual a λ
   H_1: a mediana da população não é igual a λ
2. Coletar dados relevantes de uma amostra de indivíduos
3. Calcular o valor da estatística de teste específica para H_0
   Ignorar todos os valores iguais a λ, deixando n' valores. Contar os valores maiores que λ. Similarmente, contar os valores menores que λ. (Na prática, isso na maioria das vezes envolverá calcular a diferença entre cada valor da amostra e λ, e notar seu sinal.) Considerar r, a menor dessas duas contagens.
   - Se n' λ 10, então a estatística de teste é r
   - Se $n' > 10$, calcular $z = \dfrac{\left| r - \dfrac{n'}{2} \right| - \dfrac{1}{2}}{\dfrac{\sqrt{n'}}{2}}$

   Em que $n'/2$ é o número de valores acima (ou abaixo) da mediana que esperaríamos se a hipótese de nulidade fosse verdadeira. As barras verticais indicam que tomamos o valor absoluto (isto é, positivo) do número indicado entre as barras. A distribuição de z é aproximadamente Normal. A subtração de 1/2 na fórmula para z é uma **correção de continuidade**, que devemos incluir para acomodar o fato de estarmos relacionando um valor discreto (r) a uma distribuição contínua (a distribuição Normal)
4. Comparar o valor da estatística de teste com valores de uma distribuição de probabilidades conhecida
   - Se $n' \leq 10$, ver r no Apêndice A, Tabela A6
   - Se $n' > 10$, ver z no Apêndice A, Tabela A1
5. Interpretar o valor P e os resultados
   Interpretar o valor P e calcular um intervalo de confiança para a mediana – alguns programas estatísticos fornecem isso automaticamente; se isso não ocorrer, podemos classificar os valores em ordem de tamanho e consultar o Apêndice 7 para identificar as classes dos valores a serem utilizadas para definir os limites do intervalo de confiança. Em geral, os intervalos de confiança para a mediana serão mais amplos que aqueles para a média

978-85-7241-701-3

Exemplo

Existe alguma evidência de que níveis elevados de triglicérides no sangue estão associados à doença cardíaca. Como parte de um grande estudo de coorte sobre doença cardíaca, eram disponíveis os níveis de triglicérides de 232 homens que desenvolveram doença cardíaca ao longo dos cinco anos após o recrutamento. Estamos interessados em saber se o nível médio de triglicérides da população de homens, da qual essa amostra foi escolhida, é a mesma que a da população geral. Um **teste *t* de uma só amostra** foi efetuado para investigar isso. Os níveis de triglicérides estão deslocados para a direita (Fig. 8.3*A*); os níveis logarítmicos de triglicérides têm distribuição aproximadamente Normal (Fig. 8.3*B*), portanto, efetuamos nossa análise sobre os valores logarítmicos. Nos homens da população geral, a média dos valores logarítmicos é 0,24 $\log_{10}$ (mmol/L), equivalente a uma média geométrica de 1,74mmol/L.

1. H_0: a média $\log_{10}$ (nível de triglicérides) da população de homens que desenvolvem doença cardíaca é 0,24mmol/L
   H_1: a média $\log_{10}$ (nível de triglicérides) da população de homens que desenvolvem doença cardíaca não é 0,24mmol/L
2. Tamanho da amostra, $n = 232$
   Média dos valores logarítmicos,
   $\bar{x} = 0{,}31$ log (mmol/L)
   Desvio padrão dos valores logarítmicos,
   $s = 0{,}23$ log (mmol/L)
3. Estatística de teste, $t = \dfrac{0{,}31 - 0{,}24}{0{,}23 / \sqrt{232}} = 4{,}64$
4. Consultamos t no Apêndice A, Tabela A2 com 231 graus de liberdade: $P < 0{,}001$
5. Existe forte evidência para rejeitar a hipótese de nulidade, de que a média geométrica dos níveis de triglicérides da população de homens que desenvolvem doença cardíaca é 1,74mmol/L. A média geométrica dos níveis de triglicérides da população de homens que desenvolvem doença cardíaca é estimada como o antilog (0,31) = $10^{0,31}$, que é 2,04mmol/L. O intervalo de confiança de 95% da média geométrica dos níveis de triglicérides varia de 1,90 a 2,19mmol/L (ou seja, antilog $[0{,}31 \pm 1{,}96 \times 0{,}23/\sqrt{232}]$). Portanto, nessa população de pacientes, a média geométrica dos níveis de triglicérides é significativamente maior que na população geral

Podemos usar o **teste de sinal** para efetuar uma análise similar sobre os níveis de triglicérides não transformados, uma vez que isso não cria qualquer premissa distribucional. Assumimos que a mediana e a média geométrica dos níveis de triglicérides da população masculina são similares.

(Continua)

Exemplo (*Continuação*)

1. H_0: a mediana dos níveis de triglicérides da população de homens que desenvolvem doença cardíaca é 1,74mmol/L
   H_1: a mediana dos níveis de triglicérides da população de homens que desenvolvem doença cardíaca não é 1,74mmol/L
2. Neste conjunto de dados, o valor mediano é: 1,94 mmol/L
3. Investigamos as diferenças entre cada valor e 1,74. Existem 231 diferenças não iguais a zero, das quais 135 são positivas e 96 são negativas. Portanto, $r = 96$. Como o número de diferenças não iguais a zero é maior que 10, calculamos:

$$z = \frac{\left|96 - \frac{231}{2}\right| - \frac{1}{2}}{\frac{\sqrt{231}}{2}} = 2{,}50$$

4. Consultamos z no Apêndice A, Tabela A1: $P = 0{,}012$
5. Existe evidência para rejeitar a hipótese de nulidade, de que a mediana dos níveis de triglicérides da população de homens que desenvolvem doença cardíaca é 1,74mmol/L. A fórmula no Apêndice A indica que o intervalo de confiança de 95%, para a mediana da população, é dado pelo 101º e 132º valores classificados. Portanto, nessa população de pacientes, a mediana dos níveis de triglicérides é significativamente maior que na população geral

Dados gentilmente fornecidos por Dr. F.C. Lampe, Sra. M. Walker e Dr. P. Whincup, Department of Primary Care and Population Sciences, Royal Free and University College Medical School, London, UK.

978-85-7241-701-3

20 Dados numéricos: dois grupos relacionados

Problema

Temos duas amostras relacionadas entre si, e uma variável numérica ou ordinal de interesse.

- A variável pode ser mensurada, em cada indivíduo, em duas circunstâncias. Por exemplo, num teste *cross-over* (Cap. 13), cada paciente tem duas mensurações da variável, uma ao ser submetido ativamente a tratamento e uma ao receber placebo.
- Os indivíduos em cada amostra podem ser diferentes, mas estão ligados entre si de alguma maneira. Por exemplo, pacientes de um grupo podem ser individualmente pareados com pacientes do outro grupo, num estudo de controle de casos (Cap. 16).

978-85-7241-701-3

Tais dados são conhecidos como dados pareados. É importante considerar a dependência entre as duas amostras ao analisar os dados, caso contrário, as vantagens do pareamento (Cap. 13) são perdidas. Fazemos isso considerando as diferenças nos valores de cada par, reduzindo assim nossas duas amostras a uma única amostra de diferenças.

Teste *t* pareado

Premissa

Na população de interesse, as diferenças individuais são Normalmente distribuídas, com uma dada variância (em geral desconhecida). Temos um tamanho razoável de amostra, de modo que podemos verificar a premissa de Normalidade.

Raciocínio

Se os dois conjuntos de mensurações fossem iguais, esperaríamos que a média das diferenças entre cada par de mensurações fosse zero na população de interesse. Portanto, nossa estatística de teste simplifica para um teste *t* de uma só amostra (Cap. 19) sobre as diferenças, em que o valor hipotético para a média das diferenças na população é zero.

Notação adicional

Em razão da natureza pareada dos dados, nossas duas amostras precisam ser do mesmo tamanho, n. Temos n diferenças, com média de amostra $\bar{x}$, e desvio padrão estimado (s_d).

1. Definir as hipóteses de nulidade e alternativa em estudo
   H_0: a diferença média na população é igual a zero
   H_1: a diferença média na população não é igual a zero
2. Coletar dados relevantes de duas amostras relacionadas
3. Calcular o valor da estatística de teste específica para H_0

   $$t = \frac{(\bar{d} - 0)}{\text{EP}(\bar{d})} = \frac{\bar{d}}{s_d/\sqrt{n}}$$

   Que segue a distribuição t com $(n - 1)$ graus de liberdade
4. Comparar o valor da estatística de teste com valores de uma distribuição de probabilidades conhecida
   Ver t no Apêndice A, Tabela A2
5. Interpretar o valor P e os resultados
   Interpretar o valor P e calcular um intervalo de confiança para a diferença da média verdadeira da população. O intervalo de confiança de 95% é dado por

   $$\bar{d} \pm t_{0,05} \times (s_d/\sqrt{n})$$

   Em que $t_{0,05}$ é o ponto de porcentagem da distribuição t com $(n - 1)$ graus de liberdade, que fornece uma probabilidade bicaudal de 0,05

Se a premissa não é satisfeita

Se as diferenças não seguem uma distribuição Normal, a premissa subjacente ao teste *t* não é satisfeita. Podemos transformar os dados (Cap. 9) ou usar um teste não-paramétrico, como o teste de sinal (Cap. 19) ou o teste de Wilcoxon, para avaliar se as diferenças estão centradas no valor zero.

Teste de Wilcoxon *signed ranks*

Raciocínio

No Capítulo 19, explicamos como usar o **teste de sinal** numa única amostra de mensurações numéricas para testar a hipótese de nulidade, de que a mediana da população é igual a um determinado valor. Podemos também usar o teste de sinal quando temos **observações pareadas**, nas quais o par representa indivíduos pareados (por exemplo, num estudo de controle de casos, Capítulo 16) ou mensurações efetuadas no mesmo indivíduo em diferentes circunstâncias (como num teste *cross-over* de dois tratamentos, A e B, Cap. 13). Para cada par, avaliamos a *diferença* entre as mensurações. O teste de sinal pode ser usado para avaliar se a diferença mediana da população é igual a zero, considerando as diferenças na amostra e observando quantas são maiores (ou menores) que zero.

Entretanto, o teste de sinal não incorpora informações sobre os tamanhos dessas diferenças.

O **teste de Wilcoxon *signed ranks*** leva em conta não somente os sinais das diferenças, mas também sua magnitude e, portanto, é um teste mais poderoso (Cap. 18). A diferença individual é calculada para cada par de resultados. Ignorando as diferenças zero, elas são então classificadas como positivas ou negativas. Além disso, as diferenças são dispostas em ordem de tamanho, ignorando seus sinais, e *classificadas* adequadamente. Assim, a menor diferença recebe o valor 1, a segunda menor recebe o valor 2, etc., até a maior diferença, que recebe o valor n', se houver n' diferenças não iguais a zero. Se duas ou mais das diferenças são iguais, cada uma delas recebe a média das classes que esses valores teriam recebido se não tivessem empatado. Sob a hipótese de nulidade de nenhuma diferença, as somas das classes relacionadas às diferenças positivas e negativas devem ser iguais (ver a seguir).

1. Definir as hipóteses de nulidade e alternativa em estudo
   H_0: a diferença mediana na população é igual a zero
   H_1: a diferença mediana na população é diferente de zero
2. Coletar dados relevantes de duas amostras relacionadas
3. Calcular o valor da estatística de teste específica para H_0
   Calcular a diferença para cada par de resultados. Ignorando seus sinais, classificar todas as n' diferenças não iguais a zero, atribuindo o valor 1 à menor diferença e o valor n' à maior. Somar as classes das diferenças positivas (T_+) e negativas (T_-).
   - Se $n' \leq 25$, a estatística de teste, T, toma o valor T_+ ou T_-, o que for menor
   - Se $n' > 25$, calcular a estatística de teste z, em que:

$$z = \frac{\left| T - \frac{n'(n'+1)}{4} \right| - \frac{1}{2}}{\sqrt{\frac{n'(n'+1)(2n'+1)}{24}}}$$

   z segue uma distribuição Normal (seu valor deve ser ajustado se houver muitos valores empatados[1])
4. Comparar o valor da estatística de teste com valores de uma distribuição de probabilidades conhecida
   - Se $n' \leq 25$, consultar T no Apêndice A, Tabela A8
   - Se $n' > 25$, consultar z no Apêndice A, Tabela A1
5. Interpretar o valor P e os resultados
   Interpretar o valor P e calcular um intervalo de confiança para a diferença mediana (Cap. 19) da amostra inteira

[1] Siegel, S. & Castellan, N.J. (1988) *Nonparametric Statistics for the Behavioural Sciences*, 2a ed., McGraw-Hill, New York.

Exemplo

Noventa e seis novos recrutas, todos homens com idades entre 16 e 20 anos, tiveram seus dentes examinados quando se alistaram na Royal Air Force. Após receberem o tratamento necessário para tornar seus dentes odontologicamente adequados, eles foram examinados um ano depois. Uma boca completa, excluindo os dentes do siso, tem 28 dentes e, nesse estudo, cada dente tinha quatro locais de interesse periodôntico; cada recruta tinha um mínimo de 84 e um máximo de 112 locais mensuráveis em cada ocasião. O interesse era examinar o efeito do tratamento sobre a profundidade das bolsas, uma medida de doença gengival (maior profundidade da bolsa indica doença pior). A profundidade das bolsas foi avaliada, para cada recruta, como a profundidade média das bolsas nos locais mensuráveis de sua boca.

Como a diferença de profundidade das bolsas tinha distribuição aproximadamente Normal nessa amostra de recrutas, um **teste *t* pareado** foi efetuado para determinar se a profundidade média das bolsas era a mesma antes e depois do tratamento. O resultado completo gerado pelo computador é mostrado no Apêndice C.

978-85-7241-701-3

1. H_0: a diferença média da profundidade das bolsas de um homem antes e depois do tratamento, na população de recrutas, é igual a zero

   H_1: a diferença média da profundidade das bolsas de um homem antes e depois do tratamento, na população de recrutas, não é igual a zero
2. Tamanho da amostra, n = 96. Diferença média da profundidade média das bolsas, $\bar{x}$ = 0,1486mm. Desvio padrão das diferenças, s_d = 0,5601mm.
3. Estatística do teste, $t = \frac{0{,}1486}{0{,}5601/\sqrt{96}} = 2{,}60$
4. Procuramos t no Apêndice A, Tabela A2 com (96 – 1) = 95 graus de liberdade: $0{,}01 < P < 0{,}05$ (o resultado do computador indica $P = 0{,}011$)

(Continuação)

5. Temos evidências para rejeitar a hipótese de nulidade e podemos inferir que a profundidade média das bolsas de um recruta foi reduzida após o tratamento. O intervalo de confiança de 95%, para a diferença média verdadeira da profundidade média das bolsas, é 0,035 a 0,262mm (isto é, 0,1486 $\pm$ 1,95 $\times$ 0,5601 /$\sqrt{96}$. É claro que devemos ser cuidadosos se queremos concluir que o tratamento foi o responsável por a profundidade média das bolsas, porque não temos um grupo controle de recrutas que não receberam tratamento. A melhora pode ser conseqüência do tempo ou de uma mudança de hábitos de higiene dental, e pode não ser decorrente do tratamento recebido

978-85-7241-701-3

Os dados na Tabela 20.1 mostram a porcentagem de locais mensuráveis para os quais havia perda de união em cada avaliação de cada um de 14 desses recrutas que foram enviados para uma determinada base aérea. A perda de união é uma indicação de doença gengival a qual pode estar mais avançada do que aquela avaliada pela profundidade da bolsa. Como as diferenças das porcentagens não seguiam uma distribuição Normal, efetuamos um **teste de Wilcoxon *signed ranks*** para investigar se o tratamento teve algum efeito sobre a perda de união.

1. H_0: a mediana das diferenças (antes e depois do tratamento), nas porcentagens de locais com perda de união, é igual a zero na população de recrutas
   H_1: a mediana das diferenças (antes e depois do tratamento), nas porcentagens de locais com perda de união, não é igual a zero na população
2. As porcentagens de locais mensuráveis com perda de união, antes e depois do tratamento, para cada recruta são mostradas na tabela
3. Existe uma diferença zero; das demais $n' = 13$ diferenças, três são positivas e dez são negativas. A soma das classes das diferenças positivas, $T_+ = 3 + 5 + 13 = 21$
4. Como $n' < 25$, buscamos T_+ no Apêndice A, Tabela A8: $P > 0{,}05$ (o resultado do computador indica $P = 0{,}09$)
5. Existe evidência insuficiente para rejeitar a hipótese de nulidade de nenhuma alteração na porcentagem de locais com perda de união. A diferença mediana na porcentagem de locais com perda de união é –3,1% (isto é, a média de –2,5% e –3,6%), uma diferença mediana negativa que indica que, na média, a porcentagem de locais com perda de união é maior *após* o tratamento, embora essa diferença não seja significante. O Apêndice A, Tabela A7 mostra que o intervalo de confiança de 95%, aproximado para a diferença mediana na população, é dado pela 3ª e a 12ª diferenças classificadas (incluindo a diferença zero); estas são –12,8% e 0,9%. Embora o resultado do teste não seja significante, o limite inferior indica que a porcentagem de locais com perda de união pode ser até 12,8% maior após o recruta ter recebido tratamento

Recruta	1	2	3	4	5	6	7	8	9	10	11	12	13	14
Antes (%)	65,5	75	87,2	97,1	100	92,6	82,3	90	93	100	91,7	97,7	79	95,4
Depois (%)	100	10	100	97,1	99,1	100	91,6	94,6	95,5	97,3	92,3	98	100	99
Diferença (%)	–34,5	65	–12,8	0	0,9	–7,4	–9,3	–4,6	–2,5	2,7	–0,6	–0,3	–21	–3,6
Classe	12	13	10	–	3	8	9	7	4	5	2	1	11	6

Duffy, S. (1997) Results of a three year longitudinal study of early periodontitis in a group of British male adolescents. MSc Dissertation, University of London, Eastman Dental Institute for Oral Health Care Sciences.

21 Dados numéricos: dois grupos não relacionados

Problema

Temos amostras provenientes de dois grupos independentes (não relacionados entre si) e uma variável numérica ou ordinal de interesse. Estamos interessados em saber se a média ou a distribuição da variável é a mesma nos dois grupos. Por exemplo, podemos desejar comparar os pesos em dois grupos de crianças, sendo cada criança aleatoriamente alocada para receber suplemento nutricional ou placebo.

Teste *t* não-pareado (de duas amostras)

Premissas

Na população, a variável é Normalmente distribuída em cada grupo e as variâncias dos dois grupos são iguais. Além disso, temos tamanhos razoáveis de amostras, de modo que podemos verificar as premissas de Normalidade e igualdade das variâncias.

Raciocínio

Consideramos a diferença entre as médias dos dois grupos. Sob a hipótese de nulidade, de que as médias da população são iguais nos dois grupos, essa diferença será zero. Portanto, usamos uma estatística de teste baseada na diferença entre as duas médias das amostras e no valor da diferença entre as médias da população sob a hipótese de nulidade (isto é, zero). Essa estatística de teste, com freqüência denominada t, segue a distribuição t.

Notação

Nossas duas amostras têm tamanhos n_1 e n_2. Suas médias são $\bar{x}$ e $\bar{x}$ seus desvios padrões são s_1 e s_2.

1. Definir as hipóteses de nulidade e alternativa em estudo
   H_0: as médias da população nos dois grupos são iguais
   H_1: as médias da população nos dois grupos não são iguais
2. Coletar dados relevantes de duas amostras de indivíduos
3. Calcular o valor da estatística de teste específica para H_0.
   Se s é uma estimativa dos desvios padrões agrupados de dois grupos,
   $$s = \sqrt{\frac{(n_1 - 1)s_1^2 + (n_2 - 1)s_2^2}{n_1 + n_2 - 2}}$$
   então, a estatística de teste é dada por t, em que:
   $$t = \frac{(\bar{x}_1 - \bar{x}_2) - 0}{EP(\bar{x}_1 - \bar{x}_2)} = \frac{(\bar{x}_1 - \bar{x}_2)}{s\sqrt{\frac{1}{n_1} + \frac{1}{n_2}}}$$
   Que segue a distribuição t com $(n_1 + n_2 - 2)$ graus de liberdade
4. Comparar o valor da estatística de teste com valores de uma distribuição de probabilidades conhecida. Ver t no Apêndice A, Tabela A2. Quando os tamanhos das amostras nos dois grupos são grandes, a distribuição t se aproxima de uma distribuição Normal, portanto, rejeitamos a hipótese de nulidade ao nível de 5% se o valor absoluto (por exemplo, ignorando o sinal) de t é maior que 1,96
5. Interpretar o valor P e os resultados
   Interpretar o valor P e calcular um intervalo de confiança para a diferença entre as médias. O intervalo de confiança de 95%, assumindo variâncias iguais, é dado por:
   $$(\bar{x}_1 - \bar{x}_2) \pm t_{0,05} \times EP\ (\bar{x}_1 - \bar{x}_2)$$
   Em que $t_{0,05}$ é o ponto de porcentagem da distribuição t com $(n_1 + n_2 - 2)$ graus de liberdade, que fornece uma probabilidade bicaudal de 0,05

Interpretação do intervalo de confiança

Os limites superior e inferior do intervalo de confiança podem ser usados para avaliar se a diferença entre os dois valores das médias é clinicamente importante. Por exemplo, se o limite superior e/ou inferior é próximo de zero, isso indica que a diferença verdadeira pode ser muito pequena e sem significado clínico, mesmo que o teste seja estatisticamente significante.

Se as premissas não são satisfeitas

Quando os tamanhos das amostras são razoavelmente grandes, o teste t é razoavelmente robusto (Cap. 35) para afastamentos da Normalidade. Entretanto, ele é menos robusto para variâncias não iguais. Existe uma modificação do teste t não-pareado **(teste *t* de duas amostras)** que acomoda variâncias não iguais, e seu resultado é freqüentemente fornecido pelo computador. Contudo, se você está preocupado com as premissas não serem satisfeitas, você pode transformar os dados (Cap. 9) para se aproximarem da Normalidade e/ou de variâncias iguais, ou usar um teste não-paramétrico, como o teste de Wilcoxon *rank sum*.

978-85-7241-701-3

Teste de Wilcoxon *rank sum* (de duas amostras)

Raciocínio

O **teste de Wilcoxon *rank sum*** não assume premissas distribucionais e é o equivalente não-paramétrico do teste *t* não-pareado. O teste se baseia na soma das classes dos valores presentes em cada um dos dois grupos; eles devem ser comparáveis após considerar as diferenças de tamanho de amostra, se os grupos têm distribuições similares. Um teste equivalente, conhecido como **teste U de Mann-Whitney**, fornece resultados idênticos, embora seja um pouco mais complicado de efetuar a mão.

978-85-7241-701-3

1. Definir as hipóteses de nulidade e alternativa em estudo
   H_0: os dois grupos têm a mesma distribuição na população
   H_1: os dois grupos não têm a mesma distribuição na população
2. Coletar dados relevantes de duas amostras de indivíduos
3. Calcular o valor da estatística de teste específica para H_0
   Todas as observações são classificadas como se fossem originadas de uma única amostra. Observações empatadas recebem a média das classes que os valores teriam recebido se não tivessem empatado. A soma das classes, T, é então calculada para o grupo com o menor tamanho de amostra
   - Se o tamanho da amostra em cada grupo é 15 ou menos, T é a estatística de teste
   - Se pelo menos um dos grupos tem um tamanho de amostra maior que 15, calcular a estatística de teste

   $$z = \frac{(T - \mu_T)}{\sigma_T}$$

   que segue uma distribuição Normal, em que

   $$\mu_T = \frac{n_S(n_S + n_L + 1)}{2} \qquad \sigma_T = \sqrt{n_L \mu_T / 6}$$

   e n_s e n_L são, respectivamente, os tamanhos das amostras dos grupos menor e maior. z precisa ser ajustado se houver em muitos valores empatados[1]
4. Comparar o valor da estatística de teste com os valores de uma distribuição de probabilidades conhecida
   - Se o tamanho da amostra em cada grupo é 15 ou menos, consulte T no Apêndice A, Tabela A9
   - Se pelo menos um dos grupos tem um tamanho de amostra maior que 15, consulte z no Apêndice A, Tabela A1
5. Interpretar o valor P e os resultados
   Interpretar o valor P e obter um intervalo de confiança para a diferença entre as medianas. Isso demora para ser calculado a mão, portanto detalhes não serão incluídos; alguns programas estatísticos fornecerão o intervalo de confiança (IC). Se esse intervalo de confiança não está incluído no seu programa, você pode mencionar um intervalo de confiança para a mediana, em cada um dos dois grupos

[1] Siegel, S. & Castellan, N.J. (1988) Nonparametric Statistics for the Behavioural Sciences, 2ª ed., McGraw-Hill, New York.

Exemplo 1

Para determinar o efeito de corticosteróides inalados profiláticos comuns sobre episódios de sibilação associados a infecções virais, em crianças em idade escolar, foi efetuado um teste controlado duplo-cego randomizado, comparando dipropionato de beclometasona inalado e placebo. Nessa investigação, a meta primária era o volume expiratório forçado médio (VEF1) ao longo de um período de seis meses. Após verificar as premissas de Normalidade e variância constante (Fig. 4.2), efetuamos um **teste *t* não-pareado** para comparar as médias nos dois grupos. O resultado completo do computador é mostrado no Apêndice C.

1. H_0: o VEF1 na população de crianças em idade escolar é igual nos dois grupos de tratamento
   H_1: o VEF1 na população de crianças em idade escolar não é igual nos dois grupos de tratamento
2. Grupo tratado: tamanho da amostra, $n_1 = 50$; média, $\bar{x}_1 = 1{,}64$L; desvio padrão, $s_1 = 0{,}29$L
   Grupo placebo: tamanho da amostra, $n_2 = 48$; média, $\bar{x}_2 = 1{,}54$L; desvio padrão, $s_1 = 0{,}25$L
3. Desvio padrão agrupado,

   $$s = \sqrt{\frac{(49 \times 0{,}29^2) + (47 \times 0{,}25^2)}{50 + 48 - 2}} = 0{,}2670\text{L}$$

   Estatística de teste,

   $$t = \frac{1{,}64 - 1{,}54}{0{,}2670 \times \sqrt{\frac{1}{50} + \frac{1}{48}}} = 1{,}9145$$

(*Continua*)

Exemplo 1 *(Continuação)*

4. Buscamos *t* no Apêndice A, Tabela A2 com 50 + 48 – 2 = 96 graus de liberdade. Em virtude de o Apêndice A, Tabela A2 se restringir a certos graus de liberdade, precisamos **interpolar** (estimar o valor desejado, que se encontra entre dois valores conhecidos). Portanto, interpolamos entre os valores referentes a 50 e 100 graus de liberdade. Decorre $P > 0{,}05$ (no resultado do computador, $P = 0{,}06$)

5. Temos evidência insuficiente para rejeitar a hipótese de nulidade ao nível de 5%. Entretanto, como o valor *P* é apenas um pouco maior que 0,05, pode haver uma indicação de que as duas médias da população são diferentes. A diferença estimada entre as duas médias é 1,64 – 1,54 = 0,10L. O intervalo de confiança de 95% para a diferença verdadeira nas duas médias varia de –0,006 a 0,206L:

$$\left[= 0{,}10 \pm \left(1{,}96 \times 0{,}2670 \times \sqrt{\frac{1}{50} + \frac{1}{48}}\right)\right]$$

Dados gentilmente fornecidos por Dr. I. Doull, Cystic Fibrosis/Respiratory Unit, Department of Child Health, University Hospital of Wales, Cardiff, UK, e Dr. F.C. Lampe, Department of Primary Care and Population Sciences, Royal Free and University College Medical School, London, UK.

978-85-7241-701-3

Exemplo 2

Para estudar se os mecanismos envolvidos em asma fatal por soja são diferentes daqueles da asma fatal normal, o número de células *T* CD3 + na submucosa, uma medida do sistema imune corporal, foi comparado em sete casos de asma fatal induzida por pó de soja, e dez casos de asma fatal. Em decorrência dos pequenos tamanhos das amostras e dos dados obviamente deslocados, efetuamos um **teste de Wilcoxon *rank sum*** para comparar as distribuições.

1. H_0: as distribuições dos números de células *T* CD3 + nos dois grupos da população são iguais
   H_1: as distribuições dos números de células *T* CD3 + nos dois grupos da população não são iguais
2. Grupo soja: tamanho da amostra, $n_S = 7$; os níveis de células *T* CD3 + (células/mm^2) foram 34,45; 0,00; 1,36; 0,00; 1,43; 0,00; 4,01
   Grupo asma: tamanho da amostra, $n_L = 10$; os níveis de células *T* CD3 + (células/mm^2) foram 74,17; 13,75; 37,50; 1.225,51; 99,99; 3,76; 58,33; 73,63; 4,32; 154,86
   Os dados classificados são mostrados na tabela
3. Soma das classes no grupo soja = 2 + 2 + 2 + 4 + 5 + 7 + 10 = 32
   Soma das classes no grupo asma = 6 + 8 + 9 + 11 + 12 + 13 + 14 + 15 + 16 + 17 = 121
4. Em razão de haver dez ou menos valores em cada grupo, obtemos o valor *P* no Apêndice A, Tabela A9: $P < 0{,}01$ (o resultado do computador é $P = 0{,}002$)
5. Existe evidência para rejeitar a hipótese de nulidade de que as distribuições dos níveis de células *T* CD3 + são iguais nos dois grupos. O número mediano de células *T* CD3 + nos grupos de asma por soja e fatal são, respectivamente, 1,36 (intervalo de confiança de 95% de 0 a 34,45) e (58,33 = 73,63)/2 = 65,98 (intervalo de confiança de 95% de 4,32 a 154,86) células/mm^2. Acreditamos, assim, que as células *T* CD3 + estão reduzidas na asma fatal por soja, sugerindo um mecanismo diferente daquele descrito para a maioria das mortes por asma

Soja	0	0	0	1,36	1,43		4,01			34,45							
Asma						3,76		4,32	13,75		37,50	58,33	73,63	74,17	99,99	154,86	1.225,51
Classe	2	2	2	4	5	6	7	8	9	10	11	12	13	14	15	16	17

Dados gentilmente fornecidos por Dr. M. Synek, Coldeast Hospital, Sarisbury, e Dr. F.C. Lampe, Department of Primary Care and Population Sciences, Royal Free and University College Medical School, London, UK.

22 Dados numéricos: mais de dois grupos

Problema

Temos amostras provenientes de vários grupos independentes. Temos uma única variável numérica ou ordinal e estamos interessados em saber se o valor médio da variável varia nos diferentes grupos, por exemplo, se a contagem média de plaquetas varia em grupos de mulheres com diferentes origens étnicas. Embora possamos efetuar testes para comparar as médias em cada par de grupos, a alta taxa de erro Tipo I, resultante do grande número de comparações, significa que podemos tirar conclusões incorretas (Cap. 18). Portanto, efetuamos um único teste *global* para determinar se as médias diferem em quaisquer grupos.

Análise *one-way* de variância

Premissas

Os grupos são definidos pelos *níveis* de um único fator (por exemplo, diferentes origens étnicas). Na população de interesse, a variável é Normalmente distribuída em cada grupo e a variância de cada grupo é a mesma. Temos um razoável tamanho de amostra, de modo que podemos verificar essas premissas.

978-85-7241-701-3

Raciocínio

A análise de variância *one-way* separa a variabilidade total dos dados naquilo que pode ser atribuído a diferenças entre os indivíduos dos diferentes grupos (*variação intergrupos*), e à variação randomizada entre os indivíduos de cada grupo (*variação intragrupo*, às vezes denominada **variação inexplicada** ou **variação residual**). Esses componentes de variação são mensurados pelo uso de variâncias, daí o nome **análise de variância**[1] (**ANOVA** – *analysis of variance*). Sob a hipótese de nulidade, de que as médias dos grupos são iguais, a variância intergrupos será similar à variância intragrupo. Se, porém, existirem diferenças entre os grupos, a variância intergrupos será maior que a variância intragrupo. O teste se baseia na proporção dessas duas variâncias.

Notação

Temos k **amostras independentes**, cada uma derivada de um grupo diferente. Em cada grupo, os tamanhos, médias e desvios padrões das amostras são, respectivamente, n_i, $\bar{x}_i$ e s_i ($i = 1, 2, ..., k$). O tamanho total da amostra é $n = n_1 + n_2 + ... + n_k$.

1. Definir as hipóteses de nulidade e alternativa em estudo
   H_0: todas as médias de grupos da população são iguais
   H_1: pelo menos uma média de grupo da população difere das outras
2. Coletar dados relevantes de amostras de indivíduos
3. Calcular o valor da estatística de teste específica para H_0
   A estatística de teste para ANOVA é uma taxa, F, da variância intergrupos para a variância intragrupo. Essa estatística F segue a distribuição F (Cap. 8) com ($k - 1$, $n - 1$) graus de liberdade no numerador e no denominador, respectivamente
   Os cálculos envolvidos em ANOVA são complexos e não são mostrados aqui. A maioria dos programas de computador fornece os valores diretamente, numa tabela de ANOVA que, com freqüência, inclui a taxa F e o valor P (ver Exemplo 1)
4. Comparar o valor da estatística de teste com os valores de uma distribuição de probabilidades conhecida
   Consulte a taxa F no Apêndice A, Tabela A5. Em razão de a variação intergrupos ser maior ou igual à variação intragrupo, buscamos os valores P unilaterais
5. Interpretar o valor P e os resultados
   Se obtermos um resultado significante nesse estágio inicial, podemos considerar a execução de **comparações *post-hoc*** *pair-wise* específicas. Podemos usar um dentre vários testes especiais criados para esse propósito (por exemplo, *de Duncan*, *de Scheffé*), ou podemos usar o teste t não-pareado (Cap. 21), ajustado para teste de múltiplas hipóteses (Cap. 18). Também podemos calcular um intervalo de confiança para cada média de grupo individual (Cap. 11). Note que usamos uma estimativa *pooled* da variância dos valores de *todos* os grupos ao calcular os intervalos de confiança e efetuar os testes t. A maioria dos programas denomina essa estimativa da variância a *variância residual* ou o *quadrado médio residual*; ela se encontra na tabela de ANOVA

Embora os dois testes pareçam ser diferentes, o teste t não-pareado e a ANOVA produzem resultados equivalentes quando existem somente dois grupos de indivíduos.

Se as premissas não forem satisfeitas

Embora a ANOVA seja relativamente robusta (Cap. 35) para desvios moderados da Normalidade, ela não é robusta para variâncias não iguais. Portanto, antes de efetuar a análise, verificamos se há Normalidade e testamos se as variâncias são similares nos grupos por confrontação ou usando o **teste de Levene** ou o **teste de Bartlett** (Cap. 35). Se as premissas não são satisfeitas, podemos transformar os dados (Cap. 9) ou usar o equivalente não-paramétrico da ANOVA *one-way*, ou seja, o **teste de Kruskal-Wallis**.

Teste de Kruskal-Wallis

Raciocínio

Esse teste não-paramétrico é uma extensão do teste de Wilcoxon *rank sum* (Cap. 21). Sob a hipótese de nulidade, de nenhuma diferença intergrupos nas distribuições, as somas das classes em cada um dos k grupos deve ser comparável após a compensação de diferenças de tamanho da amostra.

1. Definir as hipóteses de nulidade e alternativa em estudo
   H_0: cada grupo tem a mesma distribuição de valores na população
   H_1: cada grupo não tem a mesma distribuição de valores na população
2. Coletar dados relevantes de amostras de indivíduos
3. Calcular o valor da estatística de teste específica para H_0
   Classificar todos os n valores e calcular a soma das classes em cada um dos grupos: as somas são R_1... R_k. A estatística de teste (que deve ser modificada se existem muitos valores empatados[2]) é dada por:

   $$H = \frac{12}{n(n+1)} \Sigma \frac{R_i^2}{n_i} - 3(n+1)$$

   Que segue uma distribuição de qui-quadrado com $(k - 1)$ graus de liberdade **(gl)**
4. Comparar o valor da estatística de teste com valores de uma distribuição de probabilidades conhecida
   Consulte H no Apêndice A, Tabela A3
5. Interpretar o valor P e os resultados
   Interpretar o valor P e, se significante, efetuar testes não-paramétricos de duas amostras, ajustando para teste múltiplo. Calcular um intervalo de confiança para a mediana em cada grupo

Usamos ANOVA *two-way* ou seu equivalente não-paramétrico quando os grupos se relacionam a um único fator e são independentes. Podemos usar outras formas de ANOVA quando o projeto de estudo é mais complexo[2].

REFERÊNCIAS BIBLIOGRÁFICAS

1 Siegel, S. and Castellan, N.J. (1988) *Nonparametric Statistics for the Behavioral Sciences*, 2nd edn., McGraw-Hill, New York.
2 Mickey, R.M., Dunn, O.J. and Clark, V.A. (2004) *Applied Statistics: Analysis of Variance and Regression*. 3rd Edn. Wiley, Chichester.

978-85-7241-701-3

Exemplo 1

Um total de 150 mulheres de diferentes origens étnicas foram incluídas num estudo transversal de fatores relacionados à formação de trombos sangüíneos. Comparamos os níveis médios de plaquetas nos quatro grupos usando uma **análise de variância *one-way***. Era razoável presumir Normalidade e variância constantes, como mostra o resultado do computador (Apêndice C).

1. H_0: não há diferenças nos níveis médios de plaquetas nos quatro grupos da população
   H_1: pelo menos um grupo difere dos outros grupos da população
2. A tabela resume os dados em cada grupo

Grupo	Tamanho da Amostra n(%)	Média (× 10^9) $\bar{x}$	Desvio Padrão (× 10^9), s	IC de 95% para a Média (Usando Desvio Padrão *Pooled* - Ver Ponto 3)
Caucasiano	90 (60)	268,1	77,08	252,7 a 283,5
Afro-caribenho	21 (14)	254,3	67,5	220,9 a 287,7
Mediterrâneo	19 (12,7)	281,1	71,09	245,7 a 316,5
Outro	20 (13,3)	273,3	63,42	238,9 a 307,7

IC = intervalo de confiança.

(Continuação)

3. A tabela de ANOVA a seguir é extraída do resultado do computador:

Origem	Soma dos Quadrados	gl	Quadrado Médio	Taxa *F*	Valor *P*
Intergrupo étnico	7.711,967	3	2.570,656	0,477	0,6990
Intragrupo étnico	787.289,533	146	5.392,394		

Desvio padrão agrupado = $\sqrt{5.392,394 \times 10^9} = 73,43 \times 10^9$.
gl = graus de liberdade.

4. A tabela de ANOVA indica $P = 0,70$. (Poderíamos ter pesquisado *F* no Apêndice A, Tabela A5 com [3, 146] graus de liberdade para determinar o valor *P*)

5. Existe evidência insuficiente para rejeitar a hipótese de nulidade de que os níveis médios nos quatro grupos da população são iguais

Dados gentilmente fornecidos por Dr. R. A. Kadir, University Department of Obstetrics and Gynaecology, e Professor C. A. Lee, Haemophilia Centre and Haemostasis Unit, Royal Free Hospital, London, UK.

Exemplo 2

Escores de qualidade de vida, mensurados por meio do questionário SF-36, foram obtidos em três grupos de indivíduos: aqueles com hemofilia grave, aqueles com hemofilia branda/moderada, e controles normais. Cada grupo se constituía numa amostra de 20 indivíduos. Os escores na escala de funcionamento físico (EFF), que podem assumir valores de 0 a 100, foram comparados nos três grupos. Como a inspeção visual da Figura 22.1 mostrou que os dados não eram Normalmente distribuídos, efetuamos um **teste de Kruskal-Wallis**.

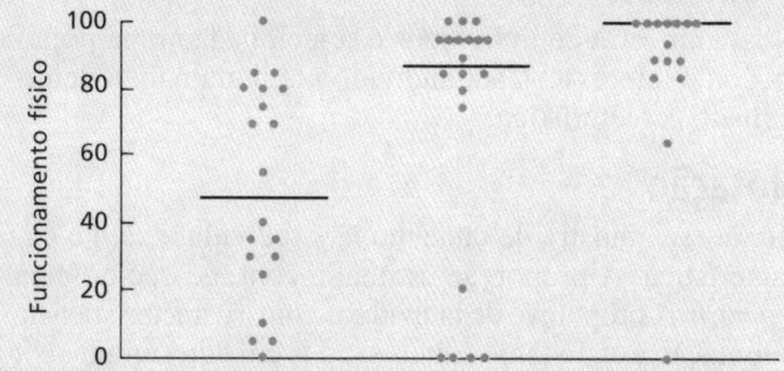

Grupo	Grave	Branda/moderada	Controles
Tamanho da amostra, *n*	20	20	20
Mediana (IC de 95%)	47,5 (30 - 80)	87,5 (75 - 95)	100 (90 - 100)
Faixa	0 - 100	0 - 100	0 - 100

Figura 22.1 – Gráfico de pontos mostrando escores de funcionamento físico (extraídos do questionário SF-36) em indivíduos com hemofilia grave e branda/moderada e em controles normais. As barras horizontais são as medianas.

978-85-7241-701-3

1. H_0: cada grupo tem a mesma distribuição de escores da EFF na população
   H_1: pelo menos um dos grupos tem uma distribuição diferente de escores da EFF na população
2. Os dados são mostrados na Figura 22.1
3. Soma das classes no grupo de hemofilia grave = 372
   Soma das classes no grupo de hemofilia branda/moderada = 599
   Soma das classes no grupo de controles normais = 859

$$H = \frac{12}{60\,(60+1)}\left(\frac{372^2}{20} + \frac{599^2}{20} + \frac{859^2}{20}\right) - 3(60+1) = 19,47$$

4. Pesquisamos *H* no Apêndice A, Tabela A3: $P < 0,001$
5. Existe evidência substancial para rejeitar a hipótese de nulidade, de que a distribuição de escores da EFF é igual nos três grupos. Comparações dois a dois foram feitas por meio de testes de Wilcoxon *rank sum*, ajustando os valores *P* para o número de testes efetuados usando-se a correção de Bonferroni (Cap. 18). Tanto os indivíduos com hemofilia grave quanto aqueles com hemofilia branda/moderada tinham escores da EFF significantemente inferiores aos dos controles (respectivamente, $P = 0,0003$ e $P = 0,03$), mas as distribuições dos escores nos grupos de hemofilia não eram significantemente diferentes entre si ($P = 0,09$)

Dados gentilmente fornecidos por Dr. A. Miners, Department of Primary Care and Population Sciences, Royal Free and University College Medical School, London, UK, e Dr. C. Jenkinson, Health Services Research Unit, University of Oxford, Oxford, UK.

23 Dados categóricos: única proporção

Problema

Temos uma única amostra de n indivíduos; cada indivíduo "possui" uma característica de interesse (por exemplo, é homem, está grávida, morreu) ou não a possui (por exemplo, é mulher, não está grávida, ainda vive). Um sumário útil dos dados é fornecido pela **proporção** de indivíduos com a característica. Estamos interessados em determinar se a proporção verdadeira na população de interesse assume um determinado valor.

Teste de uma única proporção

Premissas

Nossa amostra de indivíduos é selecionada numa população de interesse. Cada indivíduo tem, ou não, a determinada característica.

Notação

Em nossa amostra de tamanho n, r indivíduos têm a característica. A proporção estimada com a característica é $p = r/n$. A proporção de indivíduos com a característica na população é π. Estamos interessados em determinar se π assume um valor específico, π_1.

Raciocínio

O número de indivíduos com a característica segue a distribuição binomial (Cap. 8), mas isso pode ser aproximado pela distribuição Normal, desde que np e $n(1-p)$ sejam ambos maiores que 5. Então, p tem distribuição aproximadamente Normal, com uma média estimada $= p$ e um desvio padrão estimado $= \sqrt{\frac{p(1-p)}{n}}$

Portanto, nossa estatística de teste que é baseada em p também segue a distribuição Normal.

1. Definir as hipóteses de nulidade e alternativa em estudo
   H_0: a proporção da população, π, é igual a um determinado valor, π_1
   H_1: a proporção da população, π, não é igual a π_1
2. Coletar dados relevantes de uma amostra de indivíduos
3. Calcular o valor da estatística de teste específica para H_0

$$z = \frac{|p - \pi_1| - \frac{1}{2n}}{\sqrt{\frac{p(1-p)}{n}}}$$

   que segue uma distribuição Normal.
   O $1/2n$ no numerador é uma **correção de continuidade**: ela é incluída para acomodar o fato de que estamos aproximando a distribuição bnomial discreta pela distribuição Normal contínua
4. Comparar o valor da estatística de teste com valores de uma distribuição de probabilidades conhecida
   Verificar z no Apêndice A, Tabela A1
5. Interpretar o valor P e os resultados
   Interpretar o valor P e calcular um intervalo de confiança para a proporção verdadeira da população, π. O intervalo de confiança de 95% para π é:

$$p \pm 1{,}96\sqrt{\frac{p(1-p)}{n}}$$

   Podemos usar esse intervalo de confiança para avaliar a importância clínica ou biológica dos resultados. Um intervalo de confiança amplo é uma indicação de que nossa estimativa tem precisão precária

978-85-7241-701-3

Teste de sinal aplicado a uma proporção

Raciocínio

O teste de sinal (Cap. 19) pode ser usado se a resposta de interesse poder ser expressa como uma *preferência* (por exemplo, num teste *cross-over*, os pacientes podem ter uma preferência pelo tratamento A ou pelo tratamento B). Se não há nenhuma preferência, então, esperamos que a proporção dos que preferem A, por exemplo, seja igual a 1/2. Usamos o teste de sinal para avaliar se isso é assim.

Embora essa formulação do problema e sua estatística de teste pareçam ser diferentes daquelas do Capítulo 19, as duas abordagens do teste de sinal produzem o mesmo resultado.

978-85-7241-701-3

1. Definir as hipóteses de nulidade e alternativa em estudo
   H_0: a proporção, π, de preferências por A na população é igual a 1/2
   H_1: a proporção de preferências por A na população não é igual a 1/2
2. Coletar dados relevantes de uma amostra de indivíduos
3. Calcular o valor da estatística de teste específica para H_0
   Ignorar quaisquer indivíduos que não tenham preferência e reduzir adequadamente o tamanho da amostra de n para n'. Então, $p = r/n'$, em que r é o número de preferências por A.
   - Se $n' \leq 10$, contar r, o número de preferências por A
   - Se $n' > 10$, calcular a estatística de teste:

$$z' = \frac{\left|p - \frac{1}{2}\right| - \frac{1}{2n'}}{\sqrt{\frac{p\,(1-p)}{n'}}}$$

   z' segue a distribuição Normal. Note que essa fórmula se baseia na estatística de teste, z, usada na caixa anterior para testar a hipótese de nulidade de que a proporção da população é igual a π_1; aqui, substituímos n por n', e π_1 por 1/2
4. Comparar o valor da estatística de teste com valores de uma distribuição de probabilidades conhecida
   - Se $n' \leq 10$, pesquisar r no Apêndice A, Tabela A6
   - Se $n' > 10$, pesquisar z' no Apêndice A, Tabela A1
5. Interpretar o valor P e os resultados
   Interpretar o valor P e calcular um intervalo de confiança para a proporção de preferências por A, na totalidade da amostra de tamanho n

Exemplo 1

O vírus do herpes humano 8 (HHV-8 – *human herpesvirus 8*) foi associado a sarcoma de Kaposi, linfoma com efusão primária, e certos tipos de doença de Castleman multicêntrica. Foi sugerido que o HHV-8 pode ser transmitido sexualmente. Para avaliar os relacionamentos entre comportamento sexual e infecção por HHV-8, a prevalência de anticorpos para HHV-8 foi determinada num grupo de 271 homens homo e bissexuais que procuraram uma clínica de Londres para tratamento de doenças sexualmente transmitidas. Na população de doadores de sangue do Reino Unido, a soroprevalência do HHV-8 foi documentada como 2,7%. No início, a soroprevalência desse estudo foi comparada a 2,7% usando-se um *teste de proporção única*.

1. H_0: a soroprevalência do HHV-8 na população de homens homo e bissexuais é igual a 2,7%
   H_1: a soroprevalência do HHV-8 na população de homens homo e bissexuais não é igual a 2,7%
2. Tamanho da amostra, $n = 271$; número de soropositivos para HHV-8, $r = 50$
   Soroprevalência, $p = 50/271 = 0{,}185$ (isto é, 18,5%)
3. A estatística de teste é

$$z = \frac{|0{,}185 - 0{,}027| - \frac{1}{2 \times 271}}{\sqrt{\frac{0{,}185\,(1 - 0{,}185)}{271}}} = 6{,}62$$

4. Pesquisamos z no Apêndice A, Tabela A1: $P < 0{,}0001$
5. Existe evidência substancial de que a soroprevalência do HHV-8 em homens homo e bissexuais, que procuraram clínicas do Reino Unido para tratar doenças sexualmente transmitidas, é maior que aquela da população de doadores de sangue. O intervalo de confiança de 95% para a soroprevalência do HHV-8 na população de homens homo e bissexuais é 13,9% a 23,1%, calculada como

$$\left\{0{,}185 \pm 1{,}96 \times \sqrt{\frac{0{,}185 \times (1 - 0{,}185)}{271}}\right\} \times 100\%$$

Dados gentilmente fornecidos pelos Drs. N. A. Smith, D. Barlow e B. S. Peters, Department of Genitourinary Medicine, Guy's and St Thomas' NHS Trust, London, e Dr. J. Best, Department of Virology, Guy's, King's College and St Thomas' School of Medicine, King's College, London, UK.

Exemplo 2

Num teste *cross-over* duplo-cego, 36 adultos com rinite alérgica perene foram tratados com injeções subcutâneas de alérgenos inalantes ou placebo, de modo que cada tratamento foi administrado diariamente, durante um período definido. Os pacientes foram questionados se preferiram a droga ativa ou o placebo. O **teste de sinal** foi efetuado para investigar se as proporções que preferiram os dois preparados eram iguais.

1. H_0: a proporção da população que preferiu o preparado ativo é igual a 0,5
   H_1: a proporção da população que preferiu o preparado ativo não é igual a 0,5
2. Dos 36 adultos, 27 expressaram uma preferência; 21 preferiram o preparado ativo. Daqueles com preferência, a proporção que preferiu o preparado ativo, p = 21/27 = 0,778
3. A estatística de teste é

$$z' = \frac{|0{,}778 - 0{,}5| - \dfrac{1}{2 \times 27}}{\sqrt{\dfrac{0{,}778\,(1 - 0{,}778)}{27}}} = 3{,}24$$

4. Pesquisamos z' no Apêndice A, Tabela A1: $P < 0{,}001$
5. Existe evidência substancial para rejeitar a hipótese de nulidade, de que os dois preparados são preferidos igualmente na população. O intervalo de confiança de 95% para a proporção verdadeira é 0,62 a 0,94, calculado por

$$0{,}778 \pm 1{,}96 \times \sqrt{\frac{0{,}778 \times (1 - 0{,}778)}{27}}$$

   Portanto, acreditamos que, no mínimo, quase dois terços dos indivíduos da população preferem o preparado ativo

Dados adaptados de: Radcliffe, M. J., Lampe, F. C., Brostoff, J. (1996) Allergen-specific low-dose immunotherapy in perennial allergic rhinitis: a double-blind placebo-controlled crossover study. *Journal of Investigational Allergology and Clinical Immunology*, **6**, 242-247.

978-85-7241-701-3

24 Dados categóricos: duas proporções

Problemas

• Temos dois grupos independentes de indivíduos (por exemplo, homens homossexuais com e sem história de gonorréia). Desejamos saber se as proporções de indivíduos com uma característica (por exemplo, infectado com vírus de herpes humano 8 [HHV-8]) são iguais nos dois grupos.

• Temos dois grupos relacionados, por exemplo, os indivíduos podem ser pareados ou mensurados duas vezes em diferentes circunstâncias (digamos, antes e depois de tratamento). Desejamos saber se as proporções com uma característica (por exemplo, resultado do teste elevado) são iguais nos dois grupos.

Grupos independentes: o teste do qui-quadrado

Terminologia

Os dados são obtidos inicialmente como **freqüências**, ou seja, números com e sem a característica em cada amostra. Uma tabela na qual as entradas são freqüências é denominada uma **tabela de contingência**; quando essa tabela tem duas linhas e duas colunas, ela é denominada uma **tabela 2 × 2**. A Tabela 24.1 mostra as freqüências *observadas* nas quatro células correspondentes a cada combinação linha/coluna, os quatro **totais marginais** (a freqüência numa linha ou coluna específica, por exemplo, $a + b$), e o *total geral*, n. Podemos calcular (ver Raciocínio) a freqüência que esperaríamos em cada uma das quatro células da tabela se H_0 fosse verdadeira (as **freqüências esperadas**).

978-85-7241-701-3

Premissas

Temos amostras de tamanhos n_1 e n_2, provenientes de dois grupos independentes de indivíduos. Estamos interessados em saber se as proporções de indivíduos que possuem a característica são as mesmas nos dois grupos. Cada indivíduo é representado apenas uma vez no estudo. As linhas (e colunas) da tabela são **categorias mutuamente exclusivas**, implicando em que cada indivíduo só pode pertencer a uma linha e a uma coluna. A abordagem comum, ainda que conservadora, exige que a freqüência esperada em cada uma das quatro células seja, no mínimo, cinco.

Tabela 24.1 – Freqüências observadas

Característica	Grupo 1	Grupo 2	Total
Presente	a	b	$a + b$
Ausente	c	d	$c + d$
Total	$n_1 = a + c$	$n_2 = b + d$	$n = a + b + c + d$
Proporção com a característica	$p_1 = \frac{a}{n_1}$	$p_2 = \frac{b}{n_2}$	$p = \frac{a + b}{n}$

Raciocínio

Se as proporções com a característica nos dois grupos são iguais, podemos estimar a proporção geral de indivíduos com a característica por $p = (a + b)/n$; *esperamos* que $n_1 \times p$ deles estejam no Grupo 1, e que $n_2 \times p$ estejam no Grupo 2. Avaliamos similarmente os números esperados sem a característica. Portanto, *cada freqüência esperada é o produto dos dois totais marginais relevantes, dividido pelo total geral*. Uma grande discrepância entre a freqüência observada (O) e sua correspondente esperada (E) é uma indicação de que as proporções nos dois grupos diferem. A estatística de teste se baseia nessa discrepância.

1. Definir as hipóteses de nulidade e alternativa em estudo
   H_0: as proporções de indivíduos com a característica são iguais nos dois grupos da população
   H_1: essas proporções da população não são iguais
2. Coletar dados relevantes de amostras de indivíduos
3. Calcular o valor da estatística de teste específica para H_0

$$\chi^2 = \Sigma \frac{\left(|O - E| - \frac{1}{2}\right)^2}{E}$$

   Em que O e E são, respectivamente, as freqüências observada e esperada, em cada uma das quatro células da tabela. As linhas verticais em torno de O-E indicam que ignoramos seu sinal. O número 1/2 no numerador é a correção de continuidade (Cap. 19). A estatística de teste segue a distribuição do qui-quadrado com 1 grau de liberdade
4. Comparar o valor da estatística de teste a valores de uma distribuição de probabilidades conhecida
   Pesquisar χ^2 no Apêndice A, Tabela A3
5. Interpretar o valor P e os resultados
   Interpretar o valor P e calcular o intervalo de confiança para a diferença nas proporções verdadeiras da população. O intervalo de confiança de 95% é dado por:

$$(p_1 - p_2) \pm 1{,}96 \sqrt{\frac{p_1(1 - p_1)}{n_1} + \frac{p_2(1 - p_2)}{n_2}}$$

Tabela 24.2 – Freqüências observadas de pares em que a característica está presente ou ausente

	Circunstância 1		
	Presente	*Ausente*	*Número Total de Pares*
Circunstância 2			
Presente	w	x	$w + x$
Ausente	y	z	$y + z$
Total	$w + y$	$x + z$	$m = w + x + y + z$

Se as premissas não são satisfeitas

Se E < 5 em qualquer célula, usamos o **teste exato de Fisher** para obter um valor *P* que não dependa da aproximação da distribuição do qui-quadrado. É melhor deixar que um programa de computador faça isso, pois o cálculo manual é tedioso.

Grupos relacionados: teste de McNemar

Premissas

Os dois grupos são relacionados ou dependentes, por exemplo, cada indivíduo pode ser mensurado em duas circunstâncias diferentes. Todo indivíduo é classificado, conforme a presença da característica nas duas circunstâncias, em apenas uma ou em nenhuma (Tabela 24.2).

978-85-7241-701-3

Raciocínio

As proporções observadas com a característica nas duas circunstâncias são $(w+y)/m$ e $(w+x)/m$. Elas diferirão se x e i diferirem. Portanto, para comparar as proporções com a característica, ignoramos aqueles indivíduos que concordam nas duas circunstâncias, e nos concentramos nos pares discordantes, x e y.

1. Definir as hipóteses de nulidade e alternativa em estudo
   H_0: as proporções com a característica são iguais nos dois grupos da população
   H_1: essas proporções da população não são iguais
2. Coletar dados relevantes de amostras de indivíduos
3. Calcular o valor da estatística de teste específica para H_0

$$\chi^2 = \frac{(|x - y| - 1)^2}{x + y}$$

   Que segue a distribuição do qui-quadrado com 1 grau de liberdade. O 1 no numerador é uma correção de continuidade (Cap. 19)
4. Comparar o valor da estatística de teste a valores de uma distribuição conhecida de probabilidades
   Pesquisar χ^2 no Apêndice A, Tabela A3
5. Interpretar o valor *P* e os resultados
   Interpretar o valor *P* e calcular o intervalo de confiança para a diferença nas proporções verdadeiras da população. O intervalo de confiança aproximado de 95% é:

$$\frac{x - y}{m} \pm \frac{1{,}96}{m}\sqrt{x + y - \frac{(x - y)^2}{m}}$$

Exemplo 1

Para avaliar a relação entre fatores de risco sexuais e infecção por HHV-8 (estudo descrito no Capítulo 23), a prevalência da soropositividade ao HHV-8 foi comparada em homens homo- e bissexuais com história de gonorréia e naqueles que não haviam tido gonorréia por meio do **teste do qui-quadrado**. Um resultado típico de computador é mostrado no Apêndice C.

1. H_0: a soroprevalência do HHV-8 é a mesma naqueles com e sem história de gonorréia na população
   H_1: a soroprevalência não é a mesma nos dois grupos da população
2. As freqüências observadas são mostradas na seguinte tabela de contingência: 14/43 (32,6%) e 36/228 (15,8%) daqueles com e sem história de gonorréia, respectivamente, são soropositivos para HHV-8
3. As freqüências esperadas são mostradas nas quatro **células da tabela de contingência**. A estatística de teste é:

$$\chi^2 = \left\{\frac{(|14 - 7{,}93| - \tfrac{1}{2})^2}{7{,}93} + \frac{(|36 - 42{,}07| - \tfrac{1}{2})^2}{42{,}07} + \frac{(|29 - 35{,}07| - \tfrac{1}{2})^2}{35{,}07} + \frac{(|192 - 185{,}93| - \tfrac{1}{2})^2}{185{,}93}\right\} = 5{,}70$$

(Continuação)

4. Pesquisamos χ^2 no Apêndice A, Tabela A3 com 1 grau de liberdade (gl): $0{,}01 < P < 0{,}05$ (o resultado do computador indica $P = 0{,}017$)
5. Existe evidência de uma diferença real nos dois grupos da população. Estimamos essa diferença em 32,6% – 15,8% = 16,8%. O intervalo de confiança (IC) de 95% para a diferença verdadeira nas duas porcentagens é de 2,0% a 31.6%, isto é,

$$16{,}8 \pm 1{,}96 \times \sqrt{(}\{32{,}6 \times 67{,}4\} / 43 + \{15{,}8 \times 84{,}2\} / 228)$$

HHV-8	História de Gonorréia				
	Sim		*Não*		*Total*
	Observado	Esperado	Observado	Esperado	*Observado*
Soropositivo	14	(43 × 50/271) = 7,93	36	(228 × 50/271) = 42,07	50
Soronegativo	29	(43 × 221/271) = 35,07	192	(228 × 221/271) = 185,93	221
Total	43		228		271

HHV-8 = vírus do herpes humano 8.

Exemplo 2

Para comparar dois métodos de estabelecer o estado de cárie (presente ou ausente) dos dentes, um dentista avaliou a condição de 100 primeiros molares permanentes com cáries diminutas ou ausentes, usando técnicas radiográficas. Esses resultados foram comparados com aqueles obtidos com uso de uma abordagem mais objetiva de avaliar visualmente uma seção de cada dente. As porcentagens de dentes detectados como cariados, pelos dois métodos de avaliação, foram comparados usando-se o **teste de McNemar**.

1. H_0: os dois métodos de avaliação identificam a mesma porcentagem de dentes com cáries na população
   H_1: essas porcentagens não são iguais
2. As freqüências para as duplas pareadas são mostradas na tabela
3. Estatística de teste, $\chi^2 = \dfrac{(|17 - 4| - 1)^2}{17 + 4} = 6{,}86$

Diagnóstico na Seção	Diagnóstico Radiográfico		
	Cáries Ausentes	*Cáries Presentes*	*Total*
Cáries ausentes	45	4	49
Cáries presentes	17	34	51
Total	62	38	100

4. Pesquisamos χ^2 no Apêndice A, Tabela A3 com 1 grau de liberdade: $0{,}001 < P < 0{,}01$ (o resultado do computador indica $P = 0{,}009$)
5. Existe evidência substancial para rejeitar a hipótese de nulidade, de que a mesma porcentagem de dentes é detectada como cariada usando-se os dois métodos de avaliação. O método radiográfico tem uma tendência para não detectar cáries. Estimamos a diferença em porcentagens de dentes detectados como cariados por 51% – 38% = 13%. Um intervalo de confiança aproximado para a diferença verdadeira nas porcentagens é dado por 4,4% a 21,6%

$$\left(\text{i.e.}\left\{\frac{|17-4|}{100} \pm \frac{1{,}96}{100} \times \sqrt{(17+4) - \frac{(17-4)^2}{100}}\right\} \times 100\%\right)$$

Adaptado de Ketley, C. E. & Holt, R. D. (1993) Visual and radiographic diagnosis of occlusal caries in first permanent molars and in second primary molars. *British Dental Journal*, **174**, 364-370.

978-85-7241-701-3

25 Dados categóricos: mais de duas categorias

Teste do qui-quadrado: tabelas de grande contingência

Problema

Indivíduos podem ser classificados por dois fatores. Por exemplo, um fator pode representar a gravidade da doença (branda, moderada ou grave) e o outro fator pode representar o grupo sangüíneo (A, B, O, AB). Estamos interessados em saber se os dois fatores estão associados. Os indivíduos de um determinado grupo sangüíneo têm maior probabilidade de ficar mais gravemente enfermos?

Premissas

Os dados podem ser representados numa tabela de contingência $l \times c$ (l = linhas; c = colunas) (Tabela 25.1). As entradas na tabela são **freqüências**; cada célula contém o número de indivíduos numa determinada linha e numa determinada coluna. Cada indivíduo é representado uma vez, e só pode pertencer a uma única linha e uma única coluna, ou seja, as categorias de cada fator são mutuamente exclusivas. Pelo menos 80% das freqüências esperadas são maiores ou iguais a 5.

Raciocínio

A hipótese de nulidade é aquela em que não existe associação entre os dois fatores. Note que, se existem apenas duas linhas e duas colunas, então, esse teste de inexistência de associação é o mesmo que aquele das duas proporções (Cap. 24). Calculamos a freqüência que esperamos em cada célula da tabela de contingência, se a hipótese de nulidade é verdadeira. Como explicado no Capítulo 24, a freqüência esperada numa célula específica é o produto do total relevante das linhas e o total relevante das colunas, dividido pelo total geral. Calculamos uma estatística de teste focada na discrepância entre as freqüências observada e esperada, em cada célula da tabela. Se a discrepância total é grande, é improvável que a hipótese de nulidade seja verdadeira.

Tabela 25.1 – Freqüências observadas numa tabela $l \times c$

Categorias das Linhas	Col 1	Col 2	Col 3	...	Col c	Total
Linha 1	f_{11}	f_{12}	f_{13}	...	f_{1c}	L_1
Linha 2	f_{21}	f_{22}	f_{23}	...	f_{2c}	L_2
Linha 3	f_{31}	f_{32}	f_{33}	...	f_{3c}	L_3
...	...	...	...	...	...	...
...	...	...	...	...	...	...
Linha l	f_{l1}	f_{l2}	f_{l3}	...	f_{lc}	L_l
Total	C_1	C_2	C_3	...	C_c	n

$l \times c$ = linha × coluna.

1. Definir as hipóteses de nulidade e alternativa em estudo
   H_0: não existe associação entre as categorias de um fator e as categorias do outro fator na população
   H_1: os dois fatores são associados na população
2. Coletar dados relevantes de uma amostra de indivíduos
3. Calcular o valor da estatística de teste específica para H_0:
   $$\chi^2 = \Sigma \frac{(O - E)^2}{E}$$
   Em que O e E são as freqüências observada e esperada em cada célula da tabela. A estatística de teste segue a distribuição do qui-quadrado com graus de liberdade iguais a $(l - 1) \times (c - 1)$
   Em virtude da aproximação da distribuição do qui-quadrado ser razoável se os graus de liberdade forem maiores que 1, não precisamos incluir uma correção de continuidade (como fizemos no Cap. 24)
4. Comparar o valor da estatística de teste com valores de uma distribuição de probabilidades conhecida
   Pesquisar χ^2 no Apêndice A, Tabela A3
5. Interpretar o valor P e os resultados

Se as premissas não são satisfeitas

Se mais de 20% das freqüências esperadas são menores que 5, tentamos combinar, de forma adequada (isto é, de modo a fazer sentido científico), duas ou mais linhas e/ou duas ou mais colunas da tabela de contingência. Então, recalculamos as freqüências esperadas dessa tabela reduzida e continuamos a reduzir a tabela, se necessário, para garantir que a condição $E \geq 5$ é satisfeita. Se reduzirmos nossa tabela a uma tabela 2×2, de modo que ela não possa ser mais reduzida, e ainda tivermos freqüências esperadas pequenas, usamos o teste exato de Fisher (Cap. 24) para avaliar o valor P exato. Alguns programas de computador calculam os valores P exatos de Fisher para tabelas de contingência maiores.

Tabela 25.2 – Freqüências observadas e escores atribuídos numa tabela $2 \times k$

Característica	Col 1	Col 2	Col 3	...	Col k	Total
Presente	f_{11}	f_{12}	f_{13}	...	f_{1k}	L_1
Ausente	f_{21}	f_{22}	f_{23}	...	f_{2k}	L_2
Total	C_1	C_2	C_3	...	C_k	n
Escore	w_1	w_2	w_3	...	w_k	

978-85-7241-701-3

978-85-7241-701-3

Teste do qui-quadrado para tendência

Problema

Às vezes, investigamos relacionamentos em dados categóricos quando um dos dois fatores tem apenas duas categorias (por exemplo, presença ou ausência de uma característica) e o segundo fator pode ser categorizado em *k*, digamos, categorias mutuamente exclusivas, ordenadas de alguma maneira. Por exemplo, um fator pode ser até que ponto um indivíduo responde ou não ao tratamento, e as categorias ordenadas do outro fator podem representar quatro diferentes faixas etárias (em anos): 65 a 69, 70 a 74, 75 a 79 e 80 ou mais. Podemos, então, avaliar se existe uma tendência nas proporções com a característica sobre as categorias do segundo fator. Por exemplo, podemos desejar saber se a proporção que responde ao tratamento tende a aumentar (digamos) com o aumento da idade.

1. Definir as hipóteses de nulidade e alternativa em estudo
   H_0: não existe tendência nas proporções com a característica na população
   H_1: existe uma tendência nas proporções na população
2. Coletar dados relevantes de uma amostra de indivíduos
   Estimamos a proporção com a característica em cada uma das *k* categorias. Atribuímos um escore a cada uma das categorias das colunas (Tabela 25.2). Em geral, esses são os valores sucessivos 1, 2, 3... *k*, mas, dependendo de como classificamos o fator da coluna, eles podem ser números que, de alguma forma, sugerem os valores relativos das categorias ordenadas (por exemplo, o ponto médio da faixa etária que define cada categoria) ou a tendência que desejamos investigar (por exemplo, linear ou quadrática). O uso de quaisquer números igualmente espaçados (por exemplo, 1, 2, 3... *k*) nos permite investigar uma *tendência linear*
3. Calcular o valor da estatística de teste específica para H_0

$$\chi^2 = \frac{\left(\Sigma\, w_i f_{1i} - L_1 \Sigma \frac{w_i C_i}{n}\right)^2}{\frac{L_1}{n}\left(1 - \frac{L_1}{n}\right)\left(\Sigma C_i w_i^2 - n\left(\Sigma \frac{w_i C_i}{n}\right)^2\right)}$$

   usando a notação da Tabela 25.2, e onde as somas se estendem por todas as *k* categorias. A estatística de teste segue a distribuição do qui-quadrado com 1 grau de liberdade
4. Comparar o valor da estatística de teste a valores de uma distribuição de probabilidades conhecida
   Pesquisar χ^2 no Apêndice A, Tabela A3
5. Interpretar o valor *P* e os resultados
   Interpretar o valor *P* e calcular um intervalo de confiança para cada uma das *k* proporções (Cap. 11)

Exemplo

Uma pesquisa transversal foi efetuada entre a população de idosos residentes em Southampton, com o objetivo de mensurar a freqüência de doença cardiovascular. Foi entrevistado um total de 259 indivíduos, com idades variando entre 65 e 95 anos. Os indivíduos foram agrupados em quatro faixas etárias (65 a 69, 70 a 74, 75 a 79 e 80 ou mais) no momento da entrevista. Usamos o **teste do qui-quadrado** para determinar se a prevalência de dor torácica diferia nas quatro faixas etárias.

1. H_0: não existe associação entre idade e dor torácica na população
   H_1: existe uma associação entre idade e dor torácica na população
2. As freqüências observadas (%) e as freqüências esperadas são mostradas na tabela

	Idade (Anos)				
Dor torácica	*65 - 69*	*70 - 74*	*75 - 79*	*80+*	*Total*
Sim					
Observado	15 (20,3%)	9 (11,5%)	6 (9,7%)	4 (8,9%)	34
Esperado	9,7	10,2	8,1	5,9	
Não					
Observado	59 (79,7%)	69 (88,5%)	56 (90,3%)	41 (91,1%)	225
Esperado	64,3	67,8	53,9	39,1	
Total	74	78	62	45	259

(*Continua*)

Exemplo (*Continuação*)

3. Estatística de teste,

$$\chi 2 = \left[\frac{(15-9{,}7)^2}{9{,}7} + \ldots + \frac{(41-39{,}1)^2}{39{,}1}\right] = 4{,}839$$

4. Pesquisamos χ^2 no Apêndice A, Tabela A3 com 3 graus de liberdade: $P > 0{,}10$ (o resultado do computador indica $P = 0{,}18$)

5. Não existe evidência suficiente para rejeitar a hipótese de nenhuma associação entre dor torácica e idade, na população de idosos. As proporções estimadas (intervalos de confiança de 95%) com dor torácica para as quatro faixas etárias sucessivas, começando pela mais jovem, são: 0,20 (0,11, 0,29); 0,12 (0,04, 0,19); 0,10 (0,02, 0,17); e 0,09 (0,02, 0,21)

Como as quatro faixas etárias desse estudo estão ordenadas, também é possível analisar esses dados usando um **teste do qui-quadrado** *para tendência*, que leva em consideração a ordenação dos grupos. Podemos obter um resultado significante a partir desse teste, mesmo que o teste geral de associação tenha dado um resultado não-significante. Atribuímos os escores 1, 2, 3 e 4 a cada uma das quatro faixas etárias, respectivamente, e, em decorrência de seu espaçamento regular, podemos testar a existência de tendência linear.

1. H_0: não existe associação linear entre idade e dor torácica na população
   H_1: existe uma associação linear entre idade e dor torácica na população
2. Os dados são mostrados na Tabela 25.3. Atribuímos escores de 1, 2, 3 e 4, respectivamente, às quatro faixas etárias
3. A estatística de teste é χ^2
4. Pesquisamos χ^2 no Apêndice A, Tabela A3 com 1 grau de liberdade: $0{,}05 < P < 0{,}10$ (o resultado do computador indica $P = 0{,}052$)
5. Não existe evidência suficiente para rejeitar a hipótese de nenhuma associação linear entre dor torácica e idade na população de idosos. Contudo, o valor P é muito próximo de 0,05, e existe uma sugestão de que a proporção de idosos com dor torácica diminui com o aumento da idade

$$\chi 2 = \frac{\left\{[(1\times 15)+\ldots+(4\times 4)] - 34\times\left[\left(\frac{1\times 74}{259}\right)+\ldots+\left(\frac{4\times 45}{259}\right)\right]\right\}^2}{\frac{34}{259}\times\left(1-\frac{34}{259}\right)\times\left\{[(74\times 1^2)+\ldots+(45\times 4^2)] - 259\times\left[\left(\frac{1\times 74}{259}\right)+\ldots+\left(\frac{4\times 45}{259}\right)\right]^2\right\}} = 3{,}79$$

Adaptado de Dewhurst, G., Wood, D. A., Walker, F. *et al.* (1991) A population survey of cardiovascular disease in elderly people: design, methods and prevalence results. *Age and Ageing* **20**, 353-360.

978-85-7241-701-3

26 Correlação

Introdução

A análise de correlação diz respeito a mensurar o grau de associação entre duas variáveis, x e y. Inicialmente, assumimos que x e y sejam **variáveis numéricas**, por exemplo, altura e peso.

Suponha que temos um par de valores, (x,y), medido em cada um dos n indivíduos de nossa amostra. Podemos marcar o ponto correspondente ao par de valores de cada indivíduo num **diagrama de dispersão** bidimensional (Cap. 4). Por convenção, nesse diagrama colocamos a variável x no eixo horizontal, e a variável y no eixo vertical. Plotando os pontos para todos os n indivíduos, obtemos uma dispersão de pontos que pode sugerir uma relação entre as duas variáveis.

Coeficiente de correlação de Pearson

Dizemos que temos uma **relação linear** entre x e y se uma reta traçada através dos centros dos pontos proporciona a aproximação mais adequada à relação observada. Medimos quão perto as observações estão da reta que melhor descreve sua relação linear calculando o **coeficiente de correlação de Pearson**, em geral denominado simplesmente **coeficiente de correlação**. Seu valor verdadeiro na *população*, ρ (a letra grega ro), é estimado na *amostra* por r, sendo

$$r = \frac{\Sigma(x - \bar{x})(y - \bar{y})}{\sqrt{\Sigma(x - \bar{x})^2 \Sigma(y - \bar{y})^2}}$$

que com freqüência se obtém por resultado de computador.

Propriedades

- r varia de -1 a $+1$.
- Seu *sinal* indica se uma variável aumenta quando a outra variável aumenta (r positivo), ou se uma variável diminui quando a outra variável aumenta (r negativo) (Fig. 26.1).
- Sua *magnitude* indica quão perto os pontos estão da reta. Em particular, se $r = +1$ ou -1, existe correlação perfeita, com todos os pontos localizados sobre a reta (na prática, isso é muitíssimo incomum); se $r = 0$, não existe correlação *linear* (embora possa haver uma relação não-linear). Quanto mais perto r está dos extremos, maior o grau de associação linear (Fig. 26.1).
- Ele é adimensional, por exemplo, não tem unidades de medida.
- Seu valor é válido somente dentro da faixa de valores de x e y da amostra. Seu valor absoluto (ignorando-se o sinal) tende a aumentar com o aumento das faixas de valores de x e/ou y, portanto, não se pode inferir que ele terá o mesmo valor ao considerar valores de x ou y mais extremos que os valores da amostra.
- x e y podem ser intercambiados sem afetar o valor de r.
- Uma correlação entre x e y não implica necessariamente uma relação de "causa e efeito".
- r^2 representa a proporção da variabilidade de y que pode ser atribuída à sua relação linear com x (Cap. 28).

978-85-7241-701-3

Quando não calcular r

Pode ser desorientador calcular r quando:

- Existe uma relação não-linear entre as duas variáveis (Fig. 26.2*A*), por exemplo, uma relação quadrática (Cap. 33).
- Os dados incluem mais de uma observação sobre cada indivíduo.
- Um ou mais *outliers* estão presentes (Fig. 26.2*B*).
- Os dados abrangem subgrupos de indivíduos para os quais os níveis médios das observações sobre pelo menos uma das variáveis são diferentes (Fig. 26.2*C*).

Teste de hipótese para o coeficiente de correlação de Pearson

Desejamos saber se existe alguma correlação linear entre duas variáveis numéricas. Nossa amostra consiste em

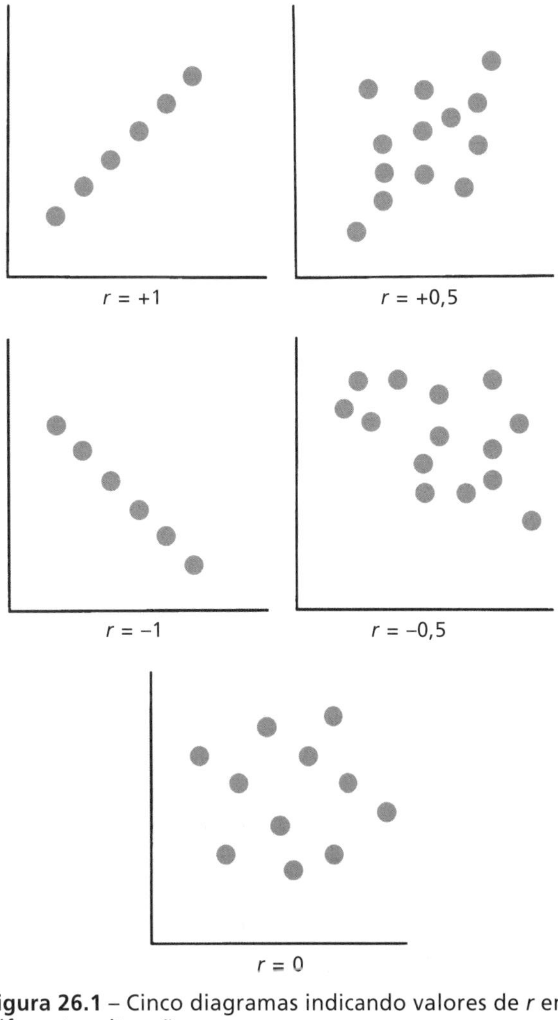

Figura 26.1 – Cinco diagramas indicando valores de r em diferentes situações.

n pares independentes de valores de x e y. Assumimos que pelo menos uma das duas variáveis é Normalmente distribuída.

1. Definir as hipóteses de nulidade e alternativa em estudo
   H_0: $\rho = 0$
   H_1: $\rho \neq 0$
2. Coletar dados relevantes de uma amostra de indivíduos
3. Calcular o valor da estatística de teste específica para H_0
   Calcular r.
   • Se $n \leq 150$, r é a estatística de teste
   • Se $n > 150$, calcular $T = \sqrt{\frac{(n-2)}{(1-r^2)}}$
   que segue uma distribuição t com $n - 2$ graus de liberdade
4. Comparar o valor da estatística de teste com valores de uma distribuição de probabilidades conhecida
   • Se $n \leq 150$, pesquisar r no Apêndice A, Tabela A10
   • Se $n > 150$, pesquisar T no Apêndice A, Tabela A2
5. Interpretar o valor P e os resultados
   Calcular um intervalo de confiança para ρ. Desde que *as duas variáveis tenham distribuições aproximadamente Normais*, o intervalo de confiança de 95% aproximado para ρ é:

$$\left(\frac{e^{2z_1}-1}{e^{2z_1}+1}, \frac{e^{2z_2}-1}{e^{2z_2}+1}\right)$$

Em que $z_1 = z - \frac{1,96}{\sqrt{n-3}}$, $z_2 = z + \frac{1,96}{\sqrt{n-3}}$

e $z = 0,5\log_e\left[\frac{(1+r)}{(1-r)}\right]$

Note que, se o tamanho da amostra é grande, H_0 pode ser rejeitada mesmo que r esteja muito próximo de zero. Alternativamente, mesmo que r seja grande, H_0 pode não ser rejeitada se o tamanho da amostra for pequeno. Por essa razão, é em particular útil calcular r^2, a proporção da variância total de uma variável explicada por sua relação linear com a outra. Por exemplo, se $r = 0,40$, então, $P < 0,05$ para um tamanho de amostra de 25, mas a relação está explicando somente 16% (= $0,40^2 \times 100$) da variabilidade de uma variável

Coeficiente de correlação de classes de Spearman

Calculamos o **coeficiente de correlação de classes de Spearman**, o equivalente não-paramétrico do coeficiente

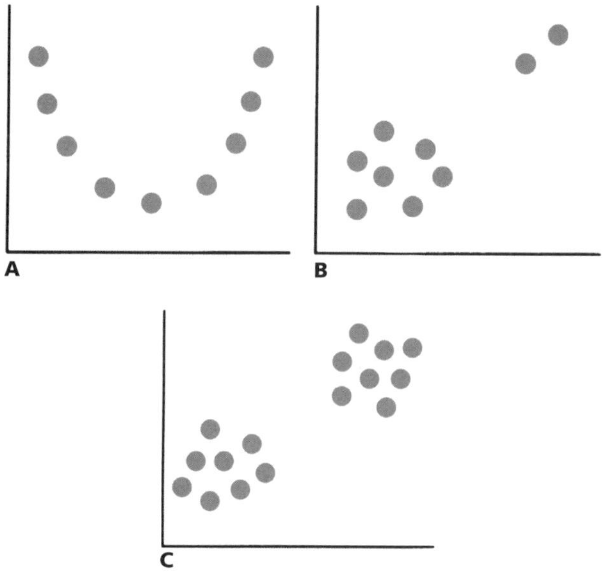

Figura 26.2 – Diagramas mostrando quando é inadequado calcular o coeficiente de correlação. (*A*) Relação não-linear, $r = 0$. (*B*) Na presença de *outlier* (*s*). (*C*) Os dados compreendem subgrupos.

de correlação de Pearson, se um ou mais dos seguintes pontos for verdadeiro:
• Pelo menos uma das variáveis, x ou y, é mensurada numa escala ordinal.
• Nem x nem y é Normalmente distribuída.
• O tamanho da amostra é pequeno.
• Exigimos uma medida da associação entre duas variáveis quando sua relação é não-linear.

Cálculo

Para estimar o valor do coeficiente de correlação de classes de Spearman para a população, ρ_s, por seu valor da amostra, r_s:
• Arranjar os valores de x em ordem crescente, começando pelo menor valor, e atribuir-lhes *classes* sucessivas (os números 1, 2, 3... n). Valores empatados recebem a média das classes que esses valores teriam recebido se não houvesse empates.
• Atribuir classes aos valores de y de maneira similar.
• r_s é o coeficiente de correlação de Pearson entre as *classes* de x e y.

Propriedades e testes de hipóteses

São os mesmos que para o coeficiente de correlação de Pearson, substituindo-se r por r_s, exceto por:
• r_s provê uma medida de associação (não necessariamente linear) entre x e y.
• Ao testar a hipótese de nulidade, de que $\rho_s = 0$, verifique o Apêndice A, Tabela A11 se o tamanho da amostra for menor ou igual a 10.
• Não calculamos r_s^2 (ele não representa a proporção da variação total em uma variável que possa ser atribuída à sua relação linear com a outra).

978-85-7241-701-3

Exemplo

Como parte de um estudo para investigar os fatores associados a alterações da pressão sangüínea em crianças, foram coletadas informações sobre fatores demográficos e de estilo de vida, e efetuadas medições antropométricas em 4.245 crianças com idades variando entre cinco e sete anos. A relação entre altura (cm) e pressão sistólica (mmHg) numa amostra de 100 dessas crianças é mostrada no diagrama de dispersão (Fig. 28.1); existe uma tendência, na amostra, de crianças mais altas terem pressões sangüíneas mais elevadas. Investigou-se o **coeficiente de correlação de Pearson** entre essas duas variáveis. O Apêndice C contém um resultado dessa análise pelo computador.

1. H_0: o valor do coeficiente de correlação de Pearson na população é zero
   H_1: o valor do coeficiente de correlação de Pearson na população não é zero
2. Podemos demonstrar (Fig. 37.1) que os valores da altura e da pressão sistólica na amostra têm distribuição aproximadamente Normal
3. Calculamos r como 0,33. Essa é a estatística de teste desde que $n \leq 150$
4. Pesquisamos r no Apêndice A, Tabela A10 com tamanho da amostra de 100: $P < 0{,}001$
5. Existe uma forte evidência para rejeitar a hipótese de nulidade; concluímos que existe uma relação linear entre pressão sistólica e altura na população de tais crianças. Entretanto, $r^2 = 0{,}33 \times 0{,}33 = 0{,}11$. Portanto, a despeito do resultado altamente significante, a relação entre altura e pressão sistólica explica somente uma pequena porcentagem, 11%, da variação da pressão sistólica
   Para determinar o intervalo de confiança de 95% para o verdadeiro coeficiente de correlação, calculamos:

$$z = 0{,}5\ln\left(\frac{1{,}33}{0{,}67}\right) = 0{,}3428$$

$$z_1 = 0{,}3428 - \frac{1{,}96}{9{,}849} = 0{,}1438$$

$$z_2 = 0{,}3428 - \frac{1{,}96}{9{,}849} = 0{,}5418$$

Assim, o intervalo de confiança varia de

$$\frac{(e^{2 \times 0{,}1438} - 1)}{(e^{2 \times 0{,}1438} + 1)} \text{ a } \frac{(e^{2 \times 0{,}5418} - 1)}{(e^{2 \times 0{,}5418} + 1)}$$

$$\text{isto é, de } \frac{0{,}33}{2{,}33} \text{ a } \frac{1{,}96}{3{,}96}$$

Assim, temos 95% de certeza de que ρ se encontra entre 0,14 e 0,49.

Como poderíamos esperar, dado que cada variável é Normalmente distribuída, o **coeficiente de correlação de classes de Spearman** entre essas variáveis forneceu uma estimativa comparável de 0,32. Para testar H_0: $\rho_S = 0$, pesquisamos esse valor no Apêndice A, Tabela A10 e, novamente, encontramos $P < 0{,}001$

978-85-7241-701-3

Dados gentilmente fornecidos por Sra. O. Papacosta e Dr. P. Whincup, Department of Primary Care and Population Sciences, Royal Free and University College Medical School, London, UK.

27 Teoria da regressão linear

O que é regressão linear?

Para investigar a relação entre duas variáveis numéricas, x e y, mensuramos os valores de x e y em cada um dos n indivíduos da nossa amostra. Plotamos os pontos num **diagrama de dispersão** (Cap. 4 e 26), e dizemos que temos uma **relação linear** se os dados se aproximam de uma reta. Se acreditarmos que y é dependente de x, sendo uma alteração de y atribuída a uma alteração de x, em vez do contrário, podemos determinar a **linha de regressão linear** (a *regressão de y sobre x*) que melhor descreve a relação de linha reta entre as duas variáveis. Em geral, descrevemos a **regressão univariável** porque estamos envolvidos com apenas uma variável x na análise; isso contrasta com a regressão *multivariável*, que envolve dois ou mais x (ver Caps. 29 a 31).

Linha de regressão

A equação matemática que estima a linha de **regressão linear simples** é:

$$Y = a + bx$$

- x é denominada **variável independente**, **variável preditora** ou **variável explanatória**.
- Para um dado valor de x, Y é o valor de y (denominada **variável dependente**, *de resultado* ou **variável de resposta**), que se encontra sobre a linha estimada. Ele é uma estimativa do valor que *esperamos* para y (isto é, sua média), se conhecemos o valor de x, e é denominado **valor ajustado** de y.
- a é a **interseção** da linha estimada; ela é o valor de Y quando $x = 0$ (Fig. 27.1).
- b é a **inclinação** ou o *gradiente* da linha estimada; ela representa o quanto Y aumenta, em média, se incrementamos em uma unidade o valor de x (Fig. 27.1).

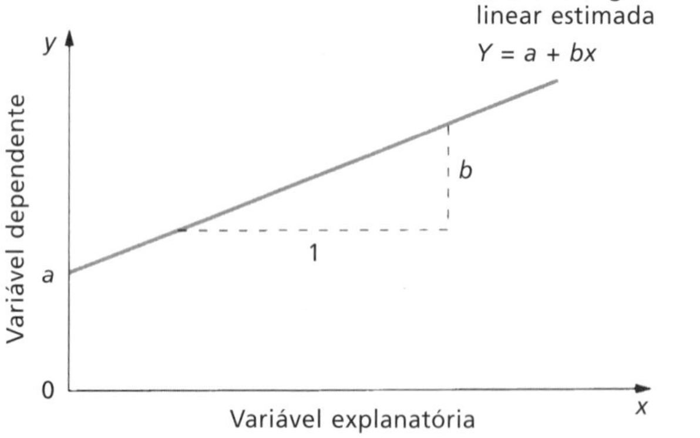

Figura 27.1 – Linha de regressão linear estimada, mostrando a interseção, a, e a inclinação, b (o aumento médio em Y para um incremento em x).

a e b são denominados os **coeficientes de regressão** da linha estimada, embora esse termo seja com freqüência reservado somente para b. Mostramos como avaliar esses coeficientes no Capítulo 28. A regressão linear simples pode ser estendida para incluir mais de uma variável explanatória; nesse caso, ela é conhecida como **egressão linear múltipla** (Cap. 29).

Método dos quadrados mínimos

Efetuamos a análise de regressão usando uma amostra de observações. a e b são as estimativas amostrais dos parâmetros verdadeiros, α e β, que definem a linha de regressão linear na população. α e β são determinadas pelo **método dos quadrados mínimos** (na maioria das vezes denominado quadrados mínimos ordinários [QMO]) de maneira tal que o "ajuste" da linha $Y = a + bx$ aos pontos do diagrama de dispersão é ótimo. Avaliamos isso considerando o **residual** (a distância vertical entre cada ponto e a linha, ou seja, *residual = y observado – Y ajustado*, Fig. 27.2). A *linha de melhor ajuste* é escolhida de maneira que a soma dos *quadrados* dos resíduos é um *mínimo*.

Premissas

- Existe uma relação linear entre x e y.
- As observações na amostra são independentes. As observações são independentes se não existe mais de um par de observações para cada indivíduo.
- Para cada valor de x, existe uma distribuição de valores de y na população; essa distribuição é Normal. A média dessa distribuição de valores de y se encontra sobre a linha de regressão verdadeira (Fig. 27.3).
- A variabilidade da distribuição dos valores de y na população é a mesma para todos os valores de x, ou seja, a variância, σ^2, é constante (Fig. 27.3).
- A variável x pode ser mensurada sem erro. Note que não fazemos qualquer premissa sobre a distribuição da variável x.

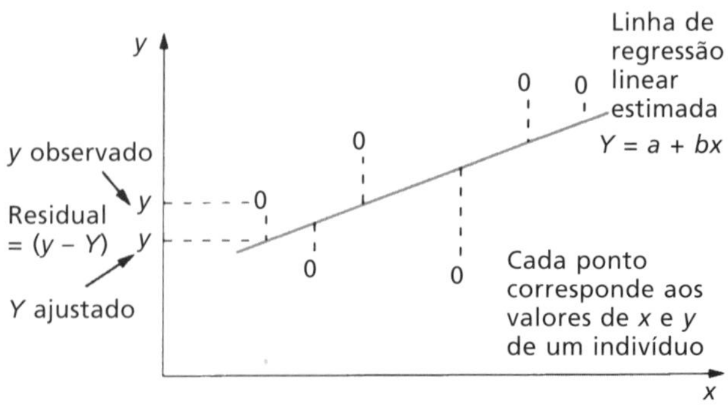

Figura 27.2 – Linha de regressão linear estimada mostrando o residual (linha tracejada vertical) para cada ponto.

978-85-7241-701-3

978-85-7241-701-3

Muitas das premissas subjacentes à análise de regressão relacionam-se à distribuição da população de y para um valor especificado de x, mas eles podem ser moldadas em termos dos resíduos. É mais fácil verificar as premissas (Cap. 28) estudando-se os resíduos, em vez dos valores de y.

Tabela de análise de variância

Descrição

Em geral, o resultado do computador numa análise de regressão contém uma *tabela de análise de variância*. Em análise de variância (Cap. 22), a variação total da variável de interesse, nesse caso "y", é dividida nas suas partes componentes. Em decorrência da relação linear de y sobre x, esperamos que y varie conforme x varia; chamamos isso de variação *decorrente de*, ou *explicada pela, regressão*. A variabilidade remanescente é denominada *erro residual* ou **variação não-explicada**. A variação residual **(variação de erro)** deve ser a menor possível; se for assim, a maior parte da variação de y será explicada pela regressão, e os pontos se encontrarão sobre a linha ou próximos a ela; ou seja, a linha é um *ajuste perfeito*.

Propósitos

A tabela de análise de variância nos permite fazer o seguinte:

• Avaliar quão bem a linha se ajusta aos pontos de dados. A partir das informações contidas na tabela, podemos calcular a proporção da variação total de y que é explicada pela regressão. Essa proporção com freqüência expressa como uma porcentagem e denotada por R^2 (na regressão linear simples ela é r^2, o quadrado do coeficiente de correlação; Cap. 26), nos permite avaliar de maneira subjetiva a **perfeição do ajuste** da equação da regressão.

• Testar a **hipótese de nulidade**, de que a inclinação verdadeira da linha, β, é zero; um resultado significante indica que existe evidência de uma relação linear entre x e y.

• Obter uma estimativa da *variância residual*. Precisamos disso para testar hipóteses sobre a inclinação ou a interseção, e para calcular intervalos de confiança para esses parâmetros e para valores preditos de y.

Apresentamos detalhes dos procedimentos mais comuns no Capítulo 28.

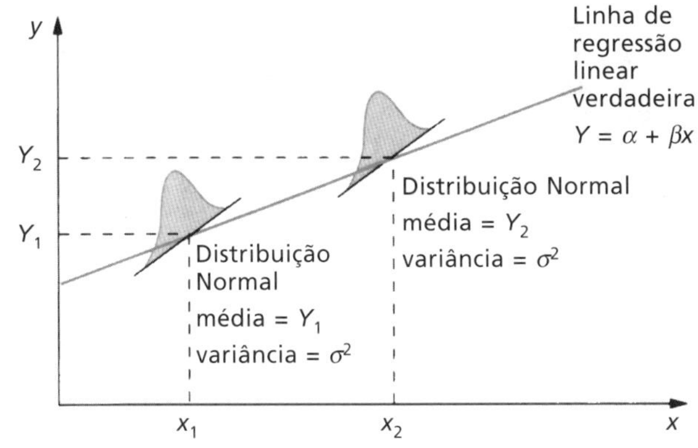

Figura 27.3 – Ilustração de premissas assumidas em regressão linear.

Regressão à média

O uso estatístico da palavra "regressão" deriva de um fenômeno conhecido como **regressão à média**, atribuído a Sir Francis Galton, em 1889. Ele demonstrou que, embora pais altos tendam a ter filhos altos, a altura média dos filhos é menor que aquela de seus pais altos. A altura média dos filhos "regrediu" com relação à altura média dos pais, na população. Assim, na média, pais altos têm filhos mais baixos (mas ainda altos) e pais baixos têm filhos mais altos (mas ainda baixos).

Observamos regressão à média na **triagem** (Cap. 38) e em **teste clínico** (Cap. 14), quando um subgrupo de pacientes pode ser selecionado para tratamento porque seus níveis de uma determinada variável, digamos colesterol, são extremamente altos (ou baixos). Se a mensuração é repetida algum tempo mais adiante, o valor médio da segunda leitura para o subgrupo é geralmente menor que o da primeira leitura, tendendo (isto é, regredindo) à média da população de igual idade e sexo, independentemente de qualquer tratamento a que possam ter sido submetidos. Pacientes recrutados para um teste clínico, com base num nível elevado de colesterol quando do primeiro exame, têm, portanto, probabilidade de exibir uma queda nos níveis de colesterol em média no segundo exame, mesmo que permaneçam sem tratamento durante esse período.

28 Desempenho de uma análise de regressão linear

Linha de regressão linear

Após selecionar uma amostra de tamanho n entre nossa população, e de desenhar um **diagrama de dispersão** para confirmar que os dados se aproximam de uma reta, estimamos a *regressão de y sobre x* por:

$$Y = a + bx$$

Em que Y é o valor estimado ajustado ou predito de y, a é a interseção estimada, e b é a inclinação que representa a alteração média de Y para uma alteração de uma unidade em x (Cap. 27).

Traçar a linha

Para traçar a linha $Y = a + bx$ no diagrama de dispersão, escolhemos três valores de x (isto é, x_1, x_2 e x_3) ao longo de sua faixa. Substituímos x_1 na equação para obter o valor correspondente de Y, especificamente $Y_1 = a + bx_1$; Y_1 é nosso **valor ajustado** estimado de x_1, que corresponde ao *valor observado*, y_1. Repetimos o procedimento para x_2 e x_3, a fim de obter os valores correspondentes de Y_2 e Y_3. Plotamos esses pontos no diagrama de dispersão e unimo-los para produzir uma reta.

Verificação das premissas

Para cada valor observado de x, o **residual** é o y observado menos o Y ajustado correspondente. Cada residual pode ser positivo ou negativo. Podemos usar os residuais para verificar as premissas a seguir, subjacentes à regressão linear.

- *Existe uma relação linear entre* x *e* y: plotar y contra x (os dados devem se aproximar de uma reta) *ou* plotar os residuais contra x (devemos observar uma dispersão aleatória de pontos, em vez qualquer padrão sistemático).
- *Observações são independentes*: as observações são independentes se não existe mais de um par de observações sobre cada indivíduo.
- *Residuais são Normalmente distribuídos, com média zero*: desenhar um histograma, um diagrama de caule e folhas, ou um diagrama *box-and-whisker* (Cap. 4) ou diagrama Normal (Cap. 35) dos residuais e "visualizar" os resultados.
- *Residuais têm a mesma variabilidade (variância constante) para todos os valores ajustados de* y: plotar os residuais contra os valores ajustados, Y, de y; devemos observar uma dispersão aleatória de pontos. Se a dispersão dos residuais aumenta ou diminui progressivamente com o aumento de Y, essa premissa não é satisfeita.
- *Variável* x *pode ser mensurada sem erro.*

Premissas não satisfeitas

Se as premissas de linearidade, Normalidade e/ou variância constante são duvidosas, podemos ser capazes de transformar x ou y (Cap. 9) e calcular uma nova linha de regressão para a qual essas premissas são satisfeitas. Nem sempre é possível encontrar uma transformação satisfatória. As premissas de linearidade e independência são as mais importantes. Se você tem dúvida quanto às premissas de Normalidade e/ou variância constante, você pode seguir em frente, mas os valores P em seus testes de hipóteses, e as estimativas dos erros padrão, podem ser afetados. Note que a variável x raramente é mensurada sem qualquer erro; desde que o erro seja pequeno, isso é em geral aceitável porque o efeito sobre as conclusões é mínimo.

978-85-7241-701-3

Outliers e pontos influentes

- Um **ponto influente** alterará, se omitido, uma ou mais das estimativas de parâmetros (ou seja, a inclinação ou a interseção) no modelo. Métodos formais de detecção são discutidos brevemente no Capítulo 29. Se esses métodos não estiverem disponíveis, você poderá precisar confiar na intuição.
- Um ***outlier*** (uma observação inconsistente com a maioria dos valores no conjunto de dados [Cap. 3]) pode, ou não, ser um ponto influente, e pode com freqüência ser detectado olhando-se para o diagrama de dispersão ou para a plotagem dos residuais (ver também o Cap. 29). Para *outliers* e pontos influentes, adequamos o modelo com e sem os dados do indivíduo suspeito e notamos o efeito sobre a(s) estimativa(s). Não descarte rotineiramente *outliers* ou pontos influentes, porque sua omissão pode afetar as suas conclusões. Sempre investigue as razões da sua presença e relate-os.

Avaliação da perfeição do ajuste

Podemos julgar quão bem a linha se ajusta aos dados calculando R^2 (em geral expresso como uma porcentagem), que é igual ao quadrado do coeficiente de correlação (Cap. 26 e 27). Isso representa a porcentagem da variabilidade de y, que pode ser *explicada* por sua relação com x. Seu complemento, $(100 - R^2)$, representa a porcentagem da **variação inexplicada** em y pela relação. Não existe qualquer teste formal para avaliar R^2; devemos confiar em um julgamento subjetivo para avaliar o ajuste da linha de regressão.

Investigação da inclinação

Se a inclinação da linha é zero, não existe relação linear entre x e y; alterar x não produz efeito sobre y. Existem duas abordagens, com resultados idênticos, para *testar a hipótese de nulidade de que a inclinação verdadeira, β, é zero*.

- *Examinar a taxa F* (igual à taxa entre os quadrados médios, "explicado" e "não explicado") na tabela de análise de variância. Ela segue a distribuição *F* e tem $(1, n - 2)$ graus de liberdade, respectivamente, no numerador e no denominador.

- *Calcular a estatística de teste* $= \dfrac{b}{EP(b)}$ que segue a

distribuição *t* sobre $n - 2$ graus de liberdade, em que o erro padrão EP (*b*) é o erro padrão de *b*.

Tanto num caso quanto no outro, um resultado significante, em geral se $P < 0{,}05$, leva à rejeição da hipótese de nulidade.

Calculamos o *intervalo de confiança de 95%* para β como $b \pm t_{0,05}$ EP(*b*), em que $t_{0,05}$ é o ponto de porcentagem da distribuição *t* com $n - 2$ graus de liberdade, o que fornece uma probabilidade bicaudal de 0,05. Ele é o intervalo que contém a inclinação verdadeira com 95% de certeza. Para amostras grandes, digamos $n \geq 100$, podemos aproximar $t_{0,05}$ para 1,96.

A análise de regressão raramente é efetuada de forma manual; o resultado da maioria dos programas de computador proverá todas essas informações.

Uso da linha para predição

Podemos usar a linha de regressão para predizer valores de *y* para valores de *x* dentro da faixa observada (nunca extrapole além desses limites). Predizemos o valor médio de *y* para indivíduos que têm um certo valor de *x*, substituindo aquele valor de *x* na equação da linha. Assim, se $x = x_0$, predizemos *y* como $Y_0 = a + bx_0$. Usamos esse valor predito estimado e seu erro padrão para avaliar o intervalo de confiança para o valor médio verdadeiro de *y* na população. Repetir esse procedimento para vários valores de *x* nos permite construir limites de confiança para a linha. Essa é uma faixa ou região que contém a linha verdadeira com, digamos, 95% de certeza. Similarmente, podemos calcular uma região mais ampla dentro da qual esperamos que se encontre a maioria (em geral 95%) das *observações*.

> Fórmulas úteis para cálculo manual
>
> $\bar{x} = \sum x/n$ e $\bar{y} = \sum y/n$
>
> $a = \bar{y} - b\bar{x}$
>
> $$b = \frac{\sum(x - \bar{x})(y - \bar{y})}{\sum(x - \bar{x})^2}$$
>
> $$s^2_{res} = \frac{\sum(y - Y)^2}{(n - 2)}$$, a variância residual estimada
>
> $$EP(b) = \frac{s_{res}}{\sqrt{\sum(x - \bar{x})^2}}$$

Exemplo

A relação entre altura (medida em cm) e pressão sistólica (PS, medida em mm Hg), nas 100 crianças descritas no Capítulo 26, é mostrada na Figura 28.1. Efetuamos uma *análise de* **regressão linear simples** da pressão sistólica sobre a altura. As premissas subjacentes a essa análise são verificadas nas Figuras 28.2 a 28.4. Um resultado de computador típico é mostrado no Apêndice C. Existe uma relação linear significante entre altura e pressão sistólica, como se pode observar pela taxa *F* significante na tabela de análise de variância do Apêndice C ($F = 12{,}03$ com 1 e 98 graus de liberdade, respectivamente, no numerador e no denominador, $P = 0{,}0008$). O R^2 do modelo é 10,9%. Somente cerca de um décimo da variabilidade da pressão sistólica pode ser assim explicada pelo modelo; ou seja, por diferenças nas alturas das crianças. O resultado do computador fornece a informação mostrada na tabela.

978-85-7241-701-3

A estimativa de parâmetro para "Interseção" corresponde a *a*, e aquela para "Altura" corresponde a *b* (a inclinação da linha de regressão). Dessa forma, a equação da linha de regressão estimada é:

$$PS = 46{,}28 + 0{,}48 \times \text{altura}$$

Nesse exemplo, a interseção não tem interesse por si (ela se relaciona à pressão sangüínea predita de uma criança com altura de zero centímetro – claramente fora da faixa de valores vista no estudo). Todavia, podemos interpretar o coeficiente de inclinação; nessas crianças, a pressão sistólica tem um aumento predito de 0,48mm Hg, em média, a cada incremento de 1cm na altura (tabela).

$P = 0{,}0008$ para o teste de hipótese para a altura (isto é, H_0: a inclinação verdadeira é igual a zero) é idêntico àquele obtido da tabela de análise de variância do Apêndice C, conforme esperado.

Uma vez que o tamanho da amostra é grande (100), podemos aproximar $t_{0,05}$ como 1,96, e calcular o intervalo de confiança de 95% para a inclinação verdadeira como:

$$b \pm 1{,}96 \times EP(b) = 0{,}48 \pm (1{,}96 \times 0{,}14)$$

Variável	Estimativa do Parâmetro	Erro Padrão	Estatística de Teste	Valor *P*
Interseção	46,2817	16,7845	2,7574	0,0070
Altura	0,4842	0,1396	3,4684	0,0008

(*Continua*)

Exemplo (*Continuação*)

Portanto, o intervalo de confiança de 95% para a inclinação varia de 0,21 a 0,75mmHg para cada incremento de 1cm na altura. Esse intervalo de confiança não inclui zero, confirmando o achado de que a inclinação é significantemente diferente de zero.

Podemos usar a equação de regressão para predizer a pressão sistólica que esperamos para uma criança de determinada altura. Por exemplo, uma criança com 115cm de altura tem uma pressão sistólica predita estimada de 46,28 + (0,48 × 115) = 101,48mmHg; uma criança com 130cm de altura tem uma pressão sistólica predita estimada de 46,28 + (0,48 × 130) = 108,68mmHg.

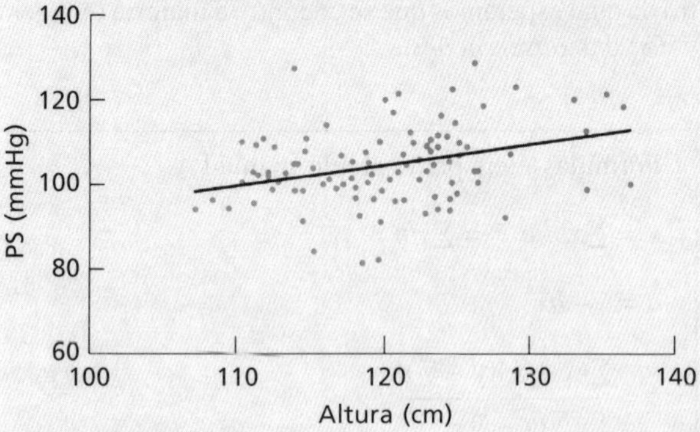

Figura 28.1 – Diagrama de dispersão mostrando a relação entre a pressão sistólica (PS) e a altura. A linha de regressão estimada, PS = 46,28 + 0,48 × altura, é marcada no diagrama de dispersão.

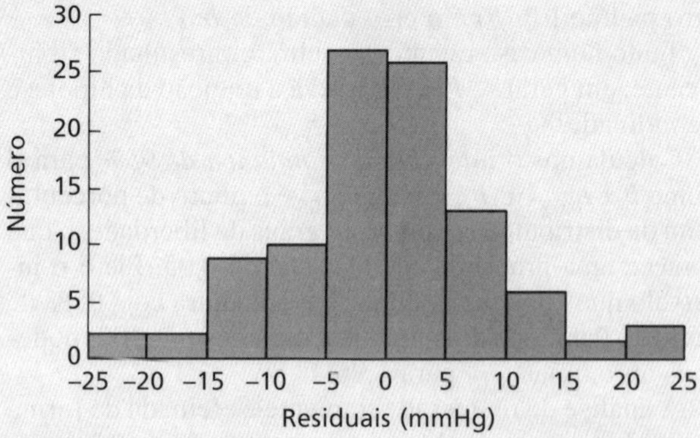

Figura 28.3 – Distribuição dos residuais aproximadamente Normal.

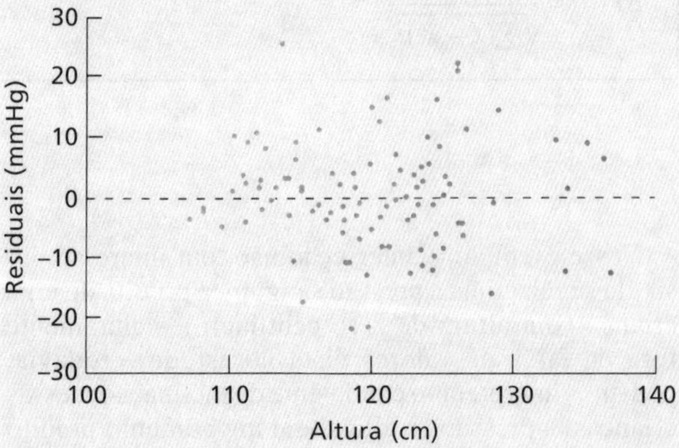

Figura 28.2 – Nenhuma relação é aparente neste diagrama, indicando que uma relação linear entre altura e pressão sistólica é adequada.

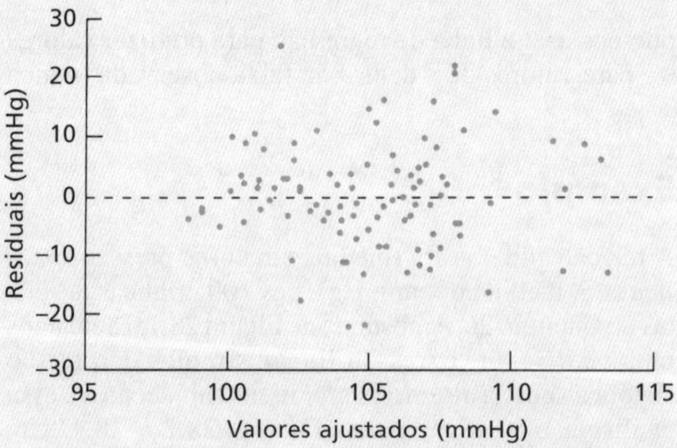

Figura 28.4 – Não existe tendência a aumento ou diminuição sistemática dos residuais, com os valores ajustados. Disso decorre a aceitação da premissa de variância constante.

978-85-7241-701-3

29 Regressão linear múltipla

O que é?

Podemos estar interessados no efeito de diversas variáveis explanatórias, x_1, x_2... x_k, sobre uma variável de resposta, y. Se acreditarmos que esses x podem estar inter-relacionados, não devemos observar, isoladamente, o efeito sobre y da alteração do valor de um único x, mas devemos considerar de forma simultânea os valores dos outros x. Por exemplo, por haver uma forte relação entre altura e peso de uma criança, podemos querer saber se a relação entre a altura e a pressão sistólica (Cap. 28) se altera quando consideramos o peso da criança. A regressão linear múltipla nos permite investigar o efeito conjunto dessas variáveis explanatórias sobre y; ela é um exemplo de uma análise *multivariável*, na qual relacionamos simultaneamente uma única variável de resultado a duas ou mais variáveis explanatórias. Note que, embora as variáveis explanatórias sejam, às vezes, denominadas variáveis independentes, essa é uma denominação enganosa, porque elas podem estar relacionadas.

Tomamos uma amostra de n indivíduos e mensuramos o valor de cada uma das variáveis em cada indivíduo. A equação de regressão linear múltipla, que estima as relações na população é:

$$Y = a + b_1x_1 + b_2x_2 + ... + b_kx_k$$

- x_i é a i-ésima variável explanatória ou **covariada** (i = 1, 2, 3... k).
- Y é o valor predito, esperado, médio ou ajustado de y, que corresponde a um determinado conjunto de valores de x_1, x_2... x_k.
- a é um termo constante, a interseção estimada; ela é o valor de Y quando todos os x são zero.
- b_1, b_2... b_k são os **coeficientes de regressão parcial** estimados; b_1 representa o quanto Y aumenta em média, se incrementarmos x_1 em uma unidade, mas mantermos constantes todos os outros x (por exemplo, os *ajustamos* ou *controlamos*). Se existe uma relação entre x_1 e os outros x, b_1 difere da estimativa do coeficiente de regressão obtido pela regressão de y sobre x_1 somente, porque essa última abordagem não se ajusta às outras variáveis. b_1 representa o efeito de x_1 sobre y que é *independente* dos outros x.

Invariavelmente, você efetuará uma análise de regressão linear múltipla no computador, por isso, omitimos as fórmulas para esses parâmetros estimados.

978-85-7241-701-3

Por que fazer?

Para ser capaz de:

- Identificar variáveis explanatórias associadas à variável dependente, a fim de promover a compreensão do processo subjacente.
- Determinar até que ponto uma ou mais das variáveis explanatórias estão linearmente relacionadas à variável dependente, após ajustar para outras variáveis que podem estar relacionadas a ela.
- Possivelmente, predizer o valor da variável dependente, de maneira tão precisa quanto possível, a partir das variáveis explanatórias.

Premissas

Na regressão linear múltipla, as premissas são as mesmas (se substituirmos "x" por "cada um dos x") que aquelas na regressão linear simples (Cap. 27), e são verificadas da mesma maneira. A não-satisfação das premissas de linearidade ou independência é em particular importante. Podemos transformar (Cap. 9) a variável y e/ou algumas ou todas as variáveis x se as premissas estiverem em dúvida, e depois repetir a análise (incluindo a verificação das premissas) sobre os dados transformados.

Variáveis categóricas explanatórias

Podemos efetuar uma análise de regressão linear múltipla usando **variáveis categóricas** explanatórias. Em particular, se temos uma **variável binária**, x_1 (por exemplo, homem = 0, mulher = 1), e incrementamos x_1 em uma unidade, estamos "mudando" de homens para mulheres. b_1 representa, assim, a diferença nos valores médios estimados de y entre mulheres e homens, após ajustar para os outros x.

Se temos uma **variável nominal** explanatória (Cap. 1) com mais de duas categorias de resposta, precisamos criar um certo número de **variáveis fictícias** ou **variáveis indicadoras**[1]. Em geral, para uma variável nominal com k categorias, criamos $k - 1$ variáveis fictícias binárias. Escolhemos uma das categorias para representar nossa *categoria de referência*, e cada variável fictícia nos permite comparar uma das $k - 1$ categorias restantes da variável com a categoria de referência. Por exemplo, podemos estar interessados em comparar os níveis médios de pressão sistólica em indivíduos que vivem em quatro países da Europa (Holanda, Reino Unido, Espanha e França). Suponha que escolhemos a Holanda para nossa categoria de referência. Geramos uma variável binária para identificar aqueles que vivem no Reino Unido; essa variável assume o valor 1 se o indivíduo vive no Reino Unido e, caso contrário, 0. Depois, da mesma forma, geramos variáveis binárias para identificar aqueles que vivem na Espanha e na França. Por padrão, aqueles que vivem na Holanda podem então ser identificados porque têm o valor 0 em cada uma das três variáveis binárias. Numa análise de regressão linear múltipla, o coeficiente de regressão para cada um dos outros três países representa o quanto Y (pressão sistólica) difere, em média, dentre aqueles que vivem no país relevante, *em comparação* àqueles que vivem na Holanda. A interseção fornece uma estimativa da pressão sistólica média para aqueles que vivem na Holanda (quando todas as outras variáveis explanatórias têm valor zero). Alguns programas de computador criarão variáveis fictícias automaticamente quando se especifica que a variável é categórica.

Se temos uma **variável ordinal** explanatória, e às suas três ou mais categorias podem ser atribuídos valores numa escala linear significativa (por exemplo, classes sociais 1 – 5), podemos, então, usar esses valores diretamente na equação da regressão linear múltipla (ver também o Cap. 33) ou gerar uma série de variáveis fictícias como para uma variável nominal (mas isso não usa a ordenação das categorias).

Análise de covariância

Uma extensão da análise de variância (ANOVA, Cap. 22) é a **análise de covariância**, na qual comparamos a resposta de interesse entre grupos de indivíduos (por exemplo, dois ou mais grupos de tratamento) quando se consideram outras variáveis mensuradas em cada indivíduo. Tais dados podem ser analisados usando-se técnicas de regressão linear múltipla, criando-se uma ou mais variáveis binárias fictícias para diferenciar os grupos. Assim, se desejamos comparar os valores médios de y em dois grupos de tratamento, ao passo que controlamos o efeito das variáveis x_2, x_3... x_k (por exemplo, idade, peso...), criamos uma variável binária x_1, a fim de representar "tratamento" (por exemplo, $x_1 = 0$ para o tratamento A, $x_1 = 1$ para o tratamento B). Na equação da regressão linear múltipla, b_1 é a diferença estimada nas respostas médias sobre y, entre os tratamentos B e A, ajustando-se para os outros x.

A análise de covariância é a análise preferida para um teste controlado randomizado, que compara tratamentos quando cada indivíduo do estudo tem uma mensuração de linha de base e de acompanhamento pós-tratamento. Nesse caso, a variável de resposta, y, é a mensuração de acompanhamento, e duas das variáveis explanatórias no modelo de regressão são uma variável binária representando o tratamento, x_1, e o nível de base do indivíduo no início do estudo, x_2. Essa abordagem é em geral melhor (isto é, tem maior poder – ver o Cap. 36) do que usar, como variável de resposta, a alteração a partir da linha de base ou a alteração da porcentagem a partir do acompanhamento.

Escolha de variáveis explanatórias

Como regra geral, não devemos efetuar uma análise de regressão linear múltipla se o número de variáveis é maior que o número de indivíduos dividido por 10. A maioria dos programas de computador tem procedimentos automáticos para selecionar variáveis, por exemplo, seleção escalar (Cap. 33). Eles são particularmente úteis quando muitas das variáveis explanatórias estão relacionadas. Um problema particular surge quando há presença de **colinearidade**, por exemplo, quando pares de variáveis explanatórias têm correlação extremamente alta (Cap. 34).

Análise

A maioria dos resultados de computador contém os itens a seguir.

- *Avaliação da perfeição do ajuste*: o $\boldsymbol{R^2}$ *ajustado* representa a proporção (freqüentemente expressa como uma porcentagem) da variabilidade de y, que pode ser explicada por sua relação com os x. R^2 é ajustado de maneira que modelos com diferentes números de variáveis explanatórias possam ser comparados. Se ele tem um valor baixo (julgado subjetivamente), o modelo é um ajuste precário. A perfeição do ajuste é em particular importante quando usamos a equação de regressão linear múltipla para predição.
- *Teste* F *na tabela de análise de variância (ANOVA)*: isso testa a hipótese de nulidade, de que todos os coeficientes de regressão parcial na população, β_1, β_2... β_k, são zero. Um resultado significante indica que existe uma relação linear entre y e pelo menos um dos x.
- *Teste* t *de cada coeficiente de regressão parcial,* β_i *(i = 1, 2,..., k)*: cada teste t se relaciona a uma variável explanatória, e é relevante se desejarmos determinar se essa variável explanatória afeta a variável de resposta, ao passo que controlamos os efeitos das outras covariadas. Para testar H_0: $\beta_i = 0$, calculamos a estatística de teste $= \frac{b}{EP(b_i)}$, que segue a distribuição t com (n – *número de variáveis explanatórias* – 1) graus de liberdade. O resultado de computador inclui os valores de cada b_i, EP (b_i) e a estatística de teste correlata com seu valor P. Às vezes, o intervalo de confiança de 95% para β_i é incluído; caso contrário, ele pode ser calculado como $b_i \pm t_{0,05}$ EP(b_i).

Outliers e pontos influentes

Como foi discutido brevemente no Capítulo 28, um ***outlier*** (uma observação inconsistente com a maioria dos valores do conjunto de dados [Cap. 3]) pode, ou não, ser *influente* (ou seja, afetar as estimativas de parâmetro do modelo se omitido). Um *outlier* e/ou uma observação influente pode ter uma das características a seguir, ou as duas:

978-85-7241-701-3

- Um grande **residual** (um residual é a diferença entre os valores predito e observado da variável de resultado, y, para o[s] valor[es] da variável explanatória daquele indivíduo).
- Forte **alavancagem**, quando o valor de x (ou conjunto de x) do indivíduo está muito longe do valor médio de x (ou conjunto de x). Valores de grande alavancagem podem ser tomados como aqueles maiores que $2(k + 1)/n$, em que k é o número de variáveis explanatórias no modelo e n é o número de indivíduos no estudo.

Vários métodos estão disponíveis para investigar a **sensibilidade do modelo** – até que ponto as estimativas são afetadas por subconjuntos dos dados. Podemos determinar observações influentes suspeitas, por exemplo, (1) investigando os indivíduos com grandes residuais, forte alavancagem e/ou valores da *distância de Cook* (uma medida global de influência que incorpora valores residuais e de alavancagem) maior que um, ou (2) examinando plotagens diagnósticas especiais nas quais pontos de influência se tornam aparentes.

REFERÊNCIA BIBLIOGRÁFICA

1 Armitage, P., Berry, G. e Matthews, J.N.S. (2001) *Statistical Methods in Medical Research*, 4th edn. Blackwell Science (UK).

Exemplo

No Capítulo 28, estudamos a relação entre pressão sistólica e altura em 100 crianças. Sabe-se que altura e peso estão positivamente correlacionados. Portanto, efetuamos uma *análise* de **regressão linear múltipla** para investigar os efeitos de altura (cm), peso (kg) e sexo (0 = menino, 1 = menina) sobre a pressão sistólica (mmHg) nessas crianças. As premissas subjacentes a essa análise são verificadas nas Figuras. 29.1 a 29.4.

Um resultado típico de análise desses dados por computador aparece no Apêndice C. A tabela de análise de variância indica que pelo menos uma das variáveis explanatórias está relacionada à pressão sistólica (F = 14,95 com 3 e 96 graus de liberdade, respectivamente, no numerador e no denominador, P = 0,0001). O valor de R^2 ajustado, 0,2972, indica que 29,7% da variabilidade da pressão sistólica pode ser explicada pelo modelo – ou seja, por diferenças em altura, peso *e* sexo das crianças. Dessa forma, isso provê um ajuste muito melhor aos dados do que a regressão linear simples do Capítulo 28, na qual R^2 = 0,11. O resultado típico de computador contém a informação na tabela a seguir, sobre as variáveis explanatórias do modelo.

A equação da regressão linear múltipla é estimada por:

PS = 79,44 – (0,03 × altura) + (1,18 × peso) + (4,23 × sexo)

A relação entre peso e pressão sistólica é altamente significante (P < 0,0001), estando um incremento de um quilo em peso associado a um incremento médio de 1,18mmHg na pressão sistólica, após ajuste para altura e sexo. Entretanto, após o ajuste para o peso e o sexo da criança, a relação entre a altura e a pressão sistólica se torna não-significante (P = 0,86). Isso sugere que a relação significante entre altura e pressão sistólica, na análise de regressão simples, reflete o fato de crianças mais altas tenderem a ser mais pesadas do que crianças mais baixas. Existe uma relação significante (P = 0,01) entre sexo e pressão sistólica; a pressão sistólica tende a ser 4,23mmHg mais alta, em média, nas meninas

978-85-7241-701-3

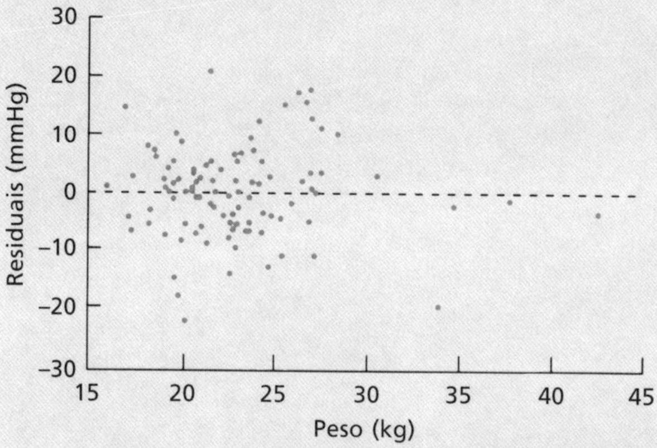

Figura 29.1 – Não existe qualquer padrão sistemático para os residuais quando plotados contra o peso. (Note que, similarmente à Fig. 28.2, uma plotagem dos residuais deste modelo contra a altura também não exibe qualquer padrão sistemático).

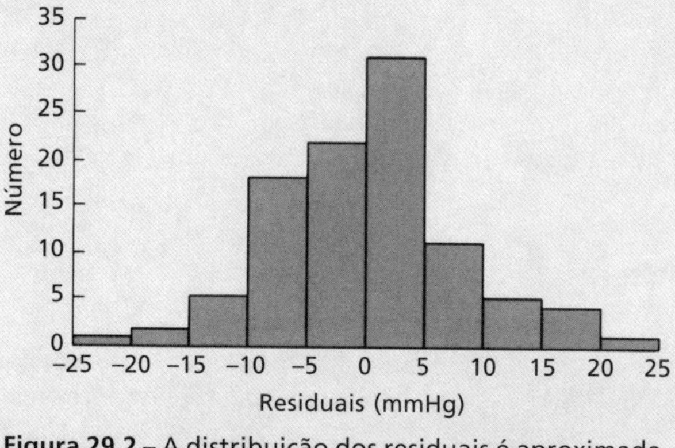

Figura 29.2 – A distribuição dos residuais é aproximadamente Normal e a variância é um pouco menor que aquela do modelo de regressão simples (Cap. 28), refletindo o ajuste aprimorado do modelo de regressão linear múltipla sobre o modelo simples.

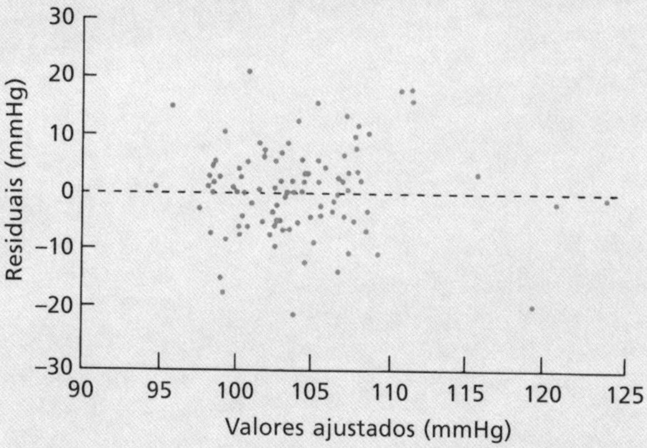

Figura 29.3 – Como no modelo univariável, não existe tendência dos residuais de aumentarem ou diminuírem sistematicamente com valores ajustados. Decorre que a premissa de variância constante é satisfeita.

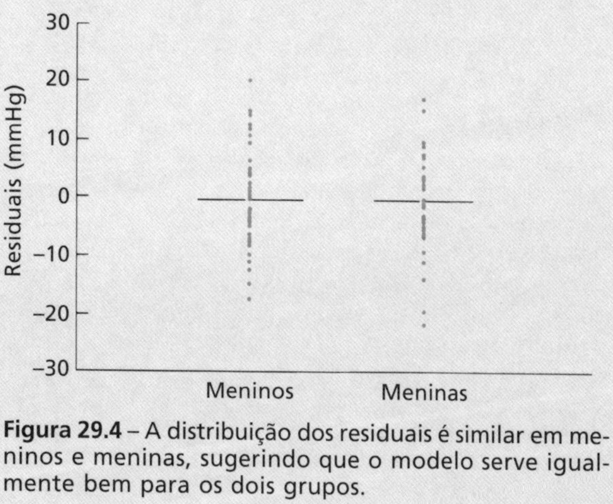

Figura 29.4 – A distribuição dos residuais é similar em meninos e meninas, sugerindo que o modelo serve igualmente bem para os dois grupos.

(Continua)

Exemplo (*Continuação*)

que nos meninos, mesmo após consideradas possíveis diferenças de altura e peso. Portanto, tanto o peso quanto o sexo são preditores independentes da pressão sistólica de uma criança.

Podemos calcular as pressões sistólicas esperadas para crianças de determinados pesos e alturas. Se a primeira criança mencionada no Capítulo 28, que mede 115cm de altura, é uma menina e pesa 37kg, ela tem agora uma pressão sistólica predita estimada de 79,44 – (0,03 × 115) + (1,18 × 37) + (4,23 × 1) = 123,88mmHg (maior que os 101,48mmHg preditos no Cap. 28); se a segunda criança, que mede 130cm de altura, é um menino e pesa 30kg, ela tem agora uma pressão sistólica predita estimada de 79,44 – (0,03 × 130) + (1,18 × 30) + (4,23 × 0) = 110,94mmHg (maior que os 108,68mmHg preditos no Cap. 28).

Variável	Estimativa do Parâmetro	Erro Padrão	IC de 95% para o Parâmetro	Estatística de Teste	Valor *P*
Interseção	79,4395	17,1182	(45,89 a 112,99)	4,6406	0,0001
Altura	-0,0310	0,1717	(-0,37 a 0,31)	-0,1807	0,8570
Peso	1,1795	0,2614	(0,67 a 1,69)	4,5123	0,0001
Sexo	4,2295	1,6105	(1,07 a 7,39)	2,6261	0,0101

IC = intervalo de confiança.

978-85-7241-701-3

30 Resultados binários e regressão logística

Raciocínio

A regressão logística é muito similar à regressão linear; utilizamos essa regressão quando temos um *resultado binário* de interesse (por exemplo, a presença/ausência de um sintoma ou um indivíduo que tem/não tem uma doença) e diversas variáveis explanatórias. A partir da equação de regressão logística, podemos determinar quais variáveis explanatórias influenciam o resultado e, usando os valores das variáveis explanatórias de um indivíduo, podemos avaliar a probabilidade de que ele tenha um determinado resultado.

Iniciamos criando uma variável binária para representar os dois resultados (por exemplo, "tem doença" = 1, "não tem doença" = 0). Entretanto, não podemos usá-la como a variável dependente numa análise de regressão linear, uma vez que a premissa de Normalidade é violada e não podemos interpretar valores preditos diferentes de zero ou de um. Assim, em vez disso, tomamos a probabilidade, p, de que um indivíduo seja classificado na categoria de maior código (isto é, tem doença) como a variável dependente e, para sobrepujar dificuldades matemáticas, usamos sua transformação logística ou logit (Cap. 9) na equação de regressão. O logit dessa probabilidade é o logaritmo natural (ou seja, na base e) da probabilidade de "doença", isto é,

$$logit(p) = \ln \frac{p}{1-p}$$

978-85-7241-701-3

Equação de regressão logística

Um processo iterativo, denominado probabilidade máxima (Cap. 32), em vez da comum regressão dos quadrados mínimos (portanto, não podemos usar *software* para regressão linear), produz, a partir dos dados da amostra, uma *equação* de **regressão logística** da forma:

$$logit(p) = a + b_1x_1 + b_2x_2 + ... + b_kx_k$$

- x_i é a i-ésima variável explanatória (i = 1, 2, 3... k).
- p é o valor estimado da probabilidade verdadeira de que um indivíduo com um conjunto específico de valores para x_1,..., x_k tenha a doença. p corresponde à proporção com a doença; ele tem uma distribuição binomial subjacente (Cap. 8).
- a é o termo constante estimado.
- b_1, b_2... b_k são os **coeficientes de regressão logística** estimados. O exponencial de um determinado coeficiente, por exemplo e^{b_1}, é uma estimativa da ***odds ratio*** (Cap. 16). Para um determinado valor de x_1, ele é a probabilidade estimada de doença para (x_1 + 1), relativa à probabilidade estimada de doença para x_1, ajustando-se para todos os demais x na equação. Se a *odds ratio* é igual a um (unidade), então, essas duas probabilidades são iguais. Um valor de *odds ratio* acima de um indica uma probabilidade aumentada de ter a doença, e um valor abaixo de um indica uma probabilidade diminuída de ter a doença, à medida que x_1 aumenta em uma unidade. Quando a doença é rara, a *odds ratio* pode ser interpretada como um **risco relativo**.

Podemos manipular a equação de regressão logística para estimar a probabilidade de um indivíduo ter a doença. Para cada indivíduo com um conjunto de valores de covariadas para x_1, x_2... x_k, calculamos:

$$z = a + b_1x_1 + b_2x_2 + ... + b_kx_k$$

Então, a probabilidade de o indivíduo ter a doença é estimada como:

$$p = \frac{e^z}{1 + e^z}$$

Como o modelo de regressão logística é ajustado numa escala logarítmica, os efeitos dos x_i são *multiplicativos* sobre a probabilidade de doença. Isso significa que seu efeito combinado é o produto dos seus efeitos separados (ver Exemplo). Isso é diferente da situação, em regressão linear, em que os efeitos dos x_i sobre a variável dependente são aditivos.

Resultado do computador

Para cada variável explanatória

O resultado abrangente do computador para uma análise de regressão logística inclui, para cada variável explanatória, o coeficiente de regressão logística estimado com erro padrão, a *odds ratio* estimada (isto é, o exponencial do coeficiente) com um intervalo de confiança para seu valor verdadeiro, e uma **estatística de teste de Wald** (testando a hipótese de nulidade de que o coeficiente de regressão logística relevante é zero, o que equivale a testar a hipótese de que a *odds ratio* de "doença" associada a essa variável é a unidade) e valor P associado. Usamos essa informação para determinar se, e quanto, cada variável está relacionada ao resultado de interesse (ou seja, doença). Procedimentos automáticos de seleção (Cap. 33) podem ser usados, como na regressão linear múltipla, para selecionar a melhor combinação de variáveis explanatórias. Como regra geral para o número máximo de variáveis explanatórias a incluir no modelo, o número de respostas em cada uma das categorias que definem o resultado (isto é, presença/ausência de um sintoma) deve ser no mínimo dez vezes maior que o número de variáveis[1].

Para avaliar a adequação do modelo

Em geral, o interesse está centrado em examinar as variáveis explanatórias e seu efeito sobre o resultado. Essa informação está rotineiramente disponível em todos os programas estatísticos avançados para computador. Todavia, entre os programas existem inconsistências quanto à maneira de avaliação da adequação do modelo e à maneira de sua descrição. O resultado do seu computador pode conter, de uma forma ou de outra, os itens a seguir.

- *Uma quantidade denominada **probabilidade -2log, estatística de taxa de probabilidade (ETP)** ou **desvio***: ela tem uma distribuição aproximadamente qui-quadrado e indica quão precariamente o modelo se ajusta a todas as variáveis explanatórias (um resultado significante indica predição precária – Cap. 32).
- *O **qui-quadrado do modelo** ou o qui-quadrado para covariadas*: isso testa a hipótese de nulidade, de que todos os coeficientes de regressão no modelo são iguais a zero (Cap. 32). Um resultado significante sugere que pelo menos uma covariada está significantemente associada à variável dependente.
- *Porcentagens de indivíduos corretamente preditas como "com doença" ou "sem doença" pelo modelo*: essa informação pode estar numa tabela de classificação.
- *Um **histograma***: ele tem as probabilidades preditas ao longo do eixo horizontal e usa símbolos (como 1 e 0) para designar o grupo ("com doença" ou "sem doença") ao qual um indivíduo pertence. Um bom modelo separa os símbolos em dois grupos, com pequena ou nenhuma superposição.
- *Índices de eficiência preditiva*: eles não estão rotineiramente disponíveis em todo programa de computador, mas podem incluir as proporções de **falsos positivos** e **falsos negativos**, além da **sensibilidade** e da **especificidade** do modelo (Cap. 38). Nosso conselho é pesquisar em textos mais avançados para informações adicionais[2].

Comparação da *odds ratio* com o risco relativo

Embora a *odds ratio* seja com freqüência tomada como uma estimativa do risco relativo, ela só terá um valor similar se o resultado for raro. Quando o resultado não é raro, a *odds ratio* será maior que o risco relativo se ele for maior que um, e menor que o risco relativo nos demais casos. Embora a *odds ratio* seja menos facilmente interpretada do que o risco relativo, ela tem propriedades estatísticas atraentes, sendo, por isso, geralmente preferida (e deve ser usada num estudo de controle de caso quando o risco relativo não pode ser estimado diretamente [Cap. 16]).

Regressão logística multinomial e ordinal

A **regressão logística multinomial** (também denominada *policotômica*) e a **regressão logística ordinal** são extensões da regressão logística; utilizamos essa regressão quando temos uma **variável dependente categórica** com mais de duas categorias. Quando a variável dependente é *nominal* (Cap. 1) (por exemplo, o paciente tem um de três distúrbios lombares: hérnia de disco lombar, dor lombar baixa crônica, ou dor lombar baixa aguda), usamos a **regressão logística multinomial**. Quando a variável dependente é *ordinal* ou classificada (por exemplo, dor branda, moderada ou forte), usamos a **regressão logística ordinal**. Esses métodos são complexos, e você deve pesquisar textos mais avançados[3] e/ou buscar aconselhamento de um especialista se desejar usá-los. Como alternativa simples, podemos combinar as categorias de alguma maneira adequada para criar uma nova variável de resultado binária, e então efetuar a análise de regressão logística usual de duas categorias (reconhecendo que essa abordagem pode ser carente de informações). A decisão sobre como combinar as categorias deve ser tomada antecipadamente, antes de olhar os dados, para evitar tendenciosidade.

Regressão logística condicional

Podemos usar a **regressão logística condicional** quando temos indivíduos *pareados* (como no **estudo de controle de caso** *pareado* [Cap. 6]) e desejamos ajustar para fatores possivelmente confundentes. A análise de um estudo de controle de caso pareado, usando a regressão logística convencional ou os métodos descritos no Capítulo 16, é ineficiente e carece de poder, porque nenhum deles reconhece que os casos e os controles estão interligados. A regressão logística condicional nos permite comparar casos com controles no mesmo "conjunto" pareado (ou seja, cada par no caso de pareamento um-a-um). Nessa situação, o "resultado" é definido pelo fato de o paciente ser um caso (geralmente codificado como 1) ou um controle (geralmente codificado como 0). Embora programas estatísticos avançados de computador possam, às vezes, permitir efetuar regressão logística condicional de forma direta, pode ser necessário usar o **modelo de regressão de riscos proporcionais de Cox** (Cap. 44).

978-85-7241-701-3

REFERÊNCIAS BIBLIOGRÁFICAS

1 Peduzzi, P., Concato, J., Kemper, E., Holford, T.R. & Feinstein, A. R. (1996). A simulation study of the number of events per variable in logistic regression analysis. *Journal of Clinical Epidemiology* **49**: 1373-9.

2 Menard S. (1995). Applied logistic regression analysis. In: *Sage University Paper Series on Quantitative Applications in the Social Sciences, Series* no. 07-106. Sage University Press, Thousand Oaks, California.

3 Ananth, C. V. and Kleinbaum, D. G. (1997). Regression methods for ordinal responses: a review of methods and applications. *International Journal of Epidemiology* **27**: 1323-33.

Exemplo

Num estudo da relação entre infecção por vírus de herpes humano tipo 8 (HHV-8) (descrita no Capítulo 23) e comportamento sexual, 271 homens homo/bissexuais foram questionados sobre suas histórias pregressas de várias doenças sexualmente transmitidas (gonorréia, sífilis, herpes *simplex* tipo 2 [HSV-2] e vírus da imunodeficiência humana [HIV]). No Capítulo 24, mostramos que homens com história de gonorréia tinham maior soroprevalência de HHV-8 do que aqueles sem história pregressa de gonorréia. Uma análise de **regressão logística** multivariável foi efetuada para investigar se esse efeito era simplesmente um reflexo dos relacionamentos entre HHV-8 e as outras infecções e/ou a idade do homem. As variáveis explanatórias foram a presença de cada uma das quatro infecções, cada qual codificada como "0", quando o paciente não tinha história daquela infecção, ou "1" quando ele tinha história daquela infecção, e a idade do paciente em anos.

Um resultado de computador típico é mostrado no Apêndice C. Ele mostra que o qui-quadrado para as covariadas é igual a 24,598 em 5 graus de liberdade (P = 0,0002), indicando que pelo menos uma das covariadas está significantemente associada ao *status* sérico de HHV-8. A tabela a seguir resume as informações sobre cada variável do modelo.

978-85-7241-701-3

Esses resultados indicam que a positividade para HSV-2 (P = 0,04) e o *status* de HIV (P = 0,007) estão independentemente associados à infecção por HHV-8; indivíduos soropositivos para HSV-2 têm 2,21 vezes (= exp[0,7910]) a probabilidade de serem soropositivos para HHV-8 em relação àqueles soronegativos para HSV-2, após o ajuste para as outras infecções. Em outras palavras, a probabilidade de soropositividade para HHV-8 nesses indivíduos está aumentada em 121%. O limite superior do intervalo de confiança para essa *odds ratio* mostra que essa probabilidade aumentada pode chegar a 371%. Infecção por HSV-2 é um marcador bem documentado de atividade sexual. Assim, em vez de o HSV-2 ser uma causa de infecção por HHV-8, a associação pode ser um reflexo da atividade sexual do indivíduo.

Além disso, o efeito multiplicativo do modelo sugere que um homem soropositivo para HSV-2 e HIV tem, estimativamente, 2,206 × 5,133 = 11,3 vezes a probabilidade de infecção por HHV-8, em comparação com um homem soronegativo para ambos, após o ajuste para as outras infecções.

Além disso, existe a tendência de uma história de sífilis estar associada ao *status* sérico de HHV-8. Embora isso seja marginalmente não-significante (P = 0,09), devemos notar que o intervalo de confiança inclui valores para a *odds ratio* que chegam a 13,28. Em contraste, não existe indicação de uma relação independente entre uma história de gonorréia e soropositividade para HHV-8, sugerindo que essa variável pareceu, pelo teste de qui-quadrado (Cap. 24), estar associada ao *status* sérico de HHV-8, em razão de muitos homens com história pregressa de uma das outras doenças sexualmente transmitidas também terem história de gonorréia. Não existe relação significante entre soropositividade para HHV-8 e idade; a *odds ratio* indica que a probabilidade estimada de soropositividade para HHV-8 aumenta em 0,6% para cada ano adicional de vida.

A probabilidade de um homem de 51 anos de idade ter infecção por HHV-8, caso tenha gonorréia e é positivo para HSV-2 (mas não tem sífilis e não é positivo para HIV), é estimada em 0,35, ou seja, ela é exp{–0,6077}/{1 + exp = (–0,6077)} em que –0,6077 = 0,2242 + 0,5093 + 0,7910 + (0,0062 × 51).

Variável	Estimativa do Parâmetro	Erro Padrão	Qui-quadrado de Wald	Valor P	*Odds Ratio* Estimada	IC de 95% para a *Odds Ratio*
Interseção	–2,2242	0,6512	11,6670	0,0006	–	–
Gonorréia	0,5093	0,4363	1,3626	0,2431	1,664	(0,71 - 3,91)
Sífilis	1,1924	0,7111	2,8122	0,0935	3,295	(0,82 - 13,28)
Positividade para HSV-2	0,7910	0,3871	4,1753	0,0410	2,206	(1,03 - 4,71)
HIV	1,6357	0,6028	7,3625	0,0067	5,133	(1,57 - 16,73)
Idade	0,0062	0,0204	0,0911	0,7628	1,006	(0,97 - 1,05)

HIV = vírus da imunodeficiência humana; HSV-2 = herpes *simplex* tipo 2; IC = intervalo de confiança.

31 Taxas e regressão de Poisson

Taxas

Em qualquer estudo longitudinal (Cap. 12) que investiga a ocorrência de um evento (tal como morte), devemos levar em conta o fato de que os indivíduos são em geral acompanhados durante diferentes intervalos de tempo. Isso pode ocorrer porque alguns indivíduos abandonam o estudo ou porque indivíduos ingressam o estudo em diferentes momentos e, portanto, os tempos de acompanhamento de diferentes pessoas podem variar ao final do estudo. Uma vez que aqueles com maior tempo de acompanhamento têm mais probabilidade de sofrer o evento do que aqueles com acompanhamento mais curto, consideramos a **taxa** de ocorrência do evento *por pessoa por período de tempo*. Com freqüência, a unidade que representa um período de tempo conveniente é um ano (mas poderia ser um minuto, dia, semana etc.). Então, a taxa do evento por pessoa anualmente (isso é, por **pessoa-ano de acompanhamento**) é estimada por:

$$\textbf{Taxa} = \frac{\text{Número de eventos que ocorrem}}{\text{Número total de anos de acompanhamento para todos os indivíduos}} = \frac{\text{Número de eventos que ocorrem}}{\text{Pessoas – ano de acompanhamento}}$$

A duração do acompanhamento de cada indivíduo é geralmente definida como o tempo a partir de quando ele entra no estudo até o tempo em que o evento ocorre ou que o estudo termina, se o evento não ocorrer. O tempo total de acompanhamento é a soma de todos os tempos de acompanhamento de todos os indivíduos.

A taxa é denominada **taxa de incidência**, quando o evento é um caso novo (por exemplo, de doença), ou **taxa de mortalidade**, quando o evento é a morte. Quando a taxa é muito pequena, ela é com freqüência multiplicada por um *fator de conveniência*, como 1.000, e reexpressa como a taxa por 1.000 pessoas-ano de acompanhamento.

Características da taxa

- Ao calcular a taxa, não distinguimos entre as pessoas-ano de acompanhamento que ocorrem no mesmo indivíduo e aquelas que ocorrem em diferentes indivíduos. Por exemplo, as pessoas-ano de acompanhamento contribuídas por dez indivíduos, cada um dos quais é acompanhado durante um ano, será a mesma contribuída por uma pessoa acompanhada durante dez anos.
- Incluir, ou não, múltiplos eventos de cada indivíduo (isto é, quando o evento ocorre em mais de uma ocasião) depende da hipótese de interesse. Se estamos interessados somente em primeiros eventos, o acompanhamento precisa cessar quando o indivíduo sofre seu primeiro evento, uma vez que, após isso, o ele não tem mais risco de primeiro evento. Quando múltiplos eventos do mesmo indivíduo são incluídos no cálculo da taxa, temos uma forma especial de *dados agrupados* (Cap. 41), de modo que precisam ser usados métodos estatísticos adequados (Cap. 41 e 42).
- Uma taxa não pode calculada num estudo transversal (Cap. 12), uma vez que esse tipo de estudo não envolve tempo.

Comparação da taxa com o risco

O **risco** de um evento (Cap. 15) é simplesmente o número total de eventos dividido pelo número de indivíduos incluídos no estudo no início da investigação, sem qualquer compensação pela duração do acompanhamento. Como resultado, o risco do evento será maior quando indivíduos são acompanhados durante um tempo mais longo, uma vez que eles terão mais oportunidade de sofrer o evento. Em contraste, a **taxa** do evento deve permanecer relativamente estável nessas circunstâncias, uma vez que a taxa considera a duração do acompanhamento.

Taxas relativas

Podemos estar interessados em comparar a taxa de doença, num grupo de indivíduos expostos a algum fator de interesse ($\text{Taxa}_{\text{expostos}}$), com aquela num grupo de indivíduos não expostos ao fator ($\text{Taxa}_{\text{não-expostos}}$).

$$\text{Taxa relativa} = \frac{\text{Taxa}_{\text{expostos}}}{\text{Taxa}_{\text{não-expostos}}}$$

A taxa relativa (ou ***rate ratio***, às vezes denominada **proporção da taxa de incidência**) é interpretada de maneira similar à do **risco relativo** (Cap. 15) e da ***odds ratio*** (Cap. 16 e 30); uma taxa relativa de 1 (unidade) indica que a taxa de doença é a mesma nos dois grupos, uma taxa relativa maior que 1 indica que a taxa é mais alta naqueles expostos ao fator do que naqueles não expostos, e uma taxa relativa menor que 1 indica que a taxa é mais baixa no grupo exposto ao fator.

Embora a taxa relativa seja freqüentemente tomada como uma estimativa do risco relativo, a taxa relativa e o risco relativo só serão similares se o evento (por exemplo, doença) for raro. Quando o evento não é raro e os indivíduos são acompanhados durante variados períodos de tempo, a taxa, e, portanto, a taxa relativa, não é afetada por diferentes tempos de acompanhamento. Esse não é o caso para o risco relativo como risco e, portanto, o risco relativo se altera quando os indivíduos são acompanhados durante períodos mais longos. Decorre que a taxa relativa é sempre preferida quando os tempos de acompanhamento variam entre indivíduos no estudo.

978-85-7241-701-3

Regressão de Poisson

O que é?

A distribuição de Poisson (que recebe o nome de um matemático francês) é uma distribuição de probabilidades (Cap. 8) da contagem do número de eventos raros que ocorrem aleatoriamente ao longo de um intervalo de tempo (ou espaço), a uma taxa média constante. Isso forma a base da regressão de Poisson, usada para analisar a taxa de algum evento (por exemplo, doença) quando os indivíduos têm diferentes tempos de acompanhamento. Isso contrasta com a regressão logística (Cap. 30) ligada somente à ocorrência, ou não, do evento e usada para estimar taxas de probabilidades. Na regressão de Poisson, assumimos que a taxa do evento entre indivíduos com as mesmas variáveis explanatórias (por exemplo, idade e sexo) é constante ao longo de todo o tempo do estudo. Geralmente desejamos saber quais variáveis explanatórias influenciam a taxa de ocorrência do evento, e podemos desejar comparar essa taxa em diferentes grupos de exposição e/ou predizer a taxa para grupos de indivíduos com características específicas.

Equação e sua interpretação

O **modelo de regressão de Poisson** toma uma forma muito similar à do modelo de regressão logística (Cap. 30), ambos tendo uma combinação geralmente linear de variáveis explanatórias no lado direito da equação. A análise de regressão de Poisson também espelha a análise de regressão logística, no sentido de que transformamos a variável de resultado para sobrepujar dificuldades matemáticas. Usamos a transformação em log natural (ln) da taxa e um processo iterativo (probabilidade máxima, Cap. 32) para produzir uma equação de regressão estimada a partir dos dados da amostra, na forma:

978-85-7241-701-3

$$\ln(r) = a + b_1x_1 + b_2x_2 + ... + b_kx_k$$

- X_i é a *i*-ésima variável explanatória ($i = 1,2,3...k$);
- r é o valor estimado da taxa media ou esperada para um indivíduo com um grupo particular de valores para $x_1...x_k$;
- a é o termo constante estimado que fornece uma estimativa do valor de log quando todos os x da equação assumem o valor zero (o log da taxa de base);
- $b_1, b_2 ... b_k$ são os *coeficientes de regressão de Poisson* estimados. O exponencial de um coeficiente em particular, por exemplo, e^{b_1}, é a **taxa relativa** estimada associada à variável relevante. Para um valor particular de x_1, ele é a taxa estimada de doença para (x_1 +1), com relação à taxa estimada de doença para x_1, ao passo que se ajusta para todos os outros x da equação. Se a taxa relativa é igual a um (unidade), então, as taxas de eventos são as mesmas quando x_1 aumenta em uma unidade de cada vez. Um valor de taxa relativa acima de um indica uma taxa de evento aumentada, e um valor abaixo de um indica uma taxa de evento diminuída, conforme x_1 aumenta em uma unidade.

Do mesmo modo que na regressão logística, os modelos de regressão de Poisson enquadram-se numa escala log. Dessa forma, os efeitos dos x são *multiplicativos* na taxa de doença.

Podemos manipular a equação de regressão de Poisson, para estimar a taxa de evento para um individuo, com uma combinação particular de valores de $x_1....x_k$. Para cada grupo de valores covariados de $x_1... x_k$, calculamos:

$$z = a + b_1x_1 + b_2x_2 + ... + b_kx_k$$

Portanto, a taxa de evento para esse indivíduo é estimada como e^z.

Uso de um deslocamento

Embora modelemos a taxa de ocorrência do evento (isto é, o número de eventos dividido por pessoas-ano de acompanhamento), a maioria dos programas estatísticos exige que você especifique, como variável dependente, o número de eventos que ocorrem, em vez da própria taxa. O log das pessoas-ano de acompanhamento de cada indivíduo é, então, incluído no modelo como um **deslocamento**. Assumindo que só estamos interessados em incluir um único evento por pessoa, o número de eventos que ocorre em cada indivíduo tomará a forma do valor 0 (se o evento não ocorreu) ou 1 (se o evento ocorreu). Isso proporciona uma formulação um pouco diferente do modelo, permitindo que as estimativas sejam geradas de maneira menos computacionalmente intensa. Os resultados a partir do modelo, porém, são exatamente os mesmos que seriam se a taxa fosse modelada.

Inserir dados para grupos

Note que, quando todas as variáveis explanatórias são categóricas, podemos usar o fato de que o cálculo da taxa não distingue entre pessoas-ano de acompanhamento que ocorrem no mesmo indivíduo, e aqueles que ocorrem em diferentes indivíduos, para simplificar o processo de alimentação de dados. Por exemplo, podemos estar interessados no efeito de somente duas variáveis explanatórias, sexo (masculino ou feminino) e idade (menor que 16, entre 16 e 20 e entre 21 e 25 anos), sobre a taxa de algum evento. Entre elas, essas duas variáveis definem seis grupos (por exemplo, homens com menos de 16 anos de idade, mulheres com menos de 16 anos de idade... mulheres com 21 a 25 anos de idade). Podemos simplificar a entrada desses dados determinando o numero total de eventos para todos os indivíduos dentro do mesmo grupo, e o total de pessoas-ano de acompanhamento para esses indivíduos. A taxa estimada em cada grupo é então calculada pelo o número total de eventos dividido por pessoas-ano de acompanhamento naquele grupo. Usando essa abordagem, em vez de inserir os dados de n indivíduos um por um, inserimos os dados de cada um dos seis grupos resultantes, incluindo no modelo as variáveis binárias e fictícias (Cap. 29) separadamente para sexo e idade. Note que, ao inserir os dados dessa maneira, não é possível acomodar covariadas numéricas para definir os grupos ou incluir no modelo uma covariada adicional que assume diferentes valores para os indivíduos de um grupo.

Incorporação de variáveis que se alteram ao longo do tempo

Dividindo-se o período de acompanhamento em intervalos menores, é possível incorporar ao modelo variáveis que *se alteram ao longo do tempo*. Por exemplo, podemos estar interessados em relacionar a história de tabagismo de homens de meia-idade com a taxa em que sofrem câncer de pulmão. Ao longo de um período extenso de acompanhamento, muitos desses homens podem deixar de fumar e suas taxas de câncer de pulmão podem, como resultado, diminuir. Assim, categorizar homens conforme seu *status* de tabagismo no início do estudo pode fornecer uma representação precária do impacto do *status* de tabagismo sobre o câncer de pulmão. Em vez disso, dividimos o acompanhamento de cada homem em intervalos curtos, de maneira que seu *status* de tabagismo permaneça constante em cada intervalo. Depois, efetuamos uma análise de regressão de Poisson, tratando a informação relevante de cada intervalo curto para cada homem (por exemplo, a ocorrência/não-ocorrência do evento, seu tempo de acompanhamento e seu *status* de tabagismo) como se ela fosse originada de um homem diferente.

Resultado do computador

Um resultado abrangente de computador para a análise de regressão de Poisson inclui, para cada variável explanatória, o coeficiente estimado de regressão de Poisson com erro padrão, a taxa relativa estimada (ou seja, o exponencial do coeficiente) com um intervalo de confiança para seu valor verdadeiro, e uma estatística de teste de Wald (que testa a hipótese de nulidade de que o coeficiente de regressão é zero ou, de forma equivalente, de que a taxa relativa de "doença" associada a essa variável é a unidade) e valor *P* associado. Como no resultado da regressão logística (Cap. 30), podemos avaliar a adequação do modelo usando a probabilidade –2log (estatística de taxa de probabilidade [ETP] ou desvio) e o qui-quadrado do modelo ou o qui-quadrado para as covariadas (ver também o Capítulo 32).

Variação extra-Poisson

Uma preocupação ao adaptar um modelo de regressão de Poisson é a possibilidade de **variação extra-Poisson**, que em geral implica em **superdispersão**. Isso ocorre quando a variância residual é maior da que seria esperada de um modelo de Poisson, talvez porque um *outlier* esteja presente (Cap. 3) ou porque uma variável explanatória importante não foi incluída no modelo. Então, os erros padrões são em geral subestimados e, como conseqüência, os intervalos de confiança para os parâmetros são estreitos demais e os valores *P* são pequenos demais. Uma maneira de investigar a possibilidade de superdispersão é dividir a probabilidade –2log (ETP ou desvio) pelos graus de liberdade, $n - k$, em que n é o número de observações no conjunto de dados e k é o número de parâmetros ajustados no modelo (incluindo o termo constante). Esse quociente deve ser aproximadamente igual a 1 se não houver variação extra-Poisson; valores substancialmente superiores a 1 podem indicar superdispersão. *Subdispersão*, quando a variância residual é menor do que seria esperado de um modelo de Poisson, e a taxa de probabilidade –2log com $n - k$ é substancialmente inferior a 1, também pode ocorrer (por exemplo, se contagens elevadas não podem ser registradas com precisão). Subdispersão e superdispersão também podem ser preocupantes ao se efetuar regressão logística (Cap. 30), sendo, então, denominadas **variação extra binomial**.

Alternativa para a análise de Poisson

Quando um grupo de indivíduos é acompanhado a partir de um "ponto de partida" natural (por exemplo, uma operação) até o tempo em que a pessoa desenvolve um ponto final de interesse, podemos usar uma abordagem alternativa conhecida como **análise de sobrevida**, a qual, em contraste com a regressão de Poisson, não assume que o "perigo" (a taxa do evento num intervalo pequeno) é constante ao longo do tempo. Essa abordagem é descrita em detalhes no Cap. 44.

Exemplo

Indivíduos com infecção por HIV, tratados com terapia anti-retroviral de grande atividade (HAART – *highly active anti-retroviral therapy*), geralmente sofrem um declínio da carga viral de HIV, atingindo níveis abaixo do limite de detecção do ensaio (uma *resposta inicial*). Entretanto, alguns desses indivíduos podem sofrer falência virológica após esse estágio; isso ocorre quando a carga viral de um indivíduo se torna novamente detectável durante a terapia. A identificação de fatores associados a uma taxa aumentada de falência virológica pode permitir a tomada de medidas para evitar essa ocorrência. Existe alguma preocupação de que a taxa de falência virológica possa aumentar com um tempo mais prolongado de terapia. Como os pacientes são acompanhados durante diferentes períodos de tempo, uma *análise de regressão de Poisson* é adequada.

Quinhentos e dezesseis pacientes que apresentaram resposta inicial à terapia foram identificados e acompanhados até o momento da falência virológica, ou até sua última data de acompanhamento, caso sua carga viral permanecesse suprimida nesse momento. O acompanhamento foi iniciado na primeira data em que sua carga viral se tornou indetectável. A variável explanatória de interesse primário era a duração do tratamento desde uma resposta inicial, mas essa era uma variável cujos valores se alteravam de forma constante para cada paciente, durante o período do estudo. Portanto, para investigar se a taxa de falência virológica se alterou ao longo do tempo, a duração do tratamento, desde uma resposta inicial, foi dividida em três intervalos de tempo: menos de um ano, entre um e dois anos, e mais de dois anos (isso criou 988 conjuntos de observações), com a premissa ampla de que a taxa de falência virológica era aproximadamente constante dentro de cada período. As taxas de falência dos três períodos foram, então, comparadas. Os dados (duração do acompanhamento no intervalo, ocorrência ou não de falência virológica no intervalo, variáveis explanatórias relevantes) foram alimentados numa planilha de cálculo para cada paciente, em todos os intervalos nos quais ele foi acompanhado. As variáveis explanatórias consideradas incluíam dados demográficos, estágio da doença no início da terapia, ano de início da HAART, e se o paciente havia ou não recebido tratamento no passado.

978-85-7241-701-3

978-85-7241-701-3

Exemplo (*Continuação*)

Para *limitar o número de covariadas* no modelo de regressão de Poisson multivariável, um modelo de regressão de Poisson univariável, separado para cada covariada, foi usado para identificar as covariadas associadas à falência virológica (Cap. 34).

Ao longo de um acompanhamento total de 718 pessoas-ano, 61 pacientes sofreram falência virológica, uma taxa de evento não-ajustada de 8,50 por 100 pessoas-ano (intervalo de confiança de 95%: 6,61, 10,92). As taxas de falência virológica não-ajustadas foram 8,13 (6,31, 10,95) no primeiro ano após resposta inicial à terapia, 12,22 (7,33, 17,12) no segundo ano, e 3,99 (1,30, 9,31) nos anos subseqüentes. Os resultados de um modelo de regressão de Poisson, o qual incorporava somente duas variáveis fictícias (Cap. 29) para refletir as categorias entre um e dois anos e mais de dois anos, cada qual comparada com menos de um ano, desde uma resposta inicial à terapia, sugeriram que o tempo decorrido desde a resposta virológica inicial estava significantemente associado à falência virológica ($P = 0{,}04$). Adicionalmente, o sexo do paciente ($P = 0{,}03$), sua contagem de CD8 de linha de base ($P = 0{,}01$) e o *status* de tratamento no início do regime atual (já havia recebido tratamento, nunca havia recebido tratamento, $P = 0{,}008$) estavam todos significantemente associados à falência virológica em modelos de Poisson univariáveis. Assim, uma análise de regressão de Poisson multivariável foi efetuada para avaliar a relação entre falência virológica e duração da terapia, após ajustar para essas outras variáveis. Os resultados são resumidos na Tabela 31.1; o resultado completo do computador é mostrado no Apêndice C.

Os *resultados* desse modelo multivariável sugeriram a existência de uma tendência de maior taxa de falência virológica no período de um a dois anos após a resposta inicial, em comparação com aquela observada no primeiro ano (a taxa de falência virológica aumentou em 53% no período de um a dois anos), mas uma taxa *menor* após o segundo ano (a taxa de falência virológica diminuiu em 44% nesse período, em comparação com aquela observada no primeiro ano após a resposta inicial), embora nenhum desses efeitos fosse estatisticamente significante. Após ajustar para todas as outras variáveis no modelo, os pacientes que estavam recebendo seu primeiro tratamento tiveram uma taxa estimada de falência virológica 44% inferior àquela dos pacientes que haviam recebido tratamento anteriormente, a taxa estimada de falência virológica em homens era 39% inferior à das mulheres (isso não era estatisticamente significante), e a taxa estimada de falência virológica era reduzida em 65% quando a contagem de CD8 na linha de base era 100 células/mm^3 maior.

Ver também os Exemplos nos Capítulos 32 e 33 para análises adicionais relacionadas a esse modelo de Poisson, incluindo avaliações de superdispersão, perfeição do ajuste e linearidade das covariadas.

Adaptado de trabalho desenvolvido pela Sra. Colette Smith, Department of Primary Care and Population Sciences, Royal Free and University College Medical School, London, UK.

Tabela 31.1 – Resultados de análise de regressão multivariável de Poisson, de fatores associados à falência virológica

Variável*	Estimativa do Parâmetro	Erro Padrão	Taxa Relativa Estimada	Intervalo de Confiança de 95% para a Taxa Relativa	Valor *P* de Wald**
Tempo desde a resposta inicial à terapia (anos)					
< 1	referência	–	1	–	–
1 – 2	0,4256	0,2702	1,53	0,90, 2,60	0,12
> 2	–0,5835	0,4825	0,56	0,22, 1,44	0,23
Status do tratamento					
Havia recebido tratamento anteriormente (0)	referência	–	1	–	
Nunca recebeu tratamento (1)	–0,5871	0,2587	0,56	0,33, 0,92	0,02
Sexo					
Feminino (0)	referência	–	1	–	
Masculino (1)	–0,4868	0,2664	0,61	0,36, 1,04	0,07
Contagem de CD8 (por 100 células/mm^3)	–1,0558	0,0267	0,35	0,33, 0,37	0,04

* Os códigos para variáveis binárias (sexo e *status* do tratamento) são mostrados entre parênteses. O tempo desde a resposta inicial à terapia foi incluído incorporando-se variáveis fictícias para refletir os períodos de um a dois anos e > 2 anos após a resposta inicial.

** Um método alternativo de avaliar a significância de variáveis categóricas com mais de duas categorias é descrito nos Capítulos 32 e 33.

32 Modelos lineares generalizados

A modelagem estatística inclui o uso de regressão linear simples e múltipla (Cap. 27 a 29), regressão logística (Cap. 30), regressão de Poisson (Cap. 31) e alguns métodos que lidam com dados de sobrevida (Cap. 44). Todos esses métodos se apóiam em gerar um *modelo matemático* que melhor descreve a relação entre um resultado e uma ou mais variáveis explanatórias. A geração de um modelo assim nos permite determinar até que ponto cada variável explanatória está relacionada ao resultado após ajustar para todas as outras variáveis explanatórias no modelo e, se desejado, predizer o valor do resultado a partir dessas variáveis explanatórias.

O **modelo linear generalizado (MLG)** pode ser expresso na forma

$$g(Y) = a + b_1x_1 + b_2x_2 + \dots + b_kx_k$$

em que Y é o valor estimado do valor predito, médio ou esperado da variável dependente que segue uma distribuição de probabilidades conhecida (por exemplo, Normal, binomial, Poisson); $g(Y)$, denominada **função de ligação**, é uma transformação de Y que produz uma relação linear com $x_1 \dots x_k$, as variáveis preditoras ou explanatórias; $b_1 \dots b_k$ são coeficientes de regressão estimados que se relacionam a essas variáveis explanatórias; e a é o termo constante.

Cada um dos modelos de regressão descritos em capítulos anteriores pode ser expresso como um tipo particular de MLG (Tabela 32.1). A função de ligação é o **logit** da proporção (por exemplo, o $\log_e$ das probabilidades) na regressão logística e o $\log_e$ da taxa na regressão de Poisson. Nenhuma transformação da variável dependente é exigida em regressão linear simples e múltipla; a função de ligação é, então, denominada *ligação de identidade*. Uma vez que você tenha especificado qual tipo de regressão deseja efetuar, a maioria dos programas estatísticos incorpora a função de ligação nos cálculos automaticamente, sem qualquer necessidade de especificação adicional.

Que tipo de modelo escolhemos?

A escolha de um modelo estatístico adequado dependerá do resultado de interesse (Tabela 32.1). Por exemplo, se nossa variável dependente é uma variável numérica contínua, podemos usar regressão linear simples ou múltipla para identificar fatores associados a essa variável. Se temos um resultado binário (por exemplo, paciente morreu ou não morreu) e todos os pacientes são acompanhados durante a mesma quantidade de tempo, a regressão logística seria a escolha adequada de modelo.

Note que podemos ser capazes de escolher um tipo diferente de modelo modificando o formato da nossa variável dependente. Em particular, se temos um resultado numérico contínuo, mas uma ou mais das premissas de regressão linear não são satisfeitas, podemos escolher categorizar nossa variável de resultado em dois grupos para gerar uma nova variável de resultado binária. Por exemplo, se nossa variável dependente é a pressão sistólica (uma variável numérica contínua), após um período de seis meses de terapia anti-hipertensiva, podemos escolher dicotomizar a pressão sistólica como alta ou baixa usando um determinado limiar e, então, usar regressão logística para identificar fatores associados a esse resultado binário. Embora dicotomizar a variável dependente dessa maneira possa simplificar o ajuste e a interpretação do modelo estatístico, alguma informação sobre a variável dependente será usualmente descartada. Portanto, as vantagens e desvantagens dessa abordagem devem ser sempre cuidadosamente consideradas.

978-85-7241-701-3

Tabela 32.1 – Escolha de tipos adequados de modelo linear generalizado (MLG) para uso com diferentes tipos de resultados

Tipo de Resultado	Tipo de MLG Comumente Usado	Ver Capítulo
Numérico contínuo	Linear simples ou múltiplo	28, 29
Binário		
Incidência de doença em estudo longitudinal (pacientes acompanhados durante períodos de tempo iguais)	Logístico	30
Resultado binário em estudo transversal	Logístico	30
Estudo de controle de caso não-pareado	Logístico	30
Estudo de controle de caso pareado	Logístico condicional	30
Resultado categórico com mais de duas categorias	Regressão logística multinomial ou ordinal	30
Taxa ou contagem de eventos	Poisson	31
Tempo para o evento*	Modelos exponencial, de Weibull ou de Gompertz	44

* Dados sobre tempo para o evento também podem ser analisados usando-se o modelo de regressão de perigos proporcionais de Cox (Cap. 44).

Probabilidade e estimativa da probabilidade máxima

Ao ajustar um MLG, geralmente usamos o conceito de **probabilidade** para estimar os parâmetros do modelo. Para qualquer MLG caracterizado por uma distribuição de probabilidades conhecida, um conjunto de variáveis explanatórias e alguns valores potenciais para cada um dos seus coeficientes de regressão, a probabilidade do modelo (L) é a *probabilidade* de que teríamos os *resultados observados* se os coeficientes de regressão tivessem assumido aqueles valores. Estimamos os coeficientes do modelo selecionando, para os coeficientes de regressão, os valores que maximizam L (isto é, eles são os valores com *maior probabilidade* de terem produzido os resultados observados); o processo é a **estimativa da probabilidade máxima (EPM)**, e as estimativas são a *probabilidade máxima estimada*. A EPM é um processo iterativo, portanto requer um programa de computador especializado. Uma exceção à EPM é o caso de modelos de regressão linear simples e múltipla (com a função de *link* de identidade), em que geralmente estimamos os parâmetros usando o **método dos quadrados mínimos** (as estimativas são com freqüência denominadas estimativas *quadrados mínimos ordinários [QMO]*; Cap. 27); nessa situação, as estimativas QMO e EPM são idênticas.

978-85-7241-701-3

Avaliação da adequação do ajuste

Embora a EPM maximize L para um dado conjunto de variáveis explanatórias, sempre podemos aprimorar L pela inclusão de variáveis explanatórias adicionais. No mais extremo, um **modelo saturado** é um modelo que inclui uma variável separada para cada observação do conjunto de dados. Embora um modelo assim pudesse explicar os dados perfeitamente, ele tem uso limitado na prática, uma vez que a predição de futuras observações desse modelo tem probabilidade de ser precária. O modelo saturado nos permite, contudo, calcular o valor de L que seria obtido se pudéssemos modelar os dados perfeitamente. A comparação desse valor de L com o valor obtido, após ajustar nosso modelo mais simples com menos variáveis, proporciona uma maneira de avaliar a *adequação do ajuste* do nosso modelo. Consideramos a **taxa de probabilidade** como a taxa do valor de L obtido do modelo saturado, em relação àquele obtido do modelo ajustado, para comparar esses dois modelos. Mais especificamente, calculamos a **estatística de taxa de probabilidade (ETP)** como:

$$\text{ETP} = -2 \times \frac{\log\left(L_{\text{saturado}}\right)}{\log\left(L_{\text{ajustado}}\right)} =$$

$$= -2 \times \left\{\log\left(L_{\text{saturado}}\right) - \log\left(L_{\text{ajustado}}\right)\right\}$$

A ETP, com freqüência denominada **probabilidade –2log** (Cap. 30 e 31) ou **desvio**, segue aproximadamente uma distribuição qui-quadrado com graus de liberdade iguais à diferença do número de parâmetros ajustados nos dois modelos (isto é, $n - k$, em que n é o número de observações no conjunto de dados e k é o número de parâmetros, incluindo a interseção, no modelo mais simples). A hipótese de nulidade é que os parâmetros extras no modelo saturado maior são todos zero; um valor grande da ETP dará um resultado significante, indicando que a perfeição do ajuste do modelo é precária.

A ETP também pode ser usada em outras situações. Em particular, a ETP pode ser usada para comparar dois modelos, nenhum dos quais é saturado, quando há um **modelo aninhado** no outro (ou seja, o modelo maior inclui, além de outras variáveis, todas as variáveis que estão incluídas no modelo menor). Nessa situação, a estatística de teste é a diferença entre o valor da ETP do modelo que inclui as variáveis extras, e aquela do modelo que não inclui essas variáveis extras. A estatística de teste segue uma distribuição qui-quadrado com graus de liberdade iguais ao número de parâmetros *adicionais* incluídos no modelo maior, e é usada para testar a hipótese de nulidade, de que todos os parâmetros associados às covariadas de um modelo são zero, comparando-se a ETP do modelo que inclui as covariadas àquela do modelo que não as inclui. Isso é na maioria das vezes denominado **qui-quadrado do modelo** ou *qui-quadrado para covariadas* (Cap. 30 e 31).

Diagnóstico de regressão

Ao efetuar qualquer forma de análise de regressão, é importante considerar uma série de diagnósticos de regressão. Eles nos permitem examinar nossos modelos de regressão ajustados, e procurar por falhas que possam afetar nossas estimativas de parâmetros e seus erros padrões. Em particular, precisamos considerar se as premissas subjacentes ao modelo são violadas (Cap. 28) e se nossos resultados são fortemente afetados por observações influentes (Cap. 29).

Exemplo

No exemplo do Capítulo 31, usamos testes de Wald para identificar fatores individuais associados a reativação virológica num grupo de 516 pacientes portadores de vírus da imunodeficiência humana (HIV) (com 988 conjuntos de observações) que haviam sido tratados com terapia anti-retroviral de grande atividade (HAART). Em particular, estávamos interessados em saber se a taxa de falência virológica aumentava ao longo do tempo, após controlar para outras variáveis potencialmente confundentes relacionadas à falência virológica. Embora o resultado de interesse primário fosse binário (o paciente sofreu falência virológica, o paciente não sofreu falência virológica), foi escolhido um modelo de regressão de Poisson em vez de um modelo logístico, uma vez que pacientes individuais foram acompanhados durante diferentes extensões de tempo. Portanto, a variável de resultado para a análise efetuada era uma taxa de evento. Neste capítulo, os valores *P* para as variáveis foram calculados usando **estatística de taxa de probabilidade**. Em particular, para calcular o valor *P* único, associado às duas variáveis fictícias que representavam o tempo desde a resposta inicial à terapia, dois modelos foram ajustados. O primeiro incluía as variáveis relacionadas ao *status* do tratamento (já havia recebido tratamento, nunca havia recebido tratamento), sexo e contagem de CD8 de linha de base (Modelo 1); o segundo incluía essas variáveis e também as duas variáveis fictícias (Modelo 2). A diferença entre os valores obtidos para a **probabilidade –2log** (ou seja, ETP ou desvio) de cada um dos modelos foi então considerada (Tabela 32.2). Um resultado completo de computador é mostrado no Apêndice C.

A inclusão das duas variáveis fictícias esteve associada a uma redução de 5,53 no valor da probabilidade –2log (= 393,12 – 387,59). Essa estatística de teste segue a distribuição qui-quadrado com dois graus de liberdade (porque dois parâmetros adicionais foram incluídos no modelo maior); o valor *P* associado a essa estatística de teste foi 0,06, indicando que a relação entre falência virológica e tempo decorrido desde a resposta inicial é marginalmente não-significante. O valor de probabilidade –2log para o Modelo 2 também nos permitiu avaliar a adequação de ajuste desse modelo, pela comparação do seu valor de probabilidade –2log com uma distribuição qui-quadrado com 982 graus de liberdade. O valor *P* obtido para essa comparação foi maior que 0,99, sugerindo que a perfeição do ajuste do modelo é aceitável. Todavia, deve-se notar que, após incluir essas cinco variáveis no modelo, houve alguma evidência de **subdispersão**, uma vez que a taxa de probabilidade –2log dividida por seus graus de liberdade foi 0,39, que é substancialmente menor que 1, sugerindo que a quantidade de variação residual era menor do que se esperaria de um modelo de Poisson (Cap. 31).

978-85-7241-701-3

Tabela 32.2 – Valores de probabilidade –2log, graus de liberdade e número de parâmetros ajustados em modelos que excluem e incluem o tempo decorrido desde a resposta inicial à terapia

Modelo	Variáveis Incluídas	Probabilidade –2log	Graus de Liberdade para o Modelo	Número de Parâmetros Ajustados no Modelo, Incluindo a Interseção
1	*Status* do tratamento, sexo e contagem de CD8 de linha de base	393,12	984	4
2	*Status* do tratamento, sexo, contagem de CD8 de linha de base e duas variáveis fictícias para tempo decorrido desde a resposta inicial à terapia	387,59	982	6

33 Variáveis explanatórias em modelos estatísticos

978-85-7241-701-3

Qualquer que seja o tipo de modelo estatístico que escolhemos, temos de tomar decisões sobre quais variáveis explanatórias incluir no modelo e a maneira mais adequada de incorporá-las. Essas decisões dependerão do tipo de variável explanatória (categórica nominal, categórica ordinal ou numérica) e da relação entre essas variáveis e a variável dependente.

Variáveis nominais explanatórias

Em geral, é necessário criar **variáveis fictícias** ou **variáveis indicadoras** (Cap. 29) para investigar o efeito de uma variável categórica nominal explanatória numa análise de regressão. Note que, ao avaliar a adequação do ajuste de um modelo que inclui uma variável nominal com mais de duas categorias, ou ao avaliar a significância dessa variável, é importante incluir *todas* as variáveis fictícias no modelo *ao mesmo tempo*; se não fizéssemos isso (ou seja, se só incluímos uma das variáveis fictícias para um nível específico da variável categórica), avaliaríamos apenas parcialmente o impacto dessa variável sobre o resultado. Por essa razão, é preferível julgar a significância da variável usando a estatística de **teste de taxa de probabilidade** (ETP – Cap. 32), e não considerando valores *P* individuais para cada uma das variáveis fictícias.

Variáveis ordinais explanatórias

No caso de termos uma variável ordinal com mais de duas categorias, podemos adotar uma de duas abordagens.

- Tratar a variável categórica como uma mensuração numérica contínua pela alocação de um valor numérico a cada categoria da variável. Essa abordagem usa totalmente a ordenação das categorias, mas em geral assume uma relação linear (quando os valores numéricos são igualmente espaçados) entre a variável explanatória e a variável dependente (ou uma transformação dela), e isso deve ser validado.
- Tratar a variável categórica como uma variável nominal explanatória, e criar para ela uma série de variáveis fictícias ou indicadoras (Cap. 29). Essa abordagem não considera a ordenação das categorias, sendo, portanto, desprovida de informação. Contudo, ela não assume uma relação linear com a variável dependente, por isso pode ser preferida.

A diferença nos valores da ETP desses dois modelos fornece uma estatística de teste para um *teste de tendência linear* (ou seja, uma avaliação de até que ponto o modelo que assume uma relação linear resulta num modelo de melhor ajuste do que um modelo para o qual não se presume uma relação linear). Essa estatística de teste segue uma distribuição qui-quadrado, com graus de liberdade iguais à diferença no número de parâmetros presentes nos dois modelos; um resultado significante sugere não-linearidade.

Variáveis numéricas explanatórias

Quando incluímos uma variável numérica explanatória no modelo, a estimativa do seu coeficiente de regressão provê uma indicação do impacto do aumento de uma unidade na variável explanatória sobre o resultado. Portanto, para regressão linear simples e múltipla, a relação entre cada variável explanatória e a variável dependente é presumida como linear. Para regressão de Poisson e logística, a estimativa de parâmetro provê uma medida do impacto do aumento de uma unidade na variável explanatória sobre o log da variável dependente (isto é, o modelo presume uma relação linear entre a variável explanatória e o log da taxa ou das probabilidades, mas uma relação exponencial com a taxa ou a probabilidade real). É importante verificar a adequação da premissa de linearidade (ver próxima seção) antes de incluir variáveis numéricas explanatórias em modelos de regressão.

Avaliação da premissa de linearidade

Para verificar a premissa de linearidade num modelo de regressão linear simples ou múltipla, plotamos a variável dependente numérica, *y*, contra a variável numérica explanatória, *x*, ou plotamos os residuais do modelo contra *x* (Cap. 28). Os dados brutos devem se aproximar de uma reta, e não deve haver qualquer padrão discernível nos residuais. Podemos avaliar a premissa de linearidade em regressão logística (Cap. 30) ou em regressão de Poisson (Cap. 31) categorizando os indivíduos num pequeno número (cinco a dez) de subgrupos de igual tamanho conforme seus valores de *x*. Em regressão de Poisson, calculamos o log da taxa do resultado em cada subgrupo e o plotamos contra o ponto médio da faixa de valores de *x* do subgrupo correspondente (Fig. 33.1). Para regressão logística, calculamos as probabilidades logarítmicas para cada subgrupo e as plotamos contra o ponto médio. Em cada caso, se a premissa de linearidade é razoável, esperaríamos ver um incremento (ou decremento) escalar de tamanho similar no log da taxa ou das probabilidades ao nos movermos entre categorias de *x* adjacentes.

Lidar com não-linearidade

Se não-linearidade é detectada em alguma dessas plotagens, várias abordagens podem ser adotadas.

- Substituir *x* por um conjunto de variáveis fictícias, criado categorizando-se os indivíduos em três ou quatro subgrupos conforme a magnitude de *x* (freqüentemente definida

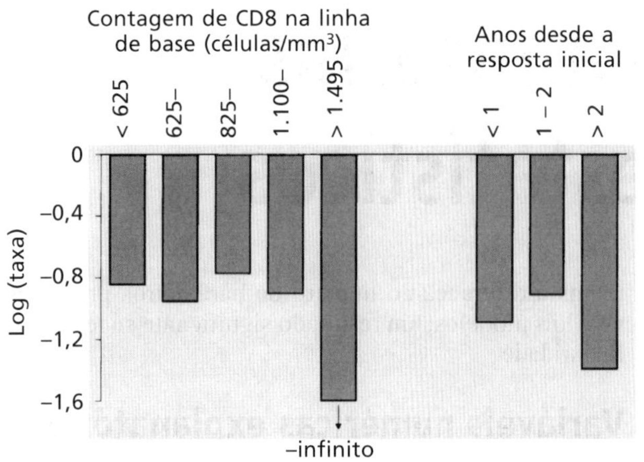

Figura 33.1 – Plotagem do log (taxa) conforme a contagem de CD8 de linha de base e o tempo desde a resposta inicial à terapia anti-retroviral de grande atividade (HAART). Nenhuma das variáveis exibe linearidade.

usando-se os tercis ou quartis da distribuição). Esse conjunto de variáveis fictícias pode ser incorporado ao **modelo de regressão multivariável** como variáveis categóricas explanatórias (ver Exemplo).

- Transformar a variável x de alguma maneira (por exemplo, tomando uma transformação log ou raiz quadrada de x; Cap. 9), de modo que a relação resultante entre o valor transformado de x e a variável dependente (ou seu log para Poisson ou seu logit para regressão logística) seja linear.
- Encontrar alguma descrição algébrica que aproxime a relação não-linear usando ordens mais elevadas de x (por exemplo, uma relação quadrática ou cúbica). Isso é conhecido como **regressão polinomial**. Apenas introduzimos na equação termos que representam as ordens mais altas relevantes de x. Assim, por exemplo, se temos uma relação cúbica, nossa equação de regressão linear múltipla estimada é $Y = a + b_1x + b_2x^2 + b_3x^3$. Ajustamos esse modelo e continuamos com a análise exatamente da mesma maneira que faríamos se os termos quadráticos e cúbicos representassem variáveis diferentes (digamos, x_2 e x_3) numa análise de regressão linear múltipla. Por exemplo, podemos ajustar um modelo quadrático que compreende as "variáveis" explanatórias altura e altura^2. Podemos testar a linearidade comparando a ETP dos modelos linear e quadrático (Cap. 32) ou testando o coeficiente do termo quadrático.

Seleção de variáveis explanatórias

Mesmo que não saturados (Cap. 32), sempre existe o perigo de causar **modelos superajustados** pela inclusão de um número muito grande de variáveis explanatórias; isso pode levar a resultados espúrios inconsistentes com as expectativas, em especial se as variáveis são fortemente correlacionadas. Para um modelo de regressão linear múltipla, uma regra geral comum é assegurar-se de que existem *pelo menos dez vezes mais indivíduos do que variáveis explanatórias*. Para regressão logística, deve haver pelo menos dez vezes mais *respostas* ou *eventos* em cada uma das duas categorias de resultados, do que variáveis explanatórias.

Com freqüência, temos um grande número de variáveis explanatórias que acreditamos poderem estar relacionadas à variável dependente. Por exemplo, muitos fatores podem parecer estar relacionados à pressão sistólica, incluindo idade, fatores dietéticos e fatores relacionados ao estilo de vida. Só devemos incluir variáveis explanatórias num modelo se existe razão para supor, de um ponto de vista biológico ou clínico, que elas estão relacionadas à variável dependente. Podemos eliminar algumas variáveis efetuando uma análise *univariável* (talvez com um nível de significância menos austero, de 0,10, em vez do mais convencional 0,05) para cada variável explanatória, a fim de avaliar sua probabilidade de estar relacionada à variável dependente, por exemplo, se temos uma variável dependente numérica, podemos efetuar uma análise de regressão simples caso a variável explanatória seja numérica, ou um teste t não-pareado se ela for binária. Consideramos, então, para o nosso modelo, somente as variáveis explanatórias que foram significantes nesse primeiro estágio (ver o Exemplo no Capítulo 31).

Procedimentos de seleção automática

Quando estamos particularmente interessados em usar o modelo para predição, em vez de para vislumbrar se uma variável explanatória influencia o resultado ou em estimar seu efeito, *procedimentos de* ***seleção automática*** **de modelo** intensivos de computador proporcionam um meio de identificar o modelo ótimo pela seleção de algumas dessas variáveis.

- *Todos os subconjuntos:* todas as combinações de variáveis explanatórias são consideradas; aquela que proporciona o melhor ajuste, como descrito pelo modelo R^2 (Cap. 27) ou ETP (Cap.32), é selecionada.
- *Seleção retrógrada*: todas as possíveis variáveis são incluídas; aquelas julgadas menos importantes pelo modelo (essa decisão se baseia na alteração de R^2 ou da ETP) são progressivamente removidas até que nenhuma das variáveis restantes possa ser removida sem afetar de maneira significativa o ajuste do modelo.
- *Seleção anterógrada*: variáveis que mais contribuem para o ajuste do modelo (com base na alteração de R^2 ou da ETP) são progressivamente acrescentadas até que nenhuma variável adicional aprimore de forma significativa o ajuste do modelo.
- *Seleção escalar*: uma combinação de seleção anterógrada e retrógrada, que inicia progredindo anterogradamente e, depois, ao final de cada "etapa", verifica retrogradamente para assegurar que todas as variáveis incluídas ainda são necessárias.

Desvantagens

Embora esses procedimentos removam grande parte do aspecto manual da seleção de modelos, eles têm algumas desvantagens.

- É possível que dois ou mais modelos se ajustem aos dados igualmente bem, ou que alterações no conjunto de dados produzam modelos diferentes.
- Em decorrência de múltipla testagem, que ocorre ao comparar repetidamente modelos num procedimento de seleção automática, a taxa de erro Tipo I (Cap. 18) é particularmente alta. Assim, alguns achados significantes podem surgir por acaso. Esse problema pode ser aliviado

978-85-7241-701-3

escolhendo-se um nível de significância mais austero (digamos, 0,01 em vez de 0,05).

- Se o modelo é reajustado ao conjunto de dados usando-se as, digamos, *m* variáveis restantes no modelo final de seleção automática, seus parâmetros estimados podem diferir daqueles do modelo de seleção automática. Isso ocorre porque o procedimento de seleção automática usa, em sua análise, somente os indivíduos com informações completas sobre *todas* as variáveis explanatórias, mas o tamanho da amostra pode ser maior quando indivíduos são incluídos se eles não têm valores faltantes somente para as *m* variáveis relevantes.
- Os modelos resultantes, embora matematicamente justificáveis, podem não ser sensatos. Em particular, ao incluir uma série de variáveis fictícias para representar uma única variável categórica (Cap. 29), modelos automáticos podem incluir somente algumas das variáveis fictícias, levando a problemas na interpretação.

Portanto, uma combinação desses procedimentos e bom senso deve ser aplicada ao selecionar o modelo de melhor ajuste. Modelos gerados pelo uso de procedimentos de seleção automática devem ser validados em outros conjuntos de dados externos, quando possível (ver "Validação do escore", Cap. 34).

Exemplo

Nos Capítulos 31 e 32, estudamos os fatores associados à falência virológica em pacientes positivos para vírus da imunodeficiência humana (HIV) recebendo terapia anti-retroviral de grande atividade (HAART). Nessa análise de regressão de Poisson multivariável, a contagem de CD8 de linha de base do indivíduo foi incluída como uma variável explanatória contínua (ela foi dividida por 100 para que cada incremento unitário na variável escalar se refletisse como um incremento de 100 células/mm^3 na contagem de CD8); os resultados indicaram que uma maior contagem de CD8 de linha de base estava associada a uma taxa significantemente reduzida de falência virológica. Para avaliar a validade da *premissa de linearidade* associada a essa variável, cinco grupos foram definidos com base nos quintis da distribuição de CD8, e a taxa de falência foi calculada em cada um dos cinco grupos. Uma plotagem do log (taxa) em cada um desses grupos revelou que a relação *não* era linear, pois *não* havia progressão escalar (Fig. 33.1). Em particular, embora o log (taxa)

Tabela 33.1 – Resultados de análise de regressão multivariável de Poisson de fatores associados à falência virológica, após incluir a contagem de CD8 como uma variável categórica no modelo

Variável*	Estimativa do Parâmetro	Erro Padrão	Taxa Relativa Estimada	Intervalo de Confiança de 95% para a Taxa Relativa	Valor *P***
Tempo desde a resposta inicial à terapia (anos)					
< 1	referência	–	1	–	
1 – 2	0,4550	0,2715	1,58	0,93, 2,68	
> 2	–0,5386	0,4849	0,58	0,23, 1,51	0,06
Status do tratamento					
Havia recebido tratamento anteriormente (0)	referência	–	1	–	
Nunca recebeu tratamento (1)	–0,5580	–0,2600	0,57	0,34, 0,95	0,03
Sexo					
Feminino (0)	referência	–	1	–	
Masculino (1)	–0,4970	0,2675	0,61	0,36,1,03	0,07
Contagem de CD8 (células/mm^3)					
< 625	–0,2150	0,6221	0,81	0,24, 2,73	
≥ 625, < 825	–0,3646	0,7648	0,63	0,16, 3,11	
≥ 825, < 1.100	referência	–	1	–	
≥ 1.100	–0,3270	1,1595	0,78	0,07, 7,00	
Faltante	–0,8264	0,6057	0,44	0,13, 1,43	0,25

* Os códigos para variáveis binárias (sexo e *status* do tratamento) são mostrados entre parênteses. O tempo desde a resposta inicial à terapia foi incluído pela incorporação de duas variáveis fictícias para refletir os períodos um a dois anos e > 2 anos desde a resposta inicial. A contagem de CD8 de linha de base foi incorporada conforme descrito anteriormente.

** Os valores *P* foram obtidos usando-se estatística de taxa de probabilidade (ETP) (Cap. 32); quando variáveis fictícias foram usadas para incorporar mais de duas categorias da variável, o valor *P* reflete o efeito combinado dessas variáveis.

(*Continua*)

978-85-7241-701-3

Exemplo (*Continuação*)

fosse amplamente similar nos quatro grupos mais baixos, nenhum evento ocorreu no grupo mais alto (mais de 1.495 células/mm^3), resultando num valor de menos infinito para o log (taxa). Por esse motivo, os dois grupos superiores foram combinados para a análise subseqüente. Além disso, notou-se que um número substancial de pacientes precisou ser excluído dessa análise, dada a inexistência de registro das suas contagens de CD8 de linha de base.

Portanto, em razão da ausência de linearidade entre a taxa de falência virológica e a contagem real de CD8, a variável explanatória contínua que representava a contagem de CD8 no modelo de regressão de Poisson foi substituída por uma série de quatro variáveis fictícias (Cap. 29). Indivíduos com contagens de CD8 de linha de base na faixa 825 < CD8 < 1100 células/mm^3 foram tratados como grupo de referência para essas variáveis ficitícias. Cada uma de três variáveis fictícias proporcionava uma comparação de um dos demais grupos de CD8 com o grupo de referência, e a quarta variável fictícia proporcionava uma comparação daqueles sem contagem de CD8 com o grupo de referência. Os resultados são resumidos na Tabela 33.1; um resultado completo de computador é mostrado no Apêndice C. Uma comparação entre o valor para a probabilidade –2log (isto é, a ETP ou desvio) do modelo que incluía as quatro variáveis fictícias para a contagem de CD8 (387,15), e o valor do modelo que incluía as mesmas variáveis além dessas variáveis fictícias (392,50) resultou num valor *P* de 0,25 (estatística de teste de 5,53 em quatro graus de liberdade). Assim, após incorporá-la dessa maneira, a contagem de CD8 deixou de ter uma relação estatisticamente significante com a falência virológica, em contraste com o modelo que, de forma imprópria, incorporava a contagem de CD8 como uma variável explanatória contínua. As relações entre falência virológica e *status* do tratamento, sexo e tempo desde a resposta inicial à terapia, porém, permaneceram similares.

978-85-7241-701-3

34 Questões em modelagem estatística

978-85-7241-701-3

Interação

O que é?

A **interação** estatística (também conhecida como **modificação de efeito**, Cap. 13) entre duas variáveis explanatórias, numa análise de regressão, ocorre quando a relação entre uma das variáveis explanatórias e a variável dependente *não é a mesma para diferentes níveis* das outras variáveis explanatórias, isto é, as duas variáveis explanatórias não agem independentemente sobre a variável dependente. Por exemplo, suponha que tanto o *status* atual de tabagismo quanto o *status* de uso de álcool possa ser categorizado em dois níveis (fuma/não fuma e bebe/não bebe), e que cada indivíduo pertença a uma categoria de cada variável. Se a diferença em pressão diastólica (a variável dependente) entre fumantes e não-fumantes for, em média, maior naqueles que não consumem álcool do que naqueles que consomem, dizemos que existe uma interação entre tabagismo e consumo de álcool.

Teste de interação

O teste de interação estatística num modelo de regressão é geralmente direto, e muitos pacotes estatísticos permitem que você solicite a inclusão de termos de interação. Se o pacote não provê essa facilidade, então, um termo de interação precisa ser criado manualmente incluindo-se o produto das variáveis relevantes como uma variável explanatória adicional. Assim, para obter o valor da variável que representa a interação entre duas variáveis (ambas binárias, ambas numéricas, ou uma binária e uma numérica), multiplicamos os valores dessas duas variáveis no indivíduo. Se as duas variáveis são numéricas, a interpretação pode ser mais fácil se criarmos um termo de interação a partir das duas variáveis binárias obtidas, dicotomizando-se cada variável numérica. Se uma das duas variáveis é categórica com mais de duas categorias, criamos uma série de variáveis fictícias a partir dela (Cap. 29) e usamos cada uma delas, juntamente com a segunda variável binária ou numérica de interesse, para gerar uma série de termos de interação. Esse procedimento pode ser estendido se as duas variáveis são categóricas e cada uma tem mais de duas categorias.

Termos de interação só devem ser incluídos no modelo de regressão após terem sido incluídos os *efeitos principais* (os efeitos das variáveis sem qualquer interação). Note que testes estatísticos de interação têm, em geral, *baixo poder* (Cap. 18). Isso pede particular atenção quando as duas variáveis explanatórias são categóricas e poucos eventos ocorrem nos subgrupos formados pela combinação de cada nível uma variável com todos os níveis da outra, ou se esses subgrupos incluem um número muito pequeno de indivíduos.

Confusão

O que é?

Uma *variável que confunde* é uma variável explanatória relacionada tanto à variável dependente quanto a uma ou mais das variáveis explanatórias do modelo. Por exemplo, podemos estar interessados em estudar os efeitos do *status* de tabagismo e do consumo de álcool sobre a incidência de doença coronariana (DC) numa coorte de homens de meia-idade. Embora o consumo de álcool e o *status* de tabagismo estejam reconhecidamente associados ao desenvolvimento de DC, as duas variáveis também estão inter-relacionadas (ou seja, homens que consomem álcool têm mais probabilidade de fumar do que homens que não consomem álcool). Qualquer modelo de regressão que considere o efeito de uma das variáveis explanatórias sobre o resultado, mas não inclua a que confunde (por exemplo, um modelo que correlacione o *status* de tabagismo à incidência de DC *sem* ajustar para o consumo de álcool) pode representar incorretamente o verdadeiro papel da variável explanatória. A confusão pode esconder uma associação verdadeira ou pode criar artificialmente uma falsa associação entre a variável explanatória e a variável de resultado. A não-ocorrência de ajuste para fatores que confundem em análises de regressão leva a estimativas *tendenciosas* (Cap. 12) dos parâmetros do modelo.

Lidar com a confusão

A confusão pode ser tratada de uma entre duas maneiras:

- Criar subgrupos estratificando o conjunto de dados pelos níveis da variável que confunde (por exemplo, criar dois subgrupos, usuários e não-usuários de álcool) e depois efetuar uma análise separadamente em cada subgrupo. Embora essa abordagem seja simples e tenha muito a recomendá-la quando há algumas que confundem, (1) os subgrupos podem ser pequenos e, assim, as análises terão poder reduzido para detectar um efeito significante; (2) resultados significantes espúrios podem surgir de decorrência de múltipla testagem (Cap. 18), se um teste de hipótese é efetuado em cada subgrupo; e (3) pode ser difícil combinar as estimativas separadas do efeito de interesse para cada subgrupo.
- Ajustar para a variável que confunde num modelo de regressão multivariável. Essa abordagem, que é em particular útil quando existem muitas que confundem no estudo, proporciona uma estimativa da relação entre as variáveis explanatórias e dependentes *que não pode ser explicada* pela relação entre a variável dependente e a que confunde.

Confusão em estudos não-randomizados

Teríamos de ser particularmente precavidos quanto à confusão ao comparar tratamentos num estudo clínico de coorte não-randomizado (Cap. 15). Nesse tipo de estudo, as características dos indivíduos podem estar distribuídas de maneira não-uniforme nos diferentes grupos de tratamento. Por exemplo, indivíduos podem ser selecionados para um tratamento específico com base na história da doença, fatores demográficos ou fatores relacionados ao estilo de vida. Alguns desses fatores podem estar relacionados ao resultado, portanto serão confundidos com o tratamento. Embora modelos de regressão multivariável possam ser usados para ajustar quaisquer diferenças na distribuição dos fatores nos diferentes grupos de tratamento, isso é possível somente se os investigadores do estudo estão conscientes dos fatores que confundem e os registrarem no conjunto de dados. Testes controlados randomizados (Cap. 14) raramente sofrem de confusão, pois os pacientes são alocados aleatoriamente a grupos de tratamento e, portanto, todas as covariadas, tanto confundentes quanto outras variáveis explanatórias, devem estar distribuídas nos diferentes grupos de tratamento de maneira uniforme.

Ajuste para variáveis intermediárias

Quando se sabe que uma variável está no *caminho causal* entre a variável explanatória e o resultado de interesse, ela é conhecida como **variável intermediária**. Devemos ser cuidadosos ao ajustar para variáveis intermediárias em modelos multivariável. Considere a situação na qual estamos efetuando um teste controlado randomizado com placebo do efeito de uma nova droga que diminui os níveis de lipídios sobre a incidência de DC. Embora possamos ajustar para quaisquer discrepâncias entre os níveis lipídicos de pacientes dos dois grupos de tratamento no *início* do teste (embora isso não seja necessário se a randomização é bem sucedida), não devemos ajustar para quaisquer *alterações* nos lipídios, que ocorram durante o período do teste. Se ajustássemos para essas alterações, estaríamos controlando para o efeito benéfico da droga, de modo que qualquer efeito da droga provavelmente "desapareceria" (embora isso fornecesse uma indicação de quanto do efeito da droga *pode ser explicado* por seu impacto sobre os valores de lipídios, o que, em si, pode ser útil).

Colinearidade

Quando duas variáveis explanatórias estão fortemente correlacionadas, pode ser difícil avaliar seus efeitos individuais sobre um modelo de regressão multivariável. Como conseqüência, embora cada variável possa estar significantemente associada à variável dependente num modelo univariável (isto é, quando existe uma única variável explanatória), nenhuma pode estar associada de forma significativa a ela quando as duas variáveis explanatórias são incluídas num modelo multivariável. Essa **colinearidade** (também denominada *multicolinearidade*) pode ser detectada examinando-se os coeficientes de correlação entre cada par de variáveis explanatórias (com freqüência exibidas numa matriz de correlação) ou por impressão visual dos erros padrões dos coeficientes de regressão no modelo multivariável; estes serão substancialmente maiores do que aqueles dos modelos univariáveis separados, se existir colinearidade. A solução mais fácil para esse problema é incluir somente uma das variáveis no modelo, embora em situações em que muitas das variáveis estão fortemente correlacionadas possa ser necessário buscar aconselhamento estatístico.

Índices prognósticos e escores de risco para uma resposta binária

Dado um grande número de características demográficas ou clínicas de um indivíduo, podemos desejar *predizer* se aquele indivíduo tem probabilidade de desenvolver doença. Modelos na maioria das vezes ajustados pela utilização de regressão de riscos proporcionais (Cap. 44), regressão logística (Cap. 30) ou um método similar, conhecido como **análise discriminante**, podem ser usados para identificar fatores significantemente associados ao resultado. Um **índice prognóstico** ou **escore de risco** pode, então, ser gerado a partir dos coeficientes desse modelo, e pode ser calculado o escore de um indivíduo para avaliar sua probabilidade de doença. Todavia, um modelo que explica uma grande proporção da variabilidade nos dados pode não ser necessariamente bom em predizer quais pacientes desenvolverão doença. Portanto, uma vez que tenhamos derivado um escore preditivo com base num modelo, devemos avaliar a **validade** desse escore.

Validação do escore

Podemos validar nosso escore de diversas maneiras.

- Produzimos uma tabela de predição com base no nosso conjunto de dados, mostrando o número de indivíduos nos quais predizemos correta e incorretamente o *status* de doença (similar à tabela mostrada no Capítulo 38). Mensurações, incluindo sensibilidade e especificidade, podem ser calculadas para essa tabela, *ou*
- Categorizamos os indivíduos conforme seu escore e consideramos as taxas de doença nas diferentes categorias (ver Exemplo); devemos visualizar uma relação entre as categorias e as taxas de doença, por exemplo, as categorias de escores mais altos devem ter as maiores taxas de doença.

Claramente, qualquer modelo sempre terá bom desempenho no conjunto de dados usado para gerar o modelo. Portanto, para fornecer uma avaliação verdadeira da utilidade do escore, ele deve ser validado em outros conjuntos de dados, independentes.

Quando isso for impraticável, podemos separar os dados em duas subamostras de tamanhos aproximadamente iguais. A primeira subamostra, conhecida como **amostra de treinamento**, é usada para gerar o modelo. A segunda subamostra, conhecida como **amostra de validação**, é usada para validar os resultados da amostra de treinamento. Como conseqüência do menor tamanho da amostra, menos variáveis explanatórias podem ser incluídas no modelo.

Jackknifing

Jackknifing é uma maneira de estimar parâmetros e fornecer intervalos de confiança de maneira não-tendenciosa.

978-85-7241-701-3

Cada indivíduo é removido da amostra, um de cada vez, e os restantes ($n - 1$) indivíduos são usados para estimar os parâmetros do modelo. Esse processo é repetido para cada um dos n indivíduos da amostra, e as estimativas resultantes de cada parâmetro são usadas para extrair a média sobre todas as n amostras. Em virtude de um escore derivado dessa maneira ser gerado a partir de muitos diferentes conjuntos de dados, ele pode ser validado no conjunto de dados total sem se tomarem subamostras.

Exemplo

Embora existam amplas diferenças de prognóstico entre pacientes com síndrome da imunodeficiência adquirida (AIDS), eles são freqüentemente imaginados como um único grupo homogêneo. Para agrupar pacientes de forma correta, de acordo com seu provável prognóstico, um escore de prognóstico foi gerado com base na experiência clínica de 363 pacientes com AIDS, num único centro em Londres. Um total de 159 (43,8%) desses pacientes morreu ao longo de um período de acompanhamento de seis anos.

O escore foi a soma ponderada do número de cada tipo (brando, moderado ou grave) de doenças que definem AIDS, das quais o paciente havia sofrido, e sua contagem mínima de células CD4 (medida em células/mm^3), e foi igual a:

Escore = 300 × número de eventos muito graves de AIDS (linfoma)

+100 × número de eventos graves de AIDS (todos os eventos, exceto os listados como muito graves ou brandos)

+20 × número de eventos brandos de AIDS (candidíase esofágica, sarcoma cutâneo de Kaposi, pneumonia por *Pneumocystis carinii*, tuberculose extrapulmonar)

−1 × contagem mínima de células CD4 mensurada desde a AIDS.

Para auxiliar a interpretação desse escore e para validá-lo, três grupos foram identificados.

AIDS Grau I Escore < 0
AIDS Grau II Escore 0 a 99
AIDS Grau III Escore ≥ 100

A validação do escore foi avaliada considerando-se a taxa de mortalidade (número de mortes dividido pelo total de pessoas-ano de acompanhamento) em cada grau.

Portanto, existe uma clara tendência de aumento das taxas de mortalidade com o aumento do escore. O escore também foi validado num grupo de pacientes de um segundo centro de Londres.

Resultados notavelmente similares foram observados, confirmando assim o valor desse sistema de escores.

Grau de AIDS	Mortes	Acompanhamento (Pessoas-Ano)	Taxa de Mortalidade
I	17	168	1
II	54	153,9	3,5
III	71	81,2	8,7

AIDS = síndrome da imunodeficiência adquirida.

Grau de AIDS	Mortes	Acompanhamento (Pessoas-Ano)	Taxa de Mortalidade
I	65	828,5	0,8
II	229	579,6	4
III	322	361,3	8,9

AIDS = síndrome da imunodeficiência adquirida.

Adaptado de Mocroft, A. J., Johnson, M. A., Sabin, C. A., *et al.* (1995) Staging system for clinical AIDS patients. *Lancet* **346**; 12-17, com permissão de Elsevier.

978-85-7241-701-3

35 Verificação de premissas

Por que se importar?

A análise de dados por computador oferece a oportunidade de manusear grandes conjuntos de dados que poderiam, de outra forma, estar além das nossas capacidades. Todavia, não se deixe tentar por fazer todo tipo de análises estatísticas simplesmente por elas estarem disponíveis no computador. A validade das conclusões tiradas se apóia na execução da análise adequada em qualquer circunstância, e na exigência de satisfação das premissas subjacentes inerentes à análise estatística proposta. Dizemos que uma análise é **robusta** a violações das suas premissas se seu valor *P* (Cap. 18) não é apreciavelmente afetado pelas violações. Efetuar uma análise não-robusta pode resultar em conclusões desorientadoras.

Dados são normalmente distribuídos?

Muitas análises criam premissas sobre a distribuição subjacente dos dados. Os procedimentos a seguir verificam a Normalidade aproximada, a mais comum das premissas distribucionais.

- Produzimos um gráfico de pontos (para amostras pequenas) ou um histograma, gráfico caule-e-folhas (Fig. 4.2) ou gráfico de caixa, para mostrar a distribuição de freqüências empírica dos dados (Cap. 4). Concluímos que a distribuição é aproximadamente Normal se tiver formato de sino e for simétrica. A mediana, num gráfico de caixa, deve cortar ao meio o retângulo que define o primeiro e o terceiro quartis, e os dois lados devem ter igual comprimento se os dados forem Normalmente distribuídos.
- De forma alternativa, podemos produzir um **gráfico Normal** (preferivelmente no computador) que plote a distribuição de **freqüências cumulativas** dos dados (no eixo horizontal) contra aquela da distribuição Normal. Ausência de Normalidade é indicada quando o gráfico resultante produz uma curva que parece desviar-se de uma linha reta (Fig. 35.1).

Embora as duas abordagens sejam subjetivas, o **gráfico Normal** é mais eficaz para amostras pequenas. O **teste de Kolmogorov-Smirnov** e o **teste de Shapiro-Wilk**, efetuados pelo computador, podem ser usados para avaliar a Normalidade de maneira mais objetiva.

Duas ou mais variâncias são iguais?

Explicamos como usar o teste *t* (Cap. 21) para comparar duas médias, e a análise de variância (ANOVA) (Cap. 22) para comparar mais de duas médias. Subjacente a essas análises está a premissa de que a variabilidade das observações em cada grupo é a mesma, ou seja, exigimos variâncias iguais, descritas como *homogeneidade de variância* ou **homoscedasticidade**. Temos **heterogeneidade de variância** se as variâncias são desiguais.

- Podemos usar o **teste de Levene**, utilizando um programa de computador, para testar a homogeneidade de variância em dois ou mais grupos. A hipótese de nulidade é de que todas as variâncias são iguais. O teste de Levene tem a vantagem de não ser fortemente dependente da premissa de Normalidade. O **teste de Bartlett** também pode ser usado para comparar mais de duas variâncias, mas ele é não-robusto para desvios da Normalidade.
- Podemos usar o **teste *F* (teste de taxa de variância)**, descrito na caixa, para comparar duas variâncias, desde que os dados em cada grupo tenham distribuição aproximadamente Normal (o teste é não-robusto para uma violação dessa premissa). As duas variâncias estimadas são s^2_1 e s^2_2, calculadas a partir de n_1 e n_2 observações, respectivamente. Por convenção, escolhemos s^2_1 para ser a maior das duas variâncias, se elas diferirem.
- Também assumimos homogeneidade de variância dos *residuais* em regressão simples e múltipla (Cap. 28, 29), e em modelos de efeitos aleatórios (Cap. 42). Explicamos como verificar essa premissa nos Capítulos 28 e 29.

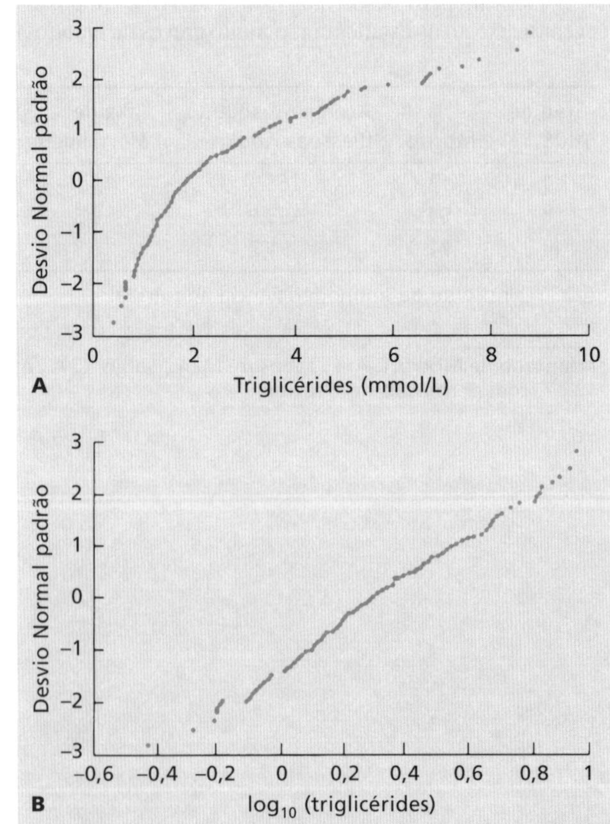

Figura 35.1 – (*A*) Gráfico normal dos níveis de triglicérides não transformados descritos no Capítulo 19. Eles estão desviados e o gráfico Normal resultante mostra uma curva distinta. (*B*) Gráfico Normal do log (níveis de triglicérides). A linha aproximadamente reta indica que a transformação log obteve sucesso na remoção dos desvios dos dados.

978-85-7241-701-3

1. Definir as hipóteses de nulidade e alternativa em estudo
   H_0: as duas variâncias das populações são iguais
   H_1: as duas variâncias das populações não são iguais
2. Coletar dados relevantes de uma amostra de indivíduos
3. Calcular o valor da estatística de teste específica para H_0

   $F = s_1^2 / s_2^2$

   que segue uma distribuição F com $n_1 - 1$ graus de liberdade (gl) no numerador, e $n_2 - 1$ gl no denominador. Escolhendo $s_1^2 \geq s_2^2$, asseguramos que a taxa F sempre será ≥ 1. Isso nos permite usar as tabelas da distribuição F, que são tabuladas somente para valores ≥ 1
4. Comparar o valor da estatística de teste com valores de uma distribuição de probabilidades conhecida
   Pesquisar F no Apêndice A, Tabela A5. Nossa hipótese alternativa bilateral leva a um teste bicaudal
5. Interpretar o valor P e os resultados
   Note que raramente estamos interessados nas variâncias por si, portanto, em geral não calculamos intervalos de confiança para elas

978-85-7241-701-3

Variáveis estão linearmente relacionadas?

A maioria das técnicas que discutimos nos Capítulos 26 a 31 e descrevemos no Capítulo 42 presumem que existe uma **relação linear** (reta) entre duas variáveis. Quaisquer inferências feitas a partir de tais análises se apóiam na satisfação da premissa de linearidade. Explicamos como verificar a linearidade e como tratar a não-linearidade na análise de regressão nos Capítulos 28 e 29 (para regressão simples e múltipla) e no Capítulo 33 (para outros modelos lineares generalizados, por exemplo, logístico e de Poisson).

E se as premissas não são satisfeitas?

Temos variadas opções.

• Continue conforme o planejado, reconhecendo que isso pode resultar numa análise não-robusta. Esteja consciente das implicações se fizer isso. Não se deixe enganar por uma análise inadequada somente porque outros, em circunstâncias similares, fizeram isso no passado.

• Tome uma transformação adequada dos dados brutos, de maneira que os dados transformados satisfaçam as premissas da análise proposta (Cap. 9). Em análise de regressão, isso geralmente significa transformar uma variável x, embora outras abordagens sejam possíveis (Cap. 32).

• Se for viável, efetue um **teste não-paramétrico** (Cap. 17) que não tenha quaisquer premissas sobre a distribuição dos dados (por exemplo, Normalidade). Você também pode encontrar o termo *análise de regressão não-paramétrica*[1]; seu propósito é estimar a forma funcional (em vez dos parâmetros) da relação entre uma variável de resposta e uma ou mais variáveis explanatórias. Usando a regressão não-paramétrica, relaxamos a premissa de linearidade do modelo e ajustamos uma curva suave aos dados, de modo a podermos visualizar tendências sem exigir a especificação de um modelo paramétrico.

REFERÊNCIA BIBLIOGRÁFICA

1 Eubank, R. L. (1999) *Nonparametric Regression and Spline Smoothing*. Marcel Dekker.

978-85-7241-701-3

Exemplo

Considere o exemplo de teste *t* não-pareado do Capítulo 21. Um total de 98 crianças em idade escolar foram aleatoriamente atribuídas para receber dipropionato de beclometasona inalável ou um placebo, a fim de determinar seus efeitos sobre a sibilação. Usamos o teste *t* não-pareado para comparar o volume expiratório forçado (VEF1) médio em cada grupo ao longo de seis meses, mas precisamos de garantia de que as premissas subjacentes (Normalidade e variância constante) sejam satisfeitas. Os gráficos caule-e-folha na Figura 4.2 mostram que os dados de cada grupo têm distribuição aproximadamente Normal. Efetuamos o **teste *F*** para investigar a premissa de variância constante nos dois grupos.

1. H_0: a variância das mensurações do VEF1 na população de crianças em idade escolar é a mesma nos dois grupos de tratamento
   H_1: a variância das mensurações do VEF1 na população de crianças em idade escolar não é a mesma nos dois grupos de tratamento
2. Grupo tratado: tamanho da amostra, $n_1 = 50$, desvio padrão, $s_1 = 0{,}29$L
   Grupo placebo: tamanho da amostra, $n_2 = 48$, desvio padrão, $s_2 = 0{,}25$L
3. A estatística de teste, $F = \frac{s_1^2}{s_2^2} = \frac{0{,}29^2}{0{,}25^2} = \frac{0{,}0841}{0{,}0625}$, 1,336 que segue uma distribuição F com $50 - 1 = 49$ e $48 - 1 = 47$ gl no numerador e no denominador, respectivamente
4. Pesquisamos $F = 1{,}34$ no Apêndice A, Tabela A5 para um teste bilateral ao nível de 5% de significância. Em razão de o Apêndice A, Tabela A5 se restringir a entradas de 25 e infinitos gl no numerador, e 30 e 50 gl no denominador, precisamos interpolar (Cap. 21). O valor tabulado requerido ao nível de 5% de significância se encontra entre 1,57 e 2,12; assim, P é maior 0,05 porque 1,34 é menor que o mínimo desses valores (o resultado do computador fornece $P = 0{,}32$)
5. Existe evidência insuficiente para rejeitar a hipótese de nulidade, de que as variâncias são iguais. É razoável usar o teste *t* não-pareado, que presume Normalidade e homogeneidade de variância, para comparar os valores médios de VEF1 dos dois grupos

36 Cálculos de tamanho de amostra

Importância do tamanho da amostra

Se o número de pacientes no nosso estudo é pequeno, podemos ter poder inadequado (Cap. 18) para detectar um importante efeito existente, e poderemos ter desperdiçado todos os nossos recursos. Por outro lado, se o tamanho da amostra é indevidamente grande, o estudo pode ser desnecessariamente demorado, caro e não-ético, privando alguns dos pacientes do tratamento superior. Temos, portanto, de escolher o tamanho ótimo de amostra que atinja um equilíbrio entre as implicações de cometer um erro Tipo I ou Tipo II (Cap. 18). Infelizmente, para calcular o tamanho de amostra necessário, precisamos ter alguma idéia do resultado que esperamos no estudo.

Necessidades

Explicaremos como calcular o tamanho ideal da amostra em situações simples; com freqüência, projetos mais complexos podem ser simplificados com o propósito de calcular o tamanho de amostra. Se nossa investigação envolve numerosos testes, concentramo-nos no mais importante ou avaliamos o tamanho de amostra necessário para cada um e escolhemos o maior.

Nosso foco é o cálculo do tamanho ideal da amostra em relação a um teste de hipótese proposto. Entretanto, é possível basear o cálculo de tamanho da amostra em outros aspectos do estudo, como na precisão de uma estimativa ou na amplitude de um intervalo de confiança (processo geralmente adotado em estudos de equivalência e de não-inferioridade, Capítulo 17).

978-85-7241-701-3

Para calcular o tamanho ideal da amostra para um teste, precisamos especificar as quantidades a seguir *na fase de projeto da investigação.*

- ***Poder** (Cap. 18)*: chance de detectar, como estatisticamente significante, um efeito especificado se ele existir. Em geral, escolhemos um poder de, no mínimo, 80%.
- ***Nível de significância**, α (Cap. 17)*: nível de corte abaixo do qual rejeitamos a hipótese de nulidade, ou seja, é a probabilidade máxima de concluir incorretamente que existe um efeito. Com, freqüência fixamos isso como 0,05 ou, algumas vezes, como 0,01, e rejeitamos a hipótese de nulidade se o valor *P* for menor que esse valor.
- *Variabilidade das observações*: por exemplo, o desvio padrão, quando temos uma variável numérica.
- *Menor efeito de interesse*: magnitude do efeito clinicamente importante e que não desejamos deixar passar despercebido. Ele é, com freqüência, uma *diferença* (por exemplo, diferença em médias ou proporções). Às vezes, ele é expresso como um múltiplo do desvio padrão das observações (a **diferença padronizada**).

É relativamente simples escolher o poder e o nível de significância do teste que atendam às exigências do nosso estudo. A escolha é em geral governada pelas implicações de um erro Tipo I e Tipo II, mas pode ser pode ser especificada pelos órgãos reguladores, em alguns estudos de licenciamento de fármacos. Dado um determinado cenário clínico, é possível especificar o efeito que consideramos clinicamente importante. A real dificuldade está em fornecer uma estimativa da variação numa variável numérica antes de termos coletado os dados. Podemos ser capazes de obter essa informação em outros estudos com resultados similares, ou podemos precisar efetuar um **estudo piloto**.

Metodologia

Podemos calcular o tamanho da amostra de diversas maneiras, cada uma das quais requer essencialmente a mesma informação (descrita em Necessidades) para prosseguir:

- *Fórmulas gerais*[1]: estas podem ser complexas, mas podem ser necessárias em algumas situações (por exemplo, para reter poder num **teste randomizado em grupo** [Cap. 14 e 41], multiplicamos o tamanho da amostra que seria necessário se estivéssemos efetuando randomização individual pelo efeito de projeto igual a $[1 + (m - 1)\rho]$, em que m é o tamanho médio do grupo e ρ é o coeficiente de correlação interclasses [Cap. 42]).
- *Fórmulas rápidas*: elas existem para valores de poder e níveis de significância específicos para alguns testes de hipóteses (por exemplo, fórmulas de Lehr[2], ver adiante).
- *Tabelas especiais*[1]: existem para situações diferentes (por exemplo, para testes *t*, testes de qui-quadrado, teste do coeficiente de correlação, comparação de duas curvas de sobrevida e para estudos de equivalência).
- ***Nomograma de Altman***: é um diagrama fácil de usar, adequado para vários testes. Detalhes são fornecidos na próxima seção.
- *Programas de computador*: eles têm a vantagem de os resultados poderem ser apresentados graficamente ou em tabelas, para mostrar o efeito da alteração de fatores (por exemplo, poder, tamanho do efeito) sobre o tamanho de amostra requerido.

Nomograma de Altman

Notação

Mostramos, na Tabela 36.1, a notação para o uso do nomograma de Altman (Apêndice B) para estimar o tamanho de amostra de dois grupos de observações de *igual tamanho*, para três testes de hipóteses de médias e proporções utilizados com freqüência.

Tabela 36.1 – Informações para utilizar o nomograma de Altman

Teste de Hipótese	Diferença Padronizada	Explicação de *N* no Nomograma	Terminologia
Teste *t* não-pareado (Cap. 21)	$\frac{\delta}{\sigma}$	*N*/2 observações em cada grupo	δ: menor diferença clinicamente importante entre as médias σ: suposto desvio padrão igual das observações, em cada um dos dois grupos. Você pode estimá-lo usando os resultados de um estudo similar previamente efetuado ou a partir de informações publicadas. Alternativamente, você pode realizar um estudo piloto para estimá-lo. Outra abordagem é expressar δ como um múltiplo do desvio padrão (por exemplo, a capacidade de detectar uma diferença entre dois desvios padrão)
Teste *t* pareado (Cap. 20)	$\frac{2\delta}{\sigma_d}$	*N* pares de observações	δ: menor diferença média clinicamente importante σ_d: desvio padrão das *diferenças* em resposta, geralmente estimado a partir de um estudo piloto
Teste qui-quadrado (Cap. 24)	$\frac{p_1 - p_2}{\sqrt{\bar{p}(1-\bar{p})}}$	*N*/2 observações em cada grupo	$p_1 - p_2$: menor diferença clinicamente importante nas proporções de "sucesso" nos dois grupos. Uma dessas proporções é freqüentemente conhecida, e a diferença relevante é avaliada considerando-se qual valor a outra proporção precisa assumir para constituir uma alteração digna de nota $\bar{p} = \frac{p_1 + p_2}{2}$

Método

Para cada teste, calculamos a diferença padronizada e juntamos seu valor, no eixo da esquerda do nomograma, ao poder que especificamos, no eixo vertical da direita. O tamanho necessário de amostra é indicado no ponto em que se encontram a linha resultante e o eixo do tamanho da amostra.

Note que também podemos usar o nomograma para avaliar o poder de um teste de hipótese para um dado tamanho de amostra. Algumas vezes, isso é útil se desejamos saber, retrospectivamente, se podemos atribuir a ausência de significância num teste de hipótese a uma amostra dimensionada de forma inadequada. Lembre-se, também, que um intervalo de confiança amplo para o efeito de interesse indica baixo poder (Cap. 11).

Fórmulas rápidas

Para o teste *t* não-pareado e o teste do qui-quadrado, podemos usar a **fórmula de Lehr**[2] para calcular o tamanho da amostra para um poder de 80% e um nível de significância bilateral de 0,05. O tamanho de amostra necessário em cada grupo é:

$$\frac{16}{(\textit{Diferença padronizada})^2}$$

Se a diferença padronizada é pequena, essa fórmula superestima o tamanho da amostra. Note que um numerador de 21 (em vez de 16) a relaciona a um poder de 90%.

Declaração de poder

É freqüentemente essencial e sempre útil incluir uma declaração de poder num protocolo de estudo ou na seção de métodos de um artigo (ver declaração da Consolidação de Padrões para Relatar Testes [CONSORT], Cap. 14), para mostrar que foi dedicado muito cuidado ao tamanho da amostra na fase de projeto da investigação. Uma declaração típica poderia ser "foram necessários 84 pacientes em cada grupo para que o teste *t* não-pareado tivesse 90% de chance de detectar uma diferença de 2,5 dias na média (desvio padrão [DP] = 5 dias) ao nível de significância de 5%" (ver Exemplo 1).

978-85-7241-701-3

Ajustes

Podemos desejar ajustar o tamanho da amostra:

- Para permitir *perdas de acompanhamento* recrutando-se mais pacientes para o estudo, no seu início. Se acreditarmos que a taxa de abandono será *r*%, o tamanho de amostra ajustado é obtido multiplicando-se o tamanho de amostra não-ajustado por 100/ (100 – *r*).
- Para ter *grupos de diferentes tamanhos* independentes. Isso pode ser desejável quando um grupo é restrito em tamanho, talvez porque a doença seja rara num estudo de controle de caso (Cap. 16) ou porque o novo tratamento com uma droga tenha abastecimento limitado. Note, entretanto, que o desequilíbrio em números geralmente resulta num tamanho global de amostra maior, quando comparado a um projeto equilibrado se um nível similar de poder precisar ser mantido. Se a taxa dos tamanhos das amostras nos dois grupos é *k* (por exemplo, *k* = 3, se

necessitamos que um grupo tenha tamanho igual a três vezes o tamanho do outro), o tamanho global de amostra ajustado é

$$N' = N\,(1 + k)^2/\,(4k)$$

em que N é o tamanho global de amostra ajustado, calculado para grupos de igual tamanho. Então, $N'/\,(1 + k)$ desses pacientes estarão no grupo menor, e os demais pacientes estarão no grupo maior.

REFERÊNCIAS BIBLIOGRÁFICAS

1 Machin, D., Campbell, M. J., Fayers, P. M. & Pinol, A. P. Y. (1997) *Sample Size Tables for Clinical Studies*, 2nd. edn, Blackwell, Oxford.
2 Lehr, R. (1992) Sixteen s squared over d squared: a relation for crude sample size estimates. Statistic in Medicine **11**: 1099-1102.

Exemplo 1

Comparação de médias em grupos independentes, usando-se o teste *t* não-pareado

Objetivo: examinar a eficácia de suspensão de aciclovir (15mg/kg) para tratar crianças de um a sete anos de idade com gengivoestomatite herpética com duração inferior às 72h.

Projeto: teste duplo-cego randomizado, controlado por placebo, com "tratamento" administrado cinco vezes por dia, durante sete dias.

Principal mensuração do resultado para determinação do tamanho da amostra: duração das lesões orais.

Questão do tamanho da amostra: quantas crianças são necessárias para um poder de 90% de detectar uma diferença de 2,5 dias, na duração média de lesões orais entre os dois grupos, em nível de significância de 5%? Os autores presumem que o desvio padrão da duração das lesões orais é aproximadamente cinco dias.

Uso do nomograma:

$\delta = 2{,}5$ dias e $\sigma = 5$ dias. Assim, a diferença padronizada é igual a $\dfrac{\delta}{\sigma} = \dfrac{2{,}5}{5} = 0{,}50$

A linha que conecta uma diferença padronizada de 0,50 e um poder de 90% cruza o eixo do tamanho da amostra aproximadamente no valor 160. Portanto, cerca de 80 crianças são necessárias em cada grupo (*Nota*: [1] se δ aumentasse para três dias, a diferença padronizada seria igual a 0,6 e o tamanho de amostra necessário diminuiria para aproximadamente 118 no total, ou seja, 59 em cada grupo; e [2] se, usando a especificação original, os pesquisadores desejassem com o tratamento com aciclovir o dobro de crianças recebendo placebo (isto é, $k = 2$), então, o tamanho de amostra ajustado seria

$$N' = N\,(1 + k)^2/\,(4k) = 160\,(1 + 2)^2/\,(4 \times 2) = 180$$

com 180/3 = 60 crianças recebendo placebo e as demais 120 crianças recebendo aciclovir]. A Figura 18.1 mostra curvas de poder para esse exemplo.

Fórmula rápida:

Se o poder é 90%, o tamanho de amostra necessário em cada grupo é:

$$\frac{21}{(Diferença\ padronizada)^2} = \frac{21}{(0{,}50)^2} = 84$$

Amir, J., Harel, L., Smettana, Z. & Varsano, I. (1997) Treatment of herpes simplex gingivostomatitis with aciclovir in children: a randomized double-blind placebo controlled study. *British Medical Journal*, **314**, 1800-1803.

978-85-7241-701-3

Exemplo 2

Comparação de duas proporções em grupos independentes, usando-se o teste do qui-quadrado

Objetivo: examinar a eficácia de injeções de corticosteróide somada à fisioterapia para tratamento de ombro rígido doloroso.

Projeto: teste controlado randomizado (TCR), no qual os pacientes eram alocados aleatoriamente para seis semanas de tratamento, que compreendiam um máximo de três injeções ou doze sessões de 30 minutos de fisioterapia para cada paciente.

Principal mensuração do resultado para determinação do tamanho da amostra: o tratamento é considerado bem sucedido após sete semanas, se o paciente julga estar totalmente recuperado ou muito melhor (numa escala de Likert de seis pontos).

Questão do tamanho da amostra: quantos pacientes são necessários para um poder de 80% de detectar uma diferença de clinicamente importante, nas taxas de sucesso, de 25% entre os dois grupos, em nível de significância de 5%? Os autores presumem uma taxa de sucesso de 40% no grupo que tem o menor sucesso no tratamento.

Uso do nomograma:

$p_1 = 0{,}40$ e $p_2 = 0{,}65$, então $\bar{p} = \dfrac{0{,}40 + 0{,}65}{2} = 0{,}525$

Portanto, a diferença padronizada

$$= \frac{p_1 - p_2}{\sqrt{\bar{p}(1-\bar{p})}} = \frac{0{,}25}{\sqrt{0{,}525 \times 0{,}475}} = 0{,}50$$

A linha que conecta uma diferença padronizada de 0,50 e um poder de 80% cruza o eixo do tamanho da amostra no valor 120. Portanto, cerca de 60 pacientes são necessários em cada grupo (*Nota*: [1] se o poder aumentasse para 85%, o tamanho de amostra necessário aumentaria para aproximadamente 140 no total, ou seja, 70 pacientes seriam necessários em cada grupo; e [2], se a taxa de abandono fosse esperada em torno de 20%, o tamanho total de amostra ajustado [com poder de 80%] seria 120 × 100/(100 – 20) = 150, com 75 pacientes em cada grupo). A Figura 18.2 mostra curvas de poder para esse exemplo.

Fórmula rápida:

Se o poder é 80%, o tamanho de amostra necessário em cada grupo é:

$$\frac{16}{(\textit{Diferença padronizada})^2} = \frac{16}{(0{,}50)^2} = 64$$

van der Windt, D. A. W. M., Koes, B. W., Devillé, W., de Jong, B. A. & Bouter, M. (1998) Effectiveness of corticosteroid injections with physiotherapy for treatment of painful shoulder in primary care: randomised trial. *British Medical Journal*, **317**, 1292-6.

978-85-7241-701-3

37 Apresentação de resultados

Introdução

Uma faceta essencial da estatística é a capacidade de resumir as características importantes da análise. Precisamos saber o que incluir e como exibir nossos resultados de uma maneira que permita aos outros tirarem conclusões corretas. Este capítulo descreve as características chaves da apresentação.

Resultados numéricos

• Demonstre números somente até o grau de precisão adequado (como uma diretriz, um número significante a mais que os dados brutos). Se estiver analisando os dados à mão, aproxime para mais ou para menos ao final dos cálculos.
• Demonstre o número de itens em que se baseia qualquer medida sumária (por exemplo, uma porcentagem).
• Descreva quaisquer *outliers* e explique como eles são tratados (Cap. 3).
• Inclua as unidades de medida.
• Quando o interesse se focaliza num parâmetro (por exemplo, média, coeficiente de regressão), sempre indique a precisão da sua estimativa. Recomendamos usar um intervalo de confiança para isso, mas o erro padrão também é aceitável. *Evite* usar o símbolo ±, como em média ± estimativa da probabilidade máxima (EPM) (Cap. 10), porque adicionando e subtraindo o EPM, criamos um intervalo de confiança de 67%, que pode ser desorientador para as pessoas acostumadas a intervalos de confiança de 95%. É melhor exibir o erro padrão entre parênteses após a estimativa do parâmetro (por exemplo, média = 16,6g [EPM 0,5g]).
• Quando o interesse se concentra na distribuição das observações, sempre indique uma medida do "espalhamento" dos dados. A faixa de valores que exclui *outliers* (em geral, a faixa de valores que contém os 95% centrais das observações – Cap. 6) é um descritor útil. Se os dados são Normalmente distribuídos, essa faixa é aproximada por média da amostra ±1,96 × desvio padrão (Cap. 7). Em vez disso, você pode citar a média e o desvio padrão (por exemplo, média = 35,9mm [DP 2,8mm]), mas isso deixa a avaliação da faixa para o leitor.

978-85-7241-701-3

Tabelas

• Não dê informações demais numa tabela.
• Inclua um título conciso, informativo e sem ambigüidade.
• Rotule cada linha e coluna.
• Lembre-se de que é mais fácil buscar informações em colunas do que em linhas.

Diagramas

• Mantenha um diagrama simples e evite enfeites desnecessários (por exemplo, gráfico de *pizza* tridimensional).
• Inclua um título conciso, informativo e sem ambigüidade.
• Rotule todos os eixos, segmentos e barras, e explique o significado de símbolos.
• Evite distorcer os resultados por exagero na escala de um eixo.
• Indique onde duas ou mais observações se encontram na mesma posição num diagrama de dispersão, por exemplo, usando um símbolo diferente.
• Assegure que todas as informações relevantes estão contidas no diagrama (por exemplo, observações pareadas ligadas).

Apresentação de resultados num artigo

Ao apresentar resultados num artigo, devemos assegurar que o artigo contém informações suficientes para que o leitor entenda o que foi feito. Ele deve ser capaz de reproduzir os resultados com o programa de computador adequado e os dados. Todos os aspectos do projeto do estudo e da metodologia estatística precisam ser totalmente descritos (ver também Declaração de Consolidação de Padrões para Relatar Testes [CONSORT] - Cap. 14).

Resultados de um teste de hipótese

• Inclua um diagrama relevante, se adequado.
• Indique a hipótese de interesse.
• Denomine o teste e declare se ele é mono ou bicaudal.
• Justifique as premissas (se houver alguma) subjacentes ao teste (por exemplo, Normalidade, variância constante; Cap. 35) e descreva quaisquer transformações (Cap. 9) necessárias para satisfazer essas premissas (por exemplo, obter logaritmos).
• Especifique o valor observado da estatística de teste, sua distribuição (e graus de liberdade, se relevante) e, se possível, o valor *P exato* (por exemplo, $P = 0{,}03$), em vez de uma estimativa do seu intervalo (por exemplo, $0{,}01 < P < 0{,}05$) ou um sistema de estrelas (por exemplo, *, **, *** para níveis crescentes de significância). Evite escrever "n.s." quando $P > 0{,}05$; um valor P exato é preferível, mesmo quando o resultado é não-significante.
• Inclua uma estimativa do efeito *relevante* de interesse (por exemplo, a diferença entre as médias para o teste t com duas amostras, ou a diferença entre as médias para o teste t pareado) com um intervalo de confiança (de preferência) ou erro padrão.
• Tire conclusões dos resultados (por exemplo, rejeite a hipótese de nulidade), interprete quaisquer intervalos de confiança e explique suas implicações.

Resultados de uma análise de regressão

Aqui, incluímos regressão linear simples (Cap. 27 e 28) e múltipla (Cap. 29), regressão logística (Cap. 30), regressão de Poisson (Cap. 31), regressão de perigos proporcionais (Cap. 44) e métodos de regressão para dados agrupados (Cap. 42). Detalhes completos dessas análises são explicados nos capítulos associados.

- Inclua diagramas relevantes (por exemplo, um diagrama de dispersão com a linha ajustada para regressão simples).
- Declare claramente qual é a variável dependente e quais são as variáveis explanatórias.
- Justifique premissas subjacentes e explique os resultados de diagnósticos de regressão, se apropriado.
- Descreva quaisquer transformações e explique seu propósito.
- Quando apropriado, descreva os possíveis valores numéricos assumidos por qualquer variável categórica (por exemplo, homem = 0, mulher = 1), como as variáveis fictícias foram criadas (Cap. 29), e as unidades das variáveis contínuas.
- Dê uma indicação da perfeição do ajuste do modelo (por exemplo, citar R^2 [Cap. 29] ou estatística de taxa de probabilidade [ETP] [Cap. 32]).
- Se adequado (por exemplo, em regressão múltipla), forneça os resultados do teste F geral da tabela de análise de variância (ANOVA).
- Forneça estimativas de *todos* os coeficientes no modelo (incluindo aqueles não significantes, se adequado) juntamente com os intervalos de confiança para os coeficientes ou erros padrões de suas estimativas. Em regressão logística (Cap. 30), regressão de Poisson (Cap. 31) e regressão de perigos proporcionais (Cap. 44), converta os coeficientes em taxas de probabilidades estimadas, taxas relativas ou perigos relativos (com intervalos de confiança). Interprete os coeficientes relevantes.
- Mostre os resultados dos testes de hipóteses sobre os coeficientes (ou seja, inclua as estatísticas de teste e os valores P). Tire conclusões adequadas desses testes.

Análises complexas

Não existem regras simples para a apresentação das formas mais complexas de análise estatística. Assegure-se de descrever totalmente o projeto do estudo (por exemplo, os fatores na análise de variância e se existe uma distribuição hierárquica) e inclua uma validação de premissas subjacentes, estatísticas descritivas relevantes (com intervalos de confiança), estatísticas de teste e valores P. Uma breve descrição do que a análise faz auxilia o que não foi iniciado; isso deve ser acompanhado por uma referência, para detalhes adicionais. Especifique qual programa de computador está sendo usado.

978-85-7241-701-3

Exemplo

Título informativo e sem ambigüidade

Linhas e colunas totalmente rotuladas

Unidades de medida

Estimativas de localização e dispersão

Números em que se baseiam as porcentagens

Resultados numéricos citados até o grau adequado de precisão

Tabela 37.1 – Informações referentes à primiparidade em mulheres com distúrbios hemorrágicos*, estratificadas por distúrbio hemorrágico

	Distúrbio Hemorrágico				
	Total	*Hem A*	*Hem B*	*vWD*	*Deficiência de FXI*
Número de mulheres com nativivos	48	14	5	19	10
Idade da mãe no nascimento do bebê (anos)					
Mediana	27	24,9	28,5	27,5	27,1
Faixa	(16,7 - 37,9)	(16,7 - 33)	(25,6 - 34,9)	(18,8 - 36,6)	(22,3 - 37,9)
Idade gestacional (semanas)					
Mediana	40	39	40	40	40,5
(faixa)	(37 - 42)	(38 - 42)	(39 - 41)	(38 - 42)	(37 - 42)
Peso do bebê (kg)					
Mediana	3,64	3,62	3,78	3,64	3,62
(faixa)	(1,96 - 4,46)	(1,96 - 4,46)	(3,15 - 3,94)	(2,01 - 4,35)	(2,9 - 3,84)
Sexo do bebê**					
Menino	20 (41,7%)	8 (57,1%)	0 (-)	8 (42,1%)	4 (40%)
Menina	20 (41,7%)	4 (28,6%)	2 (40%)	10 (52,6%)	4 (40%)
Não declarado	8 (16,7%)	2 (14,3%)	3 (60%)	1 (5,3%)	2 (20%)
Intervenções recebidas durante o trabalho de parto**					
Gás inalado	25 (52,1%)	6 (42,9%)	2 (40%)	11 (57,9%)	6 (60%)
Petidina intramuscular	22 (45,8%)	9 (64,3%)	1 (20%)	4 (21,1%)	8 (80%)
Petidina intravenosa	2 (4,2%)	0 (0%)	0 (0%)	1 (5,3%)	1 (10%)
Epidural	10 (20,8%)	3 (21,4%)	2 (40%)	4 (21,1%)	1 (10%)

* O estudo é descrito no Capítulo 2.
** As entradas são freqüências (%).
FXI = fator XI; Hem = hemofilia; vWD = doença de von Willebrand.

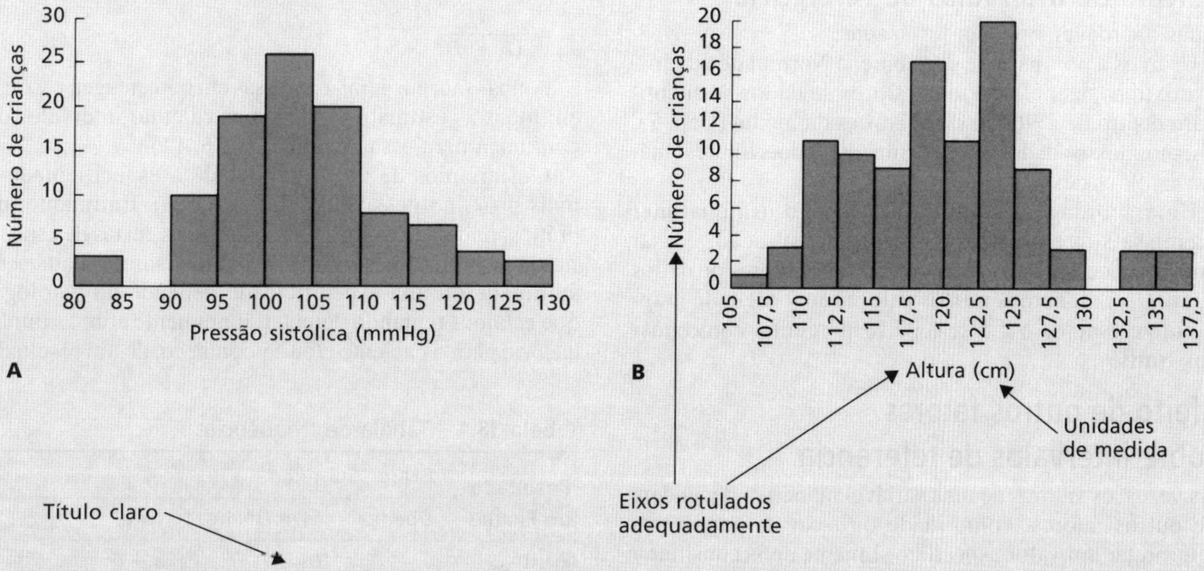

Figura 37.1 – Histogramas mostrando a distribuição de (*A*) pressão sistólica e (*B*) altura numa amostra de 100 crianças (Cap. 26).

978-85-7241-701-3

38 Ferramentas de diagnóstico

O estado de saúde de um indivíduo com freqüência se caracteriza por numerosas mensurações numéricas ou categóricas. Nesse contexto, um **intervalo de referência** (Caps. 6 e 7) e/ou **teste diagnóstico** adequados podem ser usados:

- Pelo clínico, juntamente com um exame clínico, para *diagnosticar* ou excluir um determinado distúrbio no paciente.
- Como um dispositivo de *triagem*, para averiguar quais indivíduos de uma população aparentemente saudável têm probabilidade de apresentar (ou, às vezes, não apresentar) a doença de interesse. Os indivíduos assim destacados serão, então, em geral submetidos a investigações mais rigorosas para confirmação do diagnóstico. Só é sensato triar para uma doença se existem instalações adequadas ao seu tratamento nos estágios pré-sintomáticos, sendo esse tratamento menos custoso e/ou mais eficaz do que quando administrado num estágio posterior (ou, algumas vezes, se existe a crença de que os indivíduos diagnosticados com a doença modificarão seu comportamento para evitar o alastramento da doença).

Intervalos de referência

Um **intervalo de referência** (na maioria das vezes denominado **faixa normal**) para uma única variável numérica, calculado a partir de uma amostra muito grande, provê uma faixa de valores geralmente observados em indivíduos saudáveis. Se o valor de um indivíduo está acima do limite superior ou abaixo do limite inferior, ele é considerado alto (ou baixo) de forma incomum, em relação a indivíduos saudáveis.

Cálculo de intervalos de referência

Duas abordagens podem ser usadas:

- Usamos a premissa de distribuição Normal dos dados. Aproximadamente 95% dos valores de dados se encontram dentro de 1,96 desvios padrões da média (Cap. 7). Usamos nossos dados para calcular esses dois limites (média $\pm 1{,}96 \times$ desvio padrão).
- Uma abordagem alternativa, que não usa qualquer premissa sobre a distribuição da mensuração, é usar uma faixa central que abrange 95% dos valores de dados (Cap. 6). Colocamos nossos valores em ordem de magnitude e usamos o 2,5º e o 97,5º percentis como nossos limites.

Efeito de outros fatores sobre intervalos de referência

Às vezes, os valores de uma variável numérica dependem de outros fatores, como idade ou sexo. É importante interpretar um valor específico somente após considerar esses outros fatores. Por exemplo, geramos intervalos de referência para pressão sistólica separadamente para homens e mulheres.

Exames diagnósticos

O **teste padrão-ouro** para prover um diagnóstico definitivo de uma determinada patologia pode, às vezes, ser impraticável ou não estar disponível como rotina. Gostaríamos de um exame simples, dependente da presença ou ausência de algum marcador, que forneça uma indicação razoável quanto ao paciente ter ou não a patologia.

Tomamos um grupo de indivíduos cujo verdadeiro *status* de doença é conhecido em vista do resultado do teste padrão-ouro. Podemos desenhar a tabela 2×2 de freqüências (Tabela 38.1).

Dos n indivíduos estudados, $a + c$ indivíduos têm a doença. A **prevalência** (Cap. 12) da doença nessa amostra é

$$= \frac{(a + c)}{n}$$

Dos $a + c$ indivíduos que têm a doença, a têm resultados de exame positivos (*verdadeiros positivos*) e c têm resultados de exame negativos (**falsos negativos**). Dos $b + d$ indivíduos que não têm a doença, d têm resultados de exame negativos (*verdadeiros negativos*) e b têm resultados de exame positivos (**falsos positivos**).

Avaliação da confiabilidade: sensibilidade e especificidade

Sensibilidade = proporção de indivíduos com a doença, corretamente identificados pelo exame

$$= \frac{a}{(a + c)}$$

Especificidade = proporção de indivíduos sem a doença, corretamente identificados pelo exame

$$= \frac{d}{(b + d)}$$

Ambas são, em geral, expressas em porcentagens. Como em todas as estimativas, devemos calcular intervalos de confiança para essas medidas (Cap. 11).

Gostaríamos de ter sensibilidade e especificidade o mais próximo possível de 1 (ou 100%). Entretanto, na prática, podemos ganhar sensibilidade às custas de especificidade, e vice-versa. Até que ponto visamos à alta sensibilidade ou alta especificidade depende da patologia que estamos tentando detectar, juntamente com as implicações, para o paciente e/ou a população, de um resultado

Tabela 38.1 – Tabela de freqüências

Resultado do Exame	Exame Supremo		
	Doença	*Sem Doença*	*Total*
Positivo	a	b	$a + b$
Negativo	c	d	$c + d$
Total	$a + c$	$b + d$	$n = a + b + c + d$

978-85-7241-701-3

falso negativo ou falso positivo. Para patologias facilmente tratáveis, preferimos uma alta sensibilidade; para as sérias e intratáveis, preferimos uma alta especificidade a fim de evitar fazer um diagnóstico falso positivo. É importante que, antes da triagem ser efetuada, os indivíduos compreendam as implicações de um diagnóstico positivo e que tenham uma apreciação das taxas de falso positivo e falso negativo do exame.

Valores preditivos

Valor preditivo positivo = proporção de indivíduos com resultado de exame positivo que têm a doença

$$= \frac{a}{(a + b)}$$

Valor preditivo negativo = proporção de indivíduos com resultado de exame negativo que não têm a doença

$$= \frac{d}{(c + d)}$$

Calculamos intervalos de confiança para esses valores preditivos, com freqüência expressos como porcentagens, usando os métodos descritos no Capítulo 11.

Esses valores preditivos provêem informações sobre a probabilidade de o indivíduo ter ou não ter a doença, dado seu resultado do exame. Valores preditivos dependem da prevalência da doença na população em estudo. Em populações nas quais a doença é comum, o valor preditivo positivo de um dado exame será muito maior do que em populações nas quais a doença é rara. O oposto é válido para valores preditivos negativos.

978-85-7241-701-3

Uso de um valor de corte

Às vezes, desejamos fazer um diagnóstico com base numa mensuração contínua. Com freqüência, não existe um limiar acima (ou abaixo) do qual a doença definitivamente ocorra. Nessas situações, precisamos definir nós mesmos um valor de corte acima (ou abaixo) do qual cremos que um indivíduo tenha uma chance muito elevada de ter a doença.

Uma abordagem útil é usar o limite superior (ou inferior) do intervalo de referência. Podemos avaliar esse valor de corte calculando a sensibilidade, a especificidade e os valores preditivos associados. Se escolhermos um valor de corte diferente, esses valores podem se alterar ao nos tornarmos mais ou menos rigorosos. Escolhemos o valor de corte para otimizar essas medidas conforme desejado.

Curvas de característica operacional de receptor

Essas curvas fornecem uma maneira de avaliar se um determinado tipo de teste provê informações úteis, e podem ser usadas para comparar dois testes diferentes e para selecionar um valor de corte ótimo para um teste.

Para um determinado teste, consideramos todos os pontos de corte que resultam num par único de valores de sensibilidade e especificidade, e plotamos a *sensibilidade* contra *um menos a especificidade* (comparando, assim,

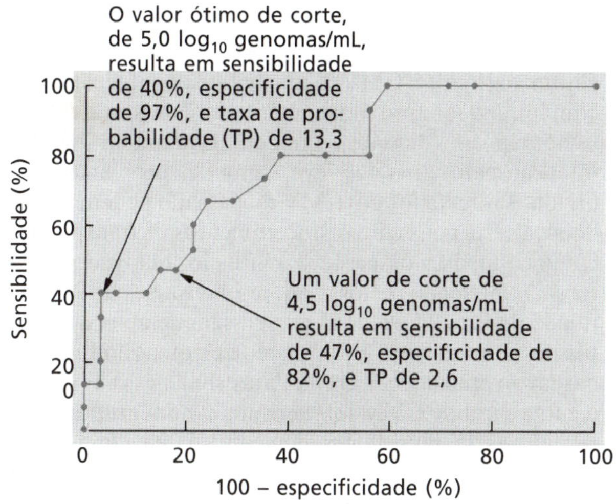

Figura 38.1 – Curva de característica operacional de receptor (COR), destacando os resultados de dois possíveis valores de corte, o ótimo e aquele usado para o teste diagnóstico.

as probabilidades de um resultado positivo de teste naqueles com e sem doença) e conectamos esses pontos usando linhas (Fig. 38.1).

A **curva de característica operacional de receptor** (COR) para um teste com algum uso se localizará à esquerda da diagonal (isto é, a linha a 45°) do gráfico. Dependendo das implicações de resultados falsos positivos e falsos negativos, e da prevalência da patologia, podemos escolher o valor ótimo de corte para um teste a partir desse gráfico. Dois ou mais testes para a mesma patologia podem ser comparados considerando-se a área sob cada curva; essa área é dada pela **estatística C** (produzida por muitos programas estatísticos). O teste com a maior área (ou seja, a maior estatística C) é melhor para discriminar entre resultados de doenças.

É um teste útil?

A **taxa de probabilidade** (TP) para um resultado positivo é a proporção entre a chance de um resultado positivo, se o paciente tem a doença, e a chance de um resultado positivo, se ele não tem a doença (ver também o Cap. 32). Taxas de probabilidade também podem ser gera-das para resultados negativos de exames. Por exemplo, uma TP de 2 para um resultado positivo indica que um resultado positivo tem o dobro de probabilidade de ocorrer num indivíduo com doença do que num indivíduo sem doença. Uma elevada taxa de probabilidade para um resultado positivo sugere que o teste fornece informações úteis, tanto quanto uma taxa de probabilidade próxima de zero para um resultado negativo.

Pode-se demonstrar que:

$$TP\ para\ um\ resultado\ positivo = \frac{Sensibilidade}{(1 - especificidade)}$$

Discutimos essa TP numa estrutura Bayesiana, no Capítulo 45.

Exemplo

Citomegalovírus (CMV) é um agente de infecção viral comum, à qual aproximadamente 50% dos indivíduos estão expostos durante a infância. Embora em geral a infecção pelo vírus não leve a grandes problemas, indivíduos infectados por CMV no passado podem sofrer doença séria após certos procedimentos de transplante, como de medula óssea, se seu vírus for reativado ou se forem reinfectados pelos doadores. Pensa-se que a quantidade de vírus detectável no seu sangue após o transplante (a carga viral) pode predizer quais indivíduos desenvolverão doença grave. Para estudar essa hipótese, a carga viral de CMV foi mensurada num grupo de 49 receptores de transplantes de medula óssea. Quinze dos 49 pacientes desenvolveram doença grave durante o acompanhamento. Os valores de carga viral em todos os pacientes variaram entre 2,7 $\log_{10}$ genomas/mL e 6,0 $\log_{10}$ genomas/mL. Como ponto de partida, um valor acima de 4,5 $\log_{10}$ genomas/mL foi considerado uma indicação do possível futuro desenvolvimento de doença. A tabela de freqüências mostra os resultados obtidos; o quadro contém cálculos de estimativas de medidas de interesse.

Carga Viral ($\log_{10}$ Genomas/mL)	Doença Grave		
	Sim	*Não*	*Total*
> 4,5	7	6	13
≤ 4,5	8	28	36
Total	15	34	49

Portanto, para esse valor de corte, temos uma especificidade relativamente alta e uma especificidade moderada. A TP de 2,6 indica que esse teste é útil, uma vez que uma carga viral > 4,5 $\log_{10}$ genomas/mL é duas vezes mais provável em um indivíduo com doença grave do que em outro sem doença grave. Todavia, para investigar outros valores de corte, foi traçada uma curva de COR (Fig. 38.1). A linha traçada se encontra imediatamente à esquerda da diagonal do gráfico. Para esse exemplo, o valor de corte mais útil (5,0 $\log_{10}$ genomas/mL) é aquele que resulta em sensibilidade de 40% e especificidade de 97%; então, a TP é igual a 13,3.

Prevalência = (15/49) × 100% = 31% (IC 95%, 18% a 45%)

Sensibilidade = (7/15) × 100% = 47% (IC 95%, 22% a 72%)

Especificidade = (28/34) × 100% = 82% (IC 95%, 69% a 95%)

Valor preditivo positivo = (7/13) × 100% = 54% (IC 95%, 27% a 81%)

Valor preditivo negativo = (28/36) × 100% = 78% (IC 95%, 65% a 92%)

Taxa de probabilidade para resultado positivo = 0,47/(1 – 0,82) = 2,6 (IC 95%, 1,1% a 6,5%, obtido por resultado de computador)

IC = intervalo de confiança.

Dados gentilmente fornecidos por Prof. V. C. Emery e Dr. D. Gor, Department of Virology, Royal Free and University College Medical School, London, UK.

978-85-7241-701-3

39 Avaliação de concordância

Introdução

Existem muitas ocasiões em que desejamos comparar resultados que devem concorrer. Em particular, podemos desejar avaliar e, se possível, quantificar os seguintes dois tipos de *concordância* ou **confiabilidade**:

- ***Reprodutibilidade*** *(concordância método/observador)*. Duas técnicas utilizadas para mensurar uma determinada variável em circunstâncias idênticas produzem o mesmo resultado? Dois ou mais observadores usando o mesmo método de mensuração obtêm os mesmos resultados?
- ***Repetitividade***. Um único observador obtém os mesmos resultados quando faz mensurações repetidas em circunstâncias idênticas?

A reprodutibilidade e a repetitividade podem ser abordadas da mesma maneira. Em cada caso, o método de análise depende de haver **variável categórica** (por exemplo, ruim/médio/bom) ou **variável numérica** (por exemplo, pressão sistólica). Para simplicidade, restringiremos o problema à comparação somente de resultados *pareados* (por exemplo, dois métodos/dois observadores/mensurações em duplicidade).

Variáveis categóricas

Suponha que dois observadores avaliam num mesmo paciente a gravidade da doença, usando uma escala categórica de mensuração, e que desejamos avaliar até que ponto eles concordam. Apresentamos os resultados numa tabela de contingência de freqüências de dupla entrada, com as linhas e colunas indicando as categorias de resposta para cada observador. A Tabela 39.1 é um exemplo que mostra os resultados das avaliações da condição de superfícies dentárias por dois observadores. As freqüências com as quais os observadores concordam são mostradas ao longo da *diagonal* da tabela. Calculamos as freqüências correspondentes que seriam *esperadas* se as categorizações fossem feitas aleatoriamente, da mesma maneira que calculamos as freqüências esperadas no teste de associação qui-quadrado (Cap. 24) – ou seja, cada freqüência esperada é o produto dos totais das linhas e colunas relevantes dividido pelo total geral. Então, medimos a concordância assim:

$$\textit{Capa de Cohen}, \ \kappa = \frac{\left(\dfrac{O_d}{m} - \dfrac{E_d}{m}\right)}{\left(1 - \dfrac{E_d}{m}\right)}$$

Que representa a concordância proporcional corrigida para o acaso, em que:

- m = freqüência observada total (por exemplo, número total de pacientes).
- O_d = soma das freqüências observadas *ao longo da diagonal*.
- E_d = soma das freqüências esperadas *ao longo da diagonal*.
- 1 no denominador representa concordância máxima.

$\kappa = 1$ representa concordância perfeita e $\kappa = 0$ sugere que a concordância não é melhor do que aquela que seria obtida por acaso. Não existem critérios objetivos para julgar valores intermediários. Entretanto, capa é freqüentemente julgado como provedor de concordância[1] que é:

- Precária, se $\kappa \leq 0{,}20$.
- Razoável, se $0{,}21 \leq \kappa \leq 0{,}40$.
- Moderada, se $0{,}41 \leq \kappa \leq 0{,}60$.
- Substancial, se $0{,}11 \leq \kappa \leq 0{,}80$.
- Boa se $\kappa > 0{,}80$.

Embora seja possível estimar um erro padrão para capa, em geral não testamos a hipótese de que capa é zero, uma vez que isso não é realmente pertinente ou realista num estudo de confiabilidade.

Note que capa depende do número de categorias (ou seja, seu valor é maior se existem menos categorias) e da prevalência da patologia, portanto deve-se tomar cuidado ao comparar capas de diferentes estudos. Para dados ordinais, também podemos calcular um **capa ponderado**[2], que leva em conta até que ponto os observadores *discordam* (freqüências não-diagonais), e também as freqüências de concordância (ao longo da diagonal). O capa ponderado é muito similar ao **coeficiente de correlação interclasses** (ver próxima seção e o Cap. 42).

Variáveis numéricas

Suponha que um observador faça mensurações duplicadas de uma variável numérica em n indivíduos (apenas substitua a palavra "repetitividade" por "reprodutibilidade", ao considerar o problema similar de concordância de método, mas lembre-se de avaliar a repetitividade de cada método antes de efetuar o estudo de concordância de método).

- Se a diferença média entre mensurações duplicadas é zero (avaliada pelo teste t pareado, teste de sinal ou teste de classes com sinal – Caps. 19 e 20), podemos inferir que *não existe diferença sistemática* entre os pares de resultados: se um conjunto de leituras representa os valores verdadeiros, como é provável num estudo de comparação de métodos, isso significa que não existe **tendenciosidade**. Então, *em média*, as leituras duplicadas são concordantes.
- O desvio padrão estimado das diferenças (s_d) fornece uma medida de concordância para um *indivíduo*. Entretanto, é mais freqüente calcular o **coeficiente de repetitividade da British Standards Institution** = $2s_d$. Essa é a máxima diferença com probabilidade de ocorrer entre duas medidas. Presumindo uma distribuição Normal de diferenças, esperamos que aproximadamente 95% das diferenças na população se encontrem entre $\overline{d} \pm 2s_d$, em que $\overline{d}$ é a média das diferenças observadas. Os limites superior e inferior desse intervalo são denominados os

978-85-7241-701-3

limites de concordância; a partir deles, podemos decidir (subjetivamente) se a concordância entre pares de leituras numa dada situação é aceitável.

- Um *índice de confiabilidade* comumente usado para mensurar repetitividade e reprodutibilidade é o **coeficiente de correlação intraclasse** (**CCI**, Cap. 42), que assume valores entre zero (nenhuma concordância) e 1 (concordância perfeita). Ao mensurar concordância entre pares de observações, o CCI é a proporção da variabilidade das observações, decorrente das diferenças entre pares, isto é, ela é a variância entre pares, expressa como uma proporção da variância total das observações.

Quando não existe qualquer evidência de uma diferença sistemática entre os pares, podemos calcular o CCI como o coeficiente de correlação de Pearson (Cap. 26) entre os $2n$ pares de observações obtidos incluindo-se cada par duas vezes, uma vez quando seus valores são como observado e uma vez quando eles são permutados (ver Exemplo 2).

Se desejarmos considerar a diferença sistemática entre as observações num par, estimamos o CCI como:

$$\frac{s_a^2 - s_d^2}{s_a^2 + s_d^2 + \frac{2}{n}\left(n\bar{d}^2 - s_d^2\right)}$$

Em que determinamos a diferença entre, e a soma das, observações em cada um dos n pares e:

- s_a^2 é a variância estimada das n somas.
- s_d^2 é a variância estimada das n diferenças.
- $\bar{d}$ é a média estimada das diferenças (uma estimativa da diferença sistemática).

Geralmente, efetuamos um estudo de confiabilidade como parte de um estudo investigativo maior. A amostra usada para o estudo de confiabilidade deve ser um reflexo daquela usada para o estudo investigativo. Não devemos comparar valores do CCI em conjuntos de dados diferentes, uma vez que o CCI é influenciado por características dos dados, como sua variabilidade (o CCI será maior se as observações forem mais variáveis). Além disso, o CCI não está relacionado à escala real de mensuração ou ao tamanho do erro clinicamente aceitável.

Precauções

- Não faz sentido calcular uma *única* medida de repetitividade se o ponto até onde as observações de um par discordam depende da magnitude da medida. Podemos verificar isso determinando a média e a diferença entre cada par de leituras, e plotando as n diferenças contra suas correspondentes médias[3] (Fig. 39.1). Se observarmos uma dispersão aleatória de pontos (uniformemente distribuída acima e abaixo de zero, se não existe diferença sistemática entre os pares) então uma única medida de repetitividade é aceitável. Se, porém, observarmos um efeito de funil, com a variação das diferenças maior (digamos) para valores maiores de médias, então, precisamos reavaliar o problema. Podemos ser capazes de encontrar uma transformação adequada dos dados brutos (Cap. 9), de modo que, quando repetimos o processo sobre as observações transformadas, a condição exigida é satisfeita. Também podemos usar o gráfico para detectar *outliers* (Cap. 3).
- Seja precavido no cálculo do coeficiente de correlação (Cap. 26) entre os dois conjuntos de leituras (por exemplo, da primeira e da segunda ocasião ou de dois métodos/observadores). Não estamos realmente interessados em saber se os pontos no diagrama de dispersão (por exemplo, dos resultados da primeira ocasião plotados contra aqueles da segunda ocasião) se encontram numa reta; queremos saber se elas se conformam à linha de igualdade (ou seja, a linha a 45° quando as duas escalas são iguais). Isso não será estabelecido por um teste de hipótese de nulidade, de que o coeficiente de correlação é zero. Seria, em qualquer caso, muito surpreendente se os pares de mensurações não fossem relacionados, dada a natureza da investigação. Além disso, tenha em mente o fato de que é possível aumentar a magnitude do coeficiente de correlação aumentando-se a faixa de valores das mensurações.

Situações mais complexas

Às vezes, você pode se deparar com problemas mais complexos ao avaliar a concordância. Por exemplo, pode haver mais de duas réplicas ou mais de dois observadores, ou cada um de numerosos observadores pode ter observações replicadas. Você pode encontrar detalhes da análise de problemas como esse em Streiner e Norman[4].

978-85-7241-701-3

REFERÊNCIAS BIBLIOGRÁFICAS

1 Landis, J. R. & Koch, G. G. (1977) The measurement of observer agreement for categorical data. *Biometrics* **33**; 159-174.

2 Cohen, J. (1968). Weighted Kappa: nominal scale agreement with provision for scale disagreement or partial credit. *Psychological Bulletin* **70**: 213-220.

3 Bland, J. M., Altman, D. G. (1986). Statistical methods for assessing agreement between two pairs of clinical measurement. *Lancet* **i**; 307-310.

4 Streiner, D. R. and Norman, G. L. (2003). *Health measurement scales: A practical guide to their development and use, 3rd edn.* Oxford University Press, Oxford.

Exemplo 1

Avaliação da concordância - variável categórica

Dois observadores, um dentista experiente e um estudante de odontologia, avaliaram a condição de 2104 superfícies dentárias de crianças em idade escolar. Cada indivíduo codificou todas as superfícies como "0" (íntegra), "1" (com pelo menos uma cárie "pequena"), "2" (com pelo menos uma cárie "grande") ou "3" (com pelo menos uma obturação, com ou sem cáries). As freqüências observadas são mostradas na Tabela 39.1. Os números em negrito ao longo da diagonal mostram as freqüências de concordância observadas; as freqüências esperadas correspondentes estão entre parênteses. Calculamos o **capa de Cohen** para avaliar a concordância entre os dois observadores.

Estimamos o capa de Cohen como:

$$\kappa = \frac{\left(\frac{1.785+154+20+14}{2.104}\right) - \left(\frac{1.602,1+21,3+0,5+0,2}{2.104}\right)}{1 - \left(\frac{1.602,1+21,3+0,5+0,2}{2.104}\right)}$$

$$= \frac{0,9377 - 0,7719}{1 - 0,7719} = 0,73$$

Parece haver concordância substancial entre o estudante e o dentista experiente, na codificação das superfícies dentárias das crianças.

Tabela 39.1 - Freqüências observadas (e esperadas) da avaliação de superfícies dentárias

		Estudante de Odontologia				
	Código	*0*	*1*	*2*	*3*	*Total*
	0	**1.785** (1.602,1)	46	0	7	1.838
	1	46	**154** (21,3)	18	5	223
Dentista	2	0	0	**20** (0,5)	0	25
	3	3	1	0	**14** (0,2)	18
	Total	1.834	201	43	26	2.104

978-85-7241-701-3

Dados gentilmente fornecidos por Dr. R.D. Holt, Eastman Dental Institute, University College London, London, UK.

Exemplo 2

Avaliação da concordância - variáveis numéricas

O índice de auto-estima de Rosenberg é usado para julgar a avaliação de um paciente sobre sua própria auto-estima. O valor máximo do índice (indicativo de elevada auto-estima) para uma pessoa é 50, compreendendo a soma dos valores individuais de dez perguntas, cada uma com escores de zero a cinco. Parte de um estudo que examinou a eficácia de um determinado tipo de cirurgia, para deformidade facial, examinou a alteração do perfil psicológico de um paciente pela comparação dos valores do índice de Rosenberg do paciente, antes e depois da cirurgia. A preocupação dos pesquisadores era até que ponto o escore de Rosenberg seria confiável para um conjunto de pacientes; eles decidiram avaliar a repetitividade da mensuração nos primeiros 25 pacientes que necessitavam de tratamento para deformidade facial. Eles obtiveram um valor para o índice de Rosenberg na primeira consulta do paciente, e depois de quatro semanas pediram ao paciente uma nova avaliação. Os resultados são mostrados na Tabela 39.2.

Pode-se demonstrar que as diferenças (primeiro valor – segundo valor) têm distribuição aproximadamente

Tabela 39.2 - Valores pré-tratamento (1º e 2º) do índice de Rosenberg, obtidos em 25 pacientes

1º	2º	1º	2º	1º	2º	1º	2º	1º	2º
30	27	41	39	37	39	43	43	21	20
39	41	41	41	42	42	40	39	41	39
50	49	50	49	46	44	31	30	29	28
45	42	38	40	49	48	45	46	26	27
25	28	41	39	21	23	46	42	32	30

Normal; elas têm média $\bar{d} = 0,56$ e desvio padrão $s_d = 1,83$. A estatística de teste para o teste *t* pareado é igual a 1,53 (graus de liberdade = 24), resultando em $P = 0,14$. Esse resultado não-significante indica que não existe evidência de qualquer diferença sistemática entre os resultados nas duas ocasiões.

O coeficiente de repetitividade da British Standards Institution é $2s_d = 2 \times 1,83 = 3,7$. Seria esperado que aproximadamente 95% das diferenças na população de tais pacientes estivessem entre $\bar{d} \pm 2s_d$, isto é, entre −3,1 e 4,3. Esses limites são indicados na Figura 39.1, que mostra que as diferenças estão dispersas de maneira

(*Continua*)

Exemplo 2 (*Continuação*)

aleatória em torno de uma média de aproximadamente zero.

O índice de confiabilidade é estimado em

$$\frac{287,573 - 3,340}{287,573 + 3,340 + \frac{2}{25}(25(0,56^2) - 3,340)} = 0,98$$

Uma vez que a diferença sistemática é desprezível, esse valor para o CCI é o mesmo que aquele obtido pelo cálculo do coeficiente de correlação de Pearson para os 50 pares de resultados obtidos por meio da utilização de cada par de resultados duas vezes, uma delas com a ordem invertida. Como ilustração da técnica, considere os cinco primeiros pares de valores pré-tratamento: (30, 27), (39, 41), (50, 49), (45, 42) e (25, 28). Se invertermos a ordem de cada par, obteremos um segundo conjunto de cinco pares: (27, 30), (41, 39), (49, 50), (42, 45) e (28, 25). Repetindo-se esse processo para os 20 pares restantes, obteremos um total de 50 pares que utilizamos para calcular o coeficiente de correlação, uma estimativa do CCI.

Uma vez que a máxima diferença provável entre mensurações repetidas está em torno de 3,7, e uma vez que virtualmente toda (isto é, 98%) a variabilidade nos resultados pode ser atribuída a diferenças entre pacientes, os investigadores sentiram que o índice de Rosenberg era confiável e o usaram para avaliar as percepções dos pacientes sobre a eficácia da cirurgia facial.

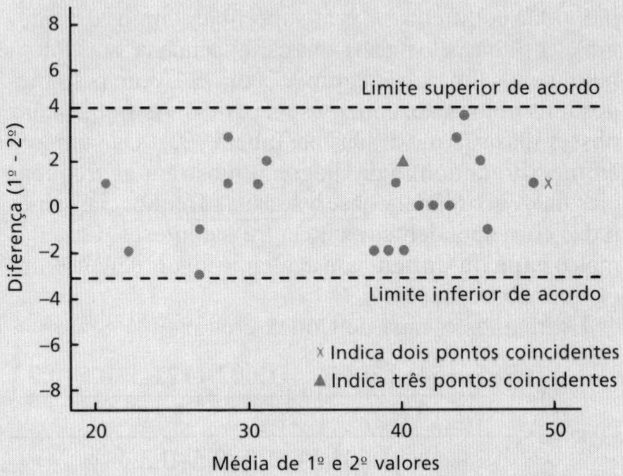

Figura 39.1 – Diferença entre primeiro e segundo valores de auto-estima de Rosenberg, plotados contra sua média para 25 pacientes.

Cunningham, S. J., Hunt, N. P. and Feinnman, C. (1996) Perceptions of outcome following othognathic surgery. *British Journal of Oral and Maxillofacial Surgery* **34**, 210-213, 1996.

978-85-7241-701-3

40 Medicina baseada em evidências

Sackett *et al.*[1] descrevem a **medicina baseada em evidências (MBE)** como "o uso consciencioso, explícito e judicioso das melhores evidências atuais para a tomada de decisão sobre o tratamento de pacientes individuais". Para praticar MBE, você precisa ser capaz de localizar a pesquisa relevante para o tratamento de seus pacientes e julgar sua qualidade. Somente então você pode pensar em aplicar os achados na prática clínica.

Sackett *et al.* sugerem a seguinte abordagem à MBE. Para conveniência, fraseamos o terceiro e o quarto pontos a seguir em termos de testes clínicos (Cap. 14) e estudos observacionais (Cap. 15 e 16), mas eles podem ser modificados para se adequarem a outras formas de investigações (por exemplo, testes diagnósticos, Capítulo 38).

1. Formular o problema

Você precisa decidir o que lhe interessa – como você define a população de pacientes, qual intervenção (isto é, tratamento) ou comparação é relevante, e qual resultado você está visando (por exemplo, mortalidade reduzida).

978-85-7241-701-3

2. Localizar as informações relevantes (ou seja, em diagnóstico, prognóstico ou terapia)

Com freqüência, as informações relevantes serão encontradas em artigos publicados, mas você deve considerar também outras possibilidades, como resumos de conferências. Você precisa saber quais bases de dados (por exemplo, Medline) e outras fontes de evidências estão disponíveis, como estão organizadas, quais termos de busca utilizar, e como operar o *software* de busca.

3. Avaliar criticamente os métodos para determinar a validade (proximidade da verdade) das evidências

As seguintes perguntas devem ser feitas.

- Todos os *resultados importantes* foram considerados?
- O estudo foi conduzido usando-se um *espectro adequado de pacientes*?
- Os resultados fazem *sentido biológico*?
- O estudo foi projetado para eliminar **tendenciosidade**? Por exemplo, num teste clínico, o estudo foi *controlado*, a **randomização** foi usada na atribuição de pacientes, a avaliação da resposta foi "*cega*", algum paciente foi "perdido" no acompanhamento, os grupos foram tratados de maneira similar, à parte o fato de terem recebido diferentes tratamentos, e foi efetuada uma **análise de "intenção de tratar"**?
- Os métodos estatísticos são adequados (por exemplo, as premissas subjacentes foram verificadas; dependências nos dados [por exemplo, pareamento] foram consideradas na análise)?

4. Extrair os resultados mais úteis e determinar se eles são importantes

Extrair os resultados mais úteis

Você deve fazer as seguintes perguntas:

- Qual é a **principal variável de resultado** (isto é, aquela que se relaciona ao objetivo principal)?
- Qual é a *grandeza* do **efeito de interesse**, expressado em termos da principal variável de resultado? Se essa é uma:
  - **Variável binária** (por exemplo, morreu/sobreviveu)
    - Quais são as taxas/riscos/probabilidades de ocorrência desse evento (por exemplo, morte) nos (dois) grupos de comparação?
    - O efeito de interesse pode ser a diferença em taxas ou riscos (a redução absoluta) ou uma taxa (a taxa ou risco relativo ou taxa de probabilidade) – qual é sua magnitude?
  - **Variável numérica** (por exemplo, pressão sistólica)
    - Qual é o valor médio (ou mediano) da variável em cada um dos grupos de comparação?
    - Qual é o efeito de interesse, isto é, a diferença em médias (medianas)?
- Quão preciso é o efeito de interesse? Idealmente, a pesquisa em escrutínio deve incluir o intervalo de confiança para o efeito verdadeiro (um intervalo de confiança amplo é uma indicação de precisão precária). Esse intervalo de confiança é citado? Se não é, informação suficiente (por exemplo, o erro padrão do efeito de interesse) é fornecida de modo que o intervalo de confiança possa ser determinado?

Decidir se os resultados são importantes

- Considere o **intervalo de confiança** para o efeito de interesse (por exemplo, a diferença entre as médias dos tratamentos):
  - Você consideraria clinicamente importante o efeito observado (independentemente de o resultado do teste de hipótese relevante ser ou não estatisticamente significativo), se o limite inferior do intervalo de confiança representasse o valor verdadeiro do efeito?

– Você consideraria clinicamente importante o efeito observado, se o limite superior do intervalo de confiança representasse o valor verdadeiro do efeito?

– Suas respostas aos dois itens anteriores são suficientemente similares para declararem os resultados do estudo não-ambíguos e importantes?

• Para avaliar a terapia num teste controlado randomizado, avalie o **número de pacientes que você precisa tratar** (NPT) com o tratamento experimental em vez de o tratamento de controle, para evitar que um deles desenvolva o resultado "ruim" (como hemorragia pós-parto; ver o Exemplo). O NPT pode ser determinado de várias maneiras, dependendo das informações disponíveis. Ele é, por exemplo, a recíproca da diferença nas proporções de indivíduos com o resultado ruim nos grupos controle e experimental (ver o Exemplo).

5. Aplicar os resultados na prática clínica

Se os resultados devem ajudar a tratar seus pacientes, você precisa assegurar-se de que:

• Seu paciente é similar àqueles nos quais os resultados foram obtidos.

• Os resultados podem ser aplicados ao seu paciente.

• Todos os resultados clinicamente importantes foram considerados.

• Os prováveis benefícios valem os potenciais perigos e custos.

6. Avaliar seu desempenho

A auto-avaliação envolve questionar suas capacidades de completar com sucesso as tarefas 1 a 5. Você é, então, capaz de integrar a avaliação crítica na prática clínica, e você auditou seu desempenho? Você também deve se perguntar se aprendeu, a partir de experiências anteriores, de modo a estar agora mais eficiente e achando mais fácil o processo de MBE.

978-85-7241-701-3

REFERÊNCIA BIBLIOGRÁFICA

1 Sackett, D. L., Straus, S., Richardson, S., Rosenberg, W. and Haynes, R. B. (2000). *Evidence-based Medicine: How to Practice and Teach EBM*. 2nd Edn Churchill-Livingstone, London.

Exemplo

(Meta primária especificada)

• *Objetivo*: testar a hipótese de que o tratamento ativo (oxitócico profilático dentro de 2min do nascimento do bebê, secção e pinçamento imediatos do cordão umbilical, liberação da placenta por tração controlada sobre o cordão por esforço materno) do terceiro estágio do trabalho de parto diminui o risco de hemorragia pós-parto primária (HPP) em comparação com o tratamento de espera (nenhum esforço materno), num cenário em que os dois tratamentos são comumente praticados, e que esse efeito não é mediado por postura materna.

(Espectro de pacientes)

• *Indivíduos*: 1.512 mulheres julgadas em baixo risco de HPP (perda de sangue maior que 500mL) foram aleatoriamente atribuídas a tratamento ativo ou de espera. Os critérios de exclusão foram placenta prévia, HPP prévia, hemorragia anteparto após 20 semanas de gestação, anemia, apresentação não-cefálica, gravidez múltipla, morte intra-uterina, anestesia epidural, paridade superior a cinco, fibróide uterino, infusão de oxitocina, terapia com anticoagulante, intenção de parto operatório/instrumental, duração da gravidez inferior a 32 semanas. O perfil de teste é mostrado no Capítulo 14.

(Evita tendenciosidade) (Parteira e mãe não cegas) (Técnicos cegos)

• *Projeto*: um teste *controlado randomizado* de grupos paralelos, no qual mulheres recebiam tratamento ativo ou de espera. Às mulheres também era aleatoriamente atribuída postura ereta ou supina. A *alocação do tratamento não podia ser oculta*, porque os tratamentos ativo e de espera exigem ações diferentes da parte da parteira e da mãe. Os técnicos que efetuaram os exames de sangue antenatais e pós-natais não tinham conhecimento da alocação.

(Evita tendenciosidade) (Principal variável de resultado) (Magnitude do principal efeito de interesse) (A partir dessas proporções com HPP (isto é, 0,068 e 0,168). NPT* = 1/ (0,068 – 0,168) = 10, ou seja, é preciso tratar dez mulheres com tratamento ativo para evitar que uma sofra uma HPP.)

• *Achados*: as análises eram por *intenção de tratar*. O *risco de HPP* foi significativamente menor com o tratamento ativo, em relação ao de espera (51 [6,8%] de 748 *versus* 126 [16,8%] de 764; *risco relativo 2,42* [*intervalo de confiança de 95% 1,78 a 3,30*], *P* menor que 0,0001). A postura não teve efeito sobre esse risco (ereta 92% [12%] de 755 *versus* supina 85 [11%] de 757). Mensurações objetivas de perda de sangue confirmaram os resultados. Houve mais vômito no grupo ativo, mas nenhuma outra diferença importante foi detectada.

• *Interpretação*: o tratamento ativo do terceiro estágio reduz o risco de HPP, independentemente da postura da mulher, mesmo quando as parteiras estão acostumadas às duas abordagens. Recomenda-se que diretrizes clínicas em cenário hospitalar promovam o tratamento ativo (somente com ocitocina). Entretanto, *decisões sobre tratamento individual* devem levar em conta a importância dada por gestantes e seus prestadores de cuidados de saúde sobre a perda de sangue, em comparação com um terceiro estágio isento de intervenção.

(Questiona a importância dos achados à medida que se relacionam com o indivíduo)

(Precisão do principal efeito de interesse – o risco de HPP é de, no mínimo, 1,8, e pode ser 3,3 vezes maior com tratamento de espera)

978-85-7241-701-3

Adaptado de Rogers, J., Wood, J., McCandish, R., Ayers, S., Truesdale, A., Elbourne, D. (1998) Active versus expectant management of third stage of labour: the Hinchingbrooke randomised controlled trial. *Lancet*, **351**, 693-699, sob permissão de Elsevier.

* NPT = número de pacientes que você precisa tratar.

41 Métodos para dados agrupados

Dados agrupados se conformam a uma estrutura hierárquica ou aninhada na qual, em sua forma mais simples (a *estrutura de dois níveis* univariável), o valor de uma única variável de resposta é medido em várias **unidades de nível 1** contidas em diferentes grupos ou agrupamentos (**unidades de nível 2**). Por exemplo, as unidades de níveis 1 e 2, respectivamente, podem ser dentes em uma boca, joelhos de um paciente, pacientes num hospital, clínicas numa região, crianças numa classe, tempos de visita sucessivos para um paciente (isto é, dados *longitudinais*, Fig. 41.1), etc. A análise estatística de tais dados de **mensurações repetidas** deve levar em conta o fato de que as observações de um agrupamento tendem a ser correlatas, ou seja, elas *não são independentes*. O não-reconhecimento disso resulta, geralmente, em subestimar os erros padrões das estimativas de interesse e, como conseqüência, maiores taxas de erro Tipo I e intervalos de confiança estreitos demais.

Para fins de ilustração, presumiremos, neste capítulo, que temos dados longitudinais e que nossos dados de mensurações repetidas compreendem os valores, para cada paciente, da variável em diferentes pontos do tempo, ou seja, o paciente é o agrupamento. Resumiremos os dados descrevendo os padrões em pacientes individuais e, se relevante, avaliaremos se esses padrões diferem entre dois ou mais grupos de pacientes.

Exibição dos dados

Um gráfico da mensuração contra o tempo, para cada paciente incluído no estudo, fornece uma impressão visual do padrão ao longo do tempo. Quando estamos estudando somente um pequeno grupo de pacientes, pode ser possível exibir todos os gráficos individuais num único diagrama. Entretanto, ao estudarmos grupos grandes isso se torna difícil, e podemos ilustrar apenas uma seleção de gráficos individuais "representativos" (ver Fig. 41.3), talvez numa grade para cada grupo de tratamento. Note que o padrão médio gerado ao se plotar as médias sobre todos os pacientes em cada ponto do tempo pode ser muito diferente dos padrões observados em pacientes individuais.

Comparação de grupos: análises inadequadas

É *inadequado* usar todos os valores de um grupo para se ajustar a uma única linha de regressão (Cap. 27 e 28) ou para efetuar uma análise de variância (ANOVA; Capítulo 22) *one-way* para comparar grupos, porque esses métodos não consideram as medidas repetidas no mesmo paciente. Além disso, é também *incorreto* comparar as médias nos grupos *a cada ponto do tempo separadamente*, usando-se testes *t* não-pareados (Cap. 21) ou ANOVA *one-way*, por várias razões:

- As mensurações num paciente de um a outro ponto no tempo não são independentes, portanto a interpretação dos resultados é difícil. Por exemplo, se uma comparação é significante num ponto do tempo, ela tem probabilidade de ser significante em outros pontos do tempo, independentemente de quaisquer alterações nos valores no período intermediário.
- O grande número de testes efetuados implica que temos probabilidade de obter resultados significantes por pura sorte (Cap. 18).
- Perdemos informações sobre alterações no próprio paciente.

978-85-7241-701-3

Comparação de grupos: análises adequadas

Uso de mensurações sumárias

Podemos basear nossa análise numa *mensuração sumária* que captura os aspectos importantes dos dados, e

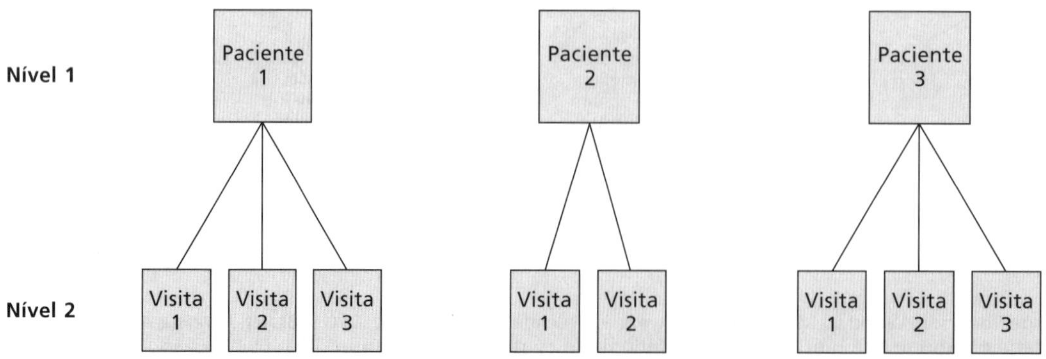

Figura 41.1 – Representação esquemática de uma estrutura hierárquica de dois níveis para dados longitudinais.

calculamos essa mensuração resumida *para cada paciente*. Mensurações sumárias típicas são:

- Alteração a partir da linha de base num ponto pré-determinado do tempo.
- Valor máximo (pico) ou mínimo (nadir) atingido.
- Tempo para atingir o valor máximo (ou mínimo).
- Tempo para atingir algum outro valor pré-especificado.
- Valor médio (por exemplo, média).
- Área sob a curva (ASC, Fig. 41.2).
- Inclinação ou interseção da linha de regressão do paciente (descrevendo a relação entre a mensuração e o tempo).

Se o parâmetro (por exemplo, a média ou a inclinação) é estimado com maior precisão em alguns pacientes que em outros (talvez porque existem mais observações para esses pacientes), devemos considerar isso na análise atribuindo mais peso às medidas estimadas com maior precisão.

A escolha da mensuração sumária depende da principal questão de interesse e deve ser feita antes da coleta dos dados. Por exemplo, se estamos considerando concentrações de drogas após o tratamento com duas terapias, podemos considerar o tempo até a concentração máxima da droga (C_{max}) ou a ASC. Entretanto, se estamos interessados em títulos de anticorpos após a vacinação, podemos estar interessados no tempo necessário para que o título do anticorpo caia abaixo de um determinado nível protetor.

Comparamos os valores da mensuração sumária nos diferentes grupos usando testes de hipótese padrão (por exemplo, soma de classes de Wilcoxon [Cap. 21] ou Kruskal-Wallis [Cap. 22]). Em virtude de termos reduzido várias mensurações dependentes em cada indivíduo a uma quantidade única, os valores incluídos na análise são agora independentes.

Embora análises baseadas em mensurações sumárias sejam simples de efetuar, pode ser difícil encontrar uma mensuração adequada que descreva adequadamente os dados, de forma que podemos precisar usar duas ou mais mensurações sumárias. Adicionalmente, essas abordagens não usam todos os valores de dados em sua totalidade.

ANOVA de mensurações repetidas

Podemos efetuar um tipo específico de ANOVA (Cap. 22), denominado **ANOVA de mensurações repetidas**, no qual os diferentes pontos do tempo são considerados como os níveis de um fator na análise e a variável de agrupamento é um segundo fator na análise. Podemos considerar a ANOVA de mensurações repetidas uma extensão do teste *t* pareado quando temos mais de duas observações relacionadas. Se a ANOVA de mensurações repetidas produz diferenças significantes entre os grupos, então, testes *t* pareados que consideram a dependência dos dados e têm valores *P* ajustados para testes múltiplos (Cap. 18) podem ser efetuados para identificar em que pontos do tempo essas diferenças se tornam aparentes[1].

Entretanto, a ANOVA de mensurações repetidas tem várias desvantagens:

- Ela é, com freqüência, difícil de efetuar.
- Os resultados podem ser difíceis de interpretar.
- Ela em geral presume que os valores são mensurados a intervalos de tempo regulares e que não há dados faltantes, isto é, o projeto do estudo é presumido como *balanceado*. Na realidade, os valores raramente são mensurados em todos os pontos do tempo porque com freqüência os pacientes não comparecem ou o fazem em momentos diferentes daqueles planejados.

Métodos de regressão

Variados métodos de regressão, como aqueles que provêem estimativas de parâmetros com erros padrão robustos ou usam **equações generalizadas de estimativa (EGE)** ou modelos de efeitos aleatórios, podem ser usados para analisar dados agrupados (Cap. 42).

REFERÊNCIA BIBLIOGRÁFICA

1 Mickey, R. M., Dunn, O. J., Clark, V. A. (2004) *Applied Statistics: Analysis of Variance and Regression*. 3rd edn. Wiley.

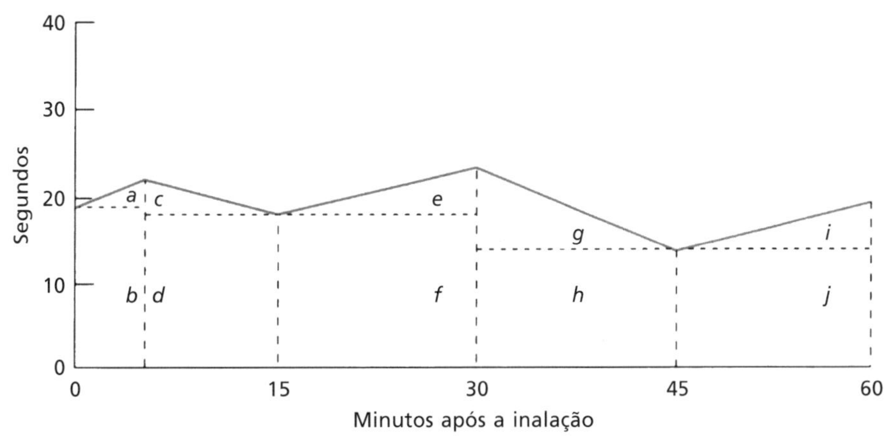

Figura 41.2 – Cálculo da área sob curva (ASC) para um único estudante. A área total sob a linha pode ser dividida em diversos retângulos e triângulos (marcados de *a* a *j*). A área de cada um deles pode ser facilmente calculada. ASC total = Área (*a*) + Área (*b*) + ... + Área (*j*).

978-85-7241-701-3

Exemplo

Como parte de uma aula prática concebida para avaliar os efeitos de duas drogas broncodilatadoras inaladas, bromidrato de fenoterol e brometo de ipratrópio, 99 estudantes de medicina foram randomizados para receber um dessas drogas ($n = 33$ para cada droga) ou placebo ($n = 33$). Cada estudante inalou quatro vezes em rápida sucessão. O tremor foi avaliado mensurando-se o tempo total (em segundos) necessário para enfiar linha em cinco agulhas de costura montadas numa cortiça; as mensurações foram efetuadas na linha de base antes da inalação e após 5, 15, 30, 45 e 60min. As mensurações de uma amostra representativa dos estudantes em cada grupo de tratamento são mostradas na Figura 41.2.

Decidiu-se comparar os valores dos três grupos usando-se a "área sob a curva" (ASC) como medida sumária. O cálculo da ASC para um aluno é mostrada na Figura 41.3.

A ASC mediana (faixa) foi de 1.552,5 (417,5 – 3.875), 1.215 (457,5 – 2.500) e 1.130 (547,5 – 2.625) segundos[2] naqueles que receberam bromidrato de fenoterol, brometo de ipratrópio e placebo, respectivamente. Os valores dos três grupos foram comparados usando-se o teste de Kruskal-Wallis, que forneceu $P = 0{,}008$. Houve, assim, forte evidência de que as mensurações da ASC eram diferentes nos três grupos. Comparações *post-hoc* não-paramétricas, ajustadas para múltiplos testes, indicaram que os valores eram significantemente maiores no grupo que recebeu bromidrato de fenoterol, confirmando o conhecimento farmacológico de que essa droga, como um agonista de β_2-adrenoceptores, induz tremor pela estimulação dos β_2-adrenoceptores da musculatura esquelética.

978-85-7241-701-3

Dados gentilmente fornecidos por Dr. R. Morris, Department of Primary Care and Population Sciences, e coletados como parte de uma aula prática com estudantes organizada por Dr. T. J. Allen, Department of Pharmacology, Royal Free and University College Medical School, London, UK.

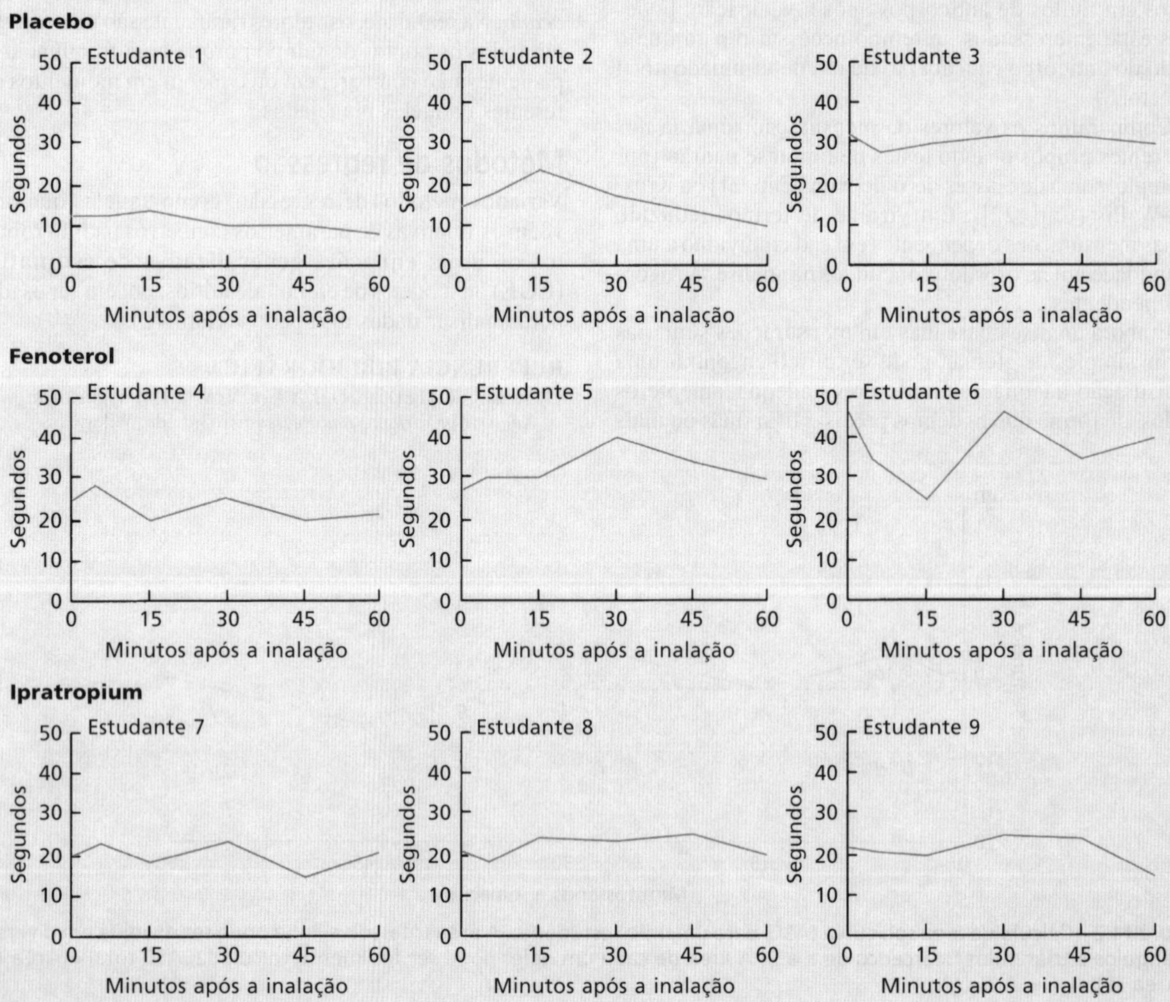

Figura 41.3 – Tempo necessário para enfiar linha em cinco agulhas de costura para três estudantes representativos em cada grupo de tratamento.

42 Métodos de regressão para dados agrupados

978-85-7241-701-3

Diversos *métodos de regressão* podem ser usados para a análise da estrutura hierárquica de dois níveis, descrita no Capítulo 41, na qual cada agrupamento (unidade de nível 2) contém várias unidades individuais de nível 1. Por exemplo, num estudo de artrite reumatóide, podemos mensurar o ângulo de flexão nos joelhos esquerdo e direito (nível 1) de cada paciente (nível 2). Alternativamente, podemos ter um conjunto de dados longitudinais com uma mensuração (por exemplo, colesterol total) observada em tempos sucessivos (nível 1) em cada paciente (nível 2). As principais vantagens e desvantagens de cada método são resumidas na Tabela 42.1. A maioria desses métodos é inconfiável, a menos que existam agrupamentos suficientes, e pode ser complicada de efetuar e interpretar corretamente; sugerimos, portanto, que você busque aconselhamento com um especialista em estatística.

Análise de nível agregado

Uma abordagem muito simples é *agregar* os dados e efetuar uma análise usando uma *mensuração sumária* numérica adequada (por exemplo, a média) para cada agrupamento (por exemplo, o paciente) (Cap. 41). A escolha dessa mensuração sumária dependerá de características dos dados e da hipótese em estudo. Efetuamos uma análise de regressão múltipla de quadrados mínimos comuns (QMC) usando o *agrupamento como a unidade de investigação*, e a *mensuração sumária como a variável de resultado*. Se a cada agrupamento foi alocado um tratamento específico (no exemplo do joelho, o paciente pode ter sido alocado aleatoriamente a um de dois tratamentos – regime de exercício ou nenhum exercício), então, junto com outras covariadas de nível de agrupamento (por exemplo, sexo, idade), podemos incorporar "tratamento" no modelo de regressão como uma variável fictícia usando códigos como 0 e 1 (ou uma série de variáveis fictícias se existe mais de dois tratamentos [Cap. 29]).

Erros padrões robustos

Se o agrupamento é ignorado na análise de regressão de uma estrutura de dois níveis, uma importante premissa subjacente ao modelo de regressão linear – aquela da independência entre as observações (ver Caps. 27 e 28) – é violada. Como conseqüência, os erros padrões das estimativas dos parâmetros têm a probabilidade de ser pequenos demais e, portanto, os resultados podem ser espuriamente significantes.

Para sobrepujar esse problema, podemos determinar **erros padrões robustos** das estimativas dos parâmetros, baseando nosso cálculo delas na variabilidade dos dados (avaliada por residuais adequados), e não naquela presumida pelo modelo de regressão. Numa análise de regressão múltipla com erros padrões robustos, as estimativas dos coeficientes de regressão são as mesmas que na regressão linear QMC, mas os erros padrões são mais robustos a violações das premissas subjacentes, sendo nossa preocupação específica a falta de independência quando temos dados agrupados.

Modelos de efeitos randomizados

Modelos de efeitos randomizados[1] são também conhecidos como **modelos hierárquicos, modelos multiníveis, modelos mistos**, *específicos para agrupamento* ou *transversais* de séries temporais. Eles podem ser ajustados usando-se variados programas de computador abrangentes para estatística, como SAS e Stata, ou programas especialistas como MlwiN (http://multilevel.ioe.ac.uk); todos eles usam uma versão de estimativa de probabilidade máxima. A estimativa do efeito para cada agrupamento é derivada usando as informações do agrupamento específico e aquelas dos outros agrupamentos, de modo a se beneficiar da informação "compartilhada". Em particular, comumente são determinadas estimativas de **encolhimento** pelas quais, usando-se um fator de encolhimento adequado, a estimativa de cada agrupamento do efeito de interesse é "encolhida" em direção à média geral estimada. A quantidade de encolhimento depende do tamanho do agrupamento (agrupamentos menores têm maior encolhimento) da variação dos dados (o encolhimento é maior para as estimativas quando a variação intra-agrupamentos é grande quando comparada àquela interagrupamentos).

Um **modelo de efeitos randomizados** considera os agrupamentos uma amostra de uma população real ou hipotética de agrupamentos. Os agrupamentos individuais não têm interesse primário; presume-se que eles sejam, grosso modo, similares, sendo suas diferenças atribuídas a variação aleatória ou a outros fatores "fixos" como sexo, idade etc. O modelo de efeitos randomizados de dois níveis difere do modelo que não considera o agrupamento no sentido de que, embora ambos incorporem erro aleatório ou inexplicado decorrente da variação entre unidades de nível 1 (a variância *intra*-agrupamento, σ^2) o modelo de efeitos randomizados também inclui erro aleatório em razão da variação *inter*agrupamentos (σ_c^2). A variância de uma observação individual nesse modelo de efeitos randomizados é, portanto, a soma dos dois componentes de variância, ou seja, $\sigma^2 + \sigma_c^2$.

Modelos específicos

Quando a variável de resultado, y, é numérica e existe uma única variável explanatória, x, de interesse, o simples **modelo de interseções randomizadas** linear de dois níveis presume a existência de uma relação linear entre

Tabela 42.1 – Principais vantagens e desvantagens de métodos de regressão para analisar dados agrupados

Método	Vantagens	Desvantagens
Análise de nível agregado	Simples Fácil de efetuar com *software* básico	Não leva em conta efeitos de covariadas para unidades de nível 1 Ignora diferenças em tamanhos de agrupamentos e na precisão da estimativa de cada mensuração sumária de agrupamento Pode não ser capaz de encontrar uma mensuração sumária adequada
Erros padrões robustos que levam em conta o agrupamento	Relativamente simples Pode incluir covariadas que variam para unidades de nível 1 Ajusta erros padrão, intervalos de confiança e valores *P* para considerar o agrupamento Leva em conta diferentes números de unidades de nível 1 por agrupamento	Inconfiável, a menos que o número de agrupamentos seja grande, digamos, >30 Não ajusta estimativas de parâmetros para o agrupamento
Modelo de efeitos randomizados	Explicitamente, leva em conta o agrupamento pela inclusão de variação inter- e intra-agrupamento no modelo As estimativas de agrupamentos se beneficiam de informação compartilhada de todos os agrupamentos Ajusta estimativas de parâmetros, erros padrões, intervalos de confiança e valores *P* para levar em conta o agrupamento Pode incluir covariadas que variam para unidades de nível 1 Leva em conta diferentes números de unidades de nível 1 por agrupamento Pode estender a hierarquia de 2 níveis até multi-níveis Pode acomodar variadas formas de modelo linear generalizado (por exemplo, Poisson)	Inconfiável, a menos que existam agrupamentos suficientes Estimativas de parâmetros freqüentemente tendenciosas Exige habilidades complexas de modelagem para modelos estendidos A estimativa do modelo logístico de efeitos aleatórios é problemática
Equações generalizadas de estimativas	Relativamente simples Nenhuma premissa distribucional de efeitos randomizados (decorrente de agrupamentos) é exigida Pode incluir covariadas que variam para unidades de nível 1 Leva em conta diferentes números de unidades de nível 1 por agrupamento Ajusta estimativas de parâmetros, erros padrões, intervalos de confiança e valores *P* para levar em conta o agrupamento	Inconfiável, a menos que o número de agrupamentos seja grande, digamos, >30 Trata o agrupamento como um transtorno sem interesse específico* Exige especificação da estrutura de correlação de trabalho* As estimativas de parâmetros são médias de agrupamentos e não se relacionam a indivíduos da população*

* Esses pontos podem, às vezes, ser considerados vantagens, dependendo da questão de interesse.

y e x em cada agrupamento, tendo todas as linhas de regressão de agrupamentos uma inclinação comum, β, mas interseções diferentes (Fig. 42.1*A*). A linha de regressão média tem uma inclinação igual a β e uma interseção igual a α, que é a interseção média de todos os agrupamentos. O erro aleatório (residual) para cada agrupamento é a quantidade de diferença entre a interseção da linha de regressão desse agrupamento, na vertical, e a interseção média geral, α (Fig. 42.1*A*). Presume-se que os residuais de agrupamentos seguem uma distribuição Normal com média zero e variância = σ_c^2. Em cada agrupamento, presume-se que os residuais para as unidades de nível 1 seguem uma distribuição Normal com média zero e a mesma variância, σ^2. Se os tamanhos de agrupamentos são similares, uma abordagem simples para verificar a Normalidade e a variância constante dos residuais, tanto para as unidades de nível 1 quanto para os agrupamentos, é buscar a Normalidade num histograma dos residuais e plotar os residuais contra os valores preditos (Cap. 28).

978-85-7241-701-3

978-85-7241-701-3

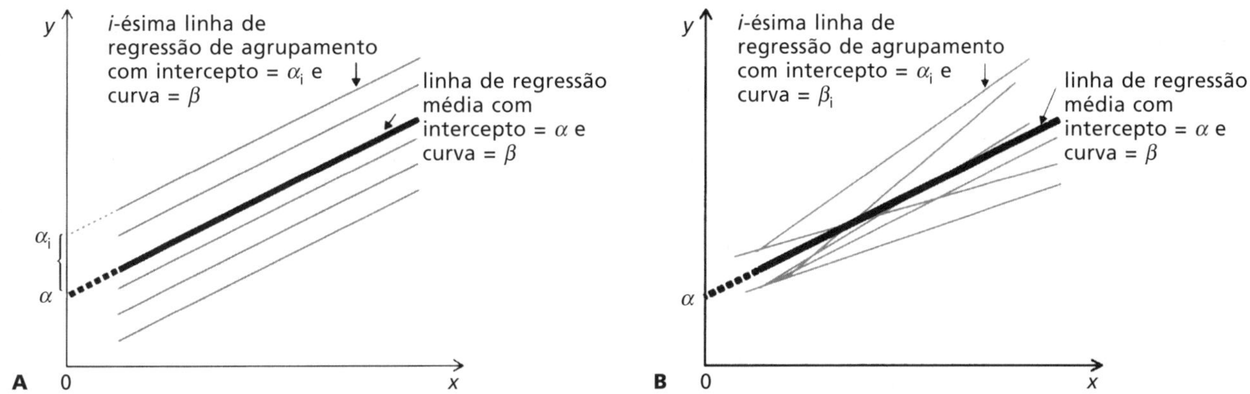

Figura 42.1 – Modelos de regressão linear de efeitos randomizados de dois níveis com uma única covariada, *x*. (*A*) **Modelo de interseções randomizadas**. A linha grossa representa a linha de regressão média para todos os agrupamentos e cada uma das linhas finas representa a linha de regressão para um agrupamento diferente. A interseção da linha de regressão específica para o *i*-ésimo agrupamento difere daquela da linha da média por um residual = $\alpha_i - \alpha$, em que esses residuais são Normalmente distribuídos com média zero e variância σ_c^2. Cada linha tem inclinação = β. (*B*) **Modelo de inclinações randomizadas**. A linha grossa representa a linha de regressão média para todos os agrupamentos e cada uma das linhas finas representa a linha de regressão para um agrupamento diferente. A interseção da linha de regressão específica para o *i*-ésimo agrupamento difere daquela da linha da média por um residual = $\alpha_i - \alpha$, e a inclinação da linha de regressão específica para o *i*-ésimo agrupamento difere daquela da linha da média por um residual = $\beta_i - \beta$, em que os residuais são Normalmente distribuídos com média zero e variâncias σ_c^2 e σ_d^2, respectivamente.

Esse modelo pode ser *modificado* de diversas maneiras (ver também a Tabela 42.1), por exemplo, permitindo-se que a inclinação, β, varie de forma randomizada entre agrupamentos. O modelo é então denominado modelo de inclinações randomizadas, em que as linhas de regressão específicas para agrupamento não são paralelas à linha de regressão das médias (Fig. 42.1*B*).

Avaliação do efeito de agrupamento

O efeito de agrupamento pode ser assim avaliado:

- Calculando-se o **coeficiente de correlação interclasses** (CCI, às vezes representado por ρ – ver também o Capítulo 39), o qual, na estrutura de dois níveis, representa a correlação entre duas unidades de nível 1 escolhidas de maneira randomizada num agrupamento aleatoriamente escolhido.

$$\text{CCI} = \frac{\sigma_c^2}{\sigma^2 + \sigma_c^2}$$

O CCI expressa a variação entre os agrupamentos como uma proporção da variação total; ele é freqüentemente apresentado como uma porcentagem. CCI = 1 quando não existe variação *intra*-agrupamento e toda a variação é atribuída a diferenças *inter*agrupamentos; CCI = 0 quando não existe variação interagrupamento. Podemos usar o CCI para tomar uma decisão subjetiva sobre a importância da agrupamento.

- Comparando-se dois modelos, em que um deles é o modelo completo de efeitos randomizados e o outro é um modelo de regressão com as mesmas variáveis explanatórias, mas que não leva em conta o agrupamento. O relevante *teste de taxas de probabilidade* tem uma estatística de teste igual à *diferença* entre as estatísticas das taxas de probabilidade dos dois modelos (Cap. 32) e segue a distribuição do qui-quadrado com um grau de liberdade.

Equações generalizadas de estimativa

Na abordagem EGE[2] à estimativa, ajustamos as estimativas de parâmetros de um MLG e seus erros padrões para levar em conta o agrupamento dos dados numa estrutura de dois níveis. Criamos premissas distribucionais sobre a variável dependente, mas, em contraste com o modelo de efeitos randomizados, não presumimos que os residuais interagrupamentos têm distribuição Normal. Consideramos o agrupamento um transtorno, e não de interesse específico, e prosseguimos postulando uma estrutura "de trabalho" para a correlação entre as observações dentro de cada agrupamento. Isso não precisa estar correto, uma vez que havendo agrupamentos suficientes os erros padrões robustos e as estimativas de parâmetros serão aceitáveis. Todavia, obteremos melhores estimativas de parâmetros se a estrutura for plausível. Comumente adotamos uma estrutura de **correlação permutável**, que presume que a permutação de duas unidades de nível 1 no interior de um agrupamento não afetará a estimativa.

A abordagem EGE é, às vezes, denominada **modelo em média na população** (referindo-se à população de agrupamentos) ou **modelo marginal**, porque as estimativas de parâmetros representam os efeitos cujas médias foram obtidas entre os agrupamentos (embora toda informação de nível 1 seja incluída na análise). A abordagem EGE é freqüentemente preferida à mais complexa análise de modelo de efeitos aleatórios (Cap. 30) e, às vezes, à regressão de Poisson (Cap. 31), ainda que a estrutura de correlação permutável seja reconhecidamente incorreta nessas situações.

REFERÊNCIAS BIBLIOGRÁFICAS

1 Goldstein, H. (2003) *Multilevel Statistical Models* 3rd Edn, Kendall Library of Statistics 3, Arnold.

2 Liang, K.-Y. and Zeger, S. L. (1986) Longitudinal data analysis using generalized linear models. *Biometrika* **73**; 13-22.

Exemplo

Dados relacionados à doença periodontal foram obtidos em 96 homens brancos, engenheiros *trainees*, com idades entre 16 e 20 anos, que ingressavam na escola de treinamento de aprendizes da Royal Air Force em Halton, Inglaterra (ver também o Cap. 20). Cada um dos 28 dentes possíveis (excluindo-se os dentes do siso) da boca de cada *trainee* era examinado em quatro locais (mesiobucal, mesiolingual, distobucal e distolingual). Para simplificar a análise, consideramos um subconjunto dos dados, especificamente, somente (1) o local mesiobucal em cada dente; isso leva a uma estrutura dentária de dois níveis intra-indivíduos (cada indivíduo corresponde a um agrupamento); e (2) duas variáveis de interesse; perda de aderência (pda, medida em mm) entre o dente e a mandíbula, avaliada no local mesiobucal, e o *status* de tabagismo atual do *trainee* (sim = 1, não = 0). Desejamos avaliar se o tabagismo é um fator de risco para doença gengival (na qual uma maior perda de aderência indica doença mais grave).

A Tabela 42.2 exibe extratos dos resultados de diferentes análises de regressão nas em que a variável de resultado é perda de aderência (mm) e a covariada é tabagismo. O resultado completo do computador aparece no Apêndice C. As estimativas dos coeficientes de regressão para tabagismo e/ou seus erros padrões variam conforme o tipo de análise efetuada. As duas análises de QMC têm coeficientes de regressão estimados idênticos (que são maiores que aqueles das outras três análises), mas seus erros padrões são diferentes. O erro padrão do coeficiente de regressão estimado na análise de QMC, que ignora o agrupamento, é substancialmente menor que os erros padrões das outras quatro análises, isto é, *ignorar o agrupamento resulta em subestimar o erro padrão do coeficiente de regressão e, como conseqüência, um intervalo de confiança demasiadamente estreito e um valor P muito baixo*. O coeficiente de correlação intra-agrupamento, a partir do modelo de efeitos randomizados, é estimado em 0,224. Assim, aproximadamente 22% da variação da perda de aderência, após considerar o tabagismo, ocorreu *intertrainees* em vez de *intratrainees*.

Nesse exemplo específico, concluímos, a partir de todas as cinco análises, que o tabagismo não está significantemente associado à perda de aderência. Essa ausência de significância para o tabagismo é um achado inesperado e pode ser explicado pelo fato de que esses *trainees* eram bastante jovens, portanto os fumantes dentre eles não teriam fumado durante um longo tempo.

978-85-7241-701-3

Tabela 42.2 – Resumo de resultados de análises de regressão nas quais a perda de aderência (pda) (mm) é a variável de resultado

Análise	Coeficiente Estimado (Tabagismo)	Erro Padrão (EP)	IC de 95% para o Coeficiente	Estatística de Teste*	Valor *P*
Regressão QMC ignorando clusterização	−0,0105	0,0235	−0,057 a 0,036	*t* = −0,45	0,655
Regressão QMC com EP robustos	−0,0105	0,0526	−0,115 a 0,094	*t* = −0,20	0,842
Análise agregada (regressão QMC em médias de grupos)	−0,0046	0,0612	−0,126 a 0,117	*t* = −0,07	0,941
Modelo de efeitos randomizados	−0,0053	0,0607	−0,124 a 0,114	*z* = −0,09	0,930
EGE com EP robustos & estrutura de correlação permutável	−0,0053	0,0527	−0,108 a 0,098	*z* = −0,10	0,920

* *t* = estatística de teste seguindo a distribuição *t*; z = estatística de teste de Wald seguindo a distribuição Normal padrão. EGE = equações generalizadas de estimativa; IC = intervalo de confiança; QMC = quadrados mínimos comuns.

Dados gentilmente fornecidos por Dr. Gareth Griffiths, Dept of Periodontology, Eastman Dental Institute, University College London, UK.

43 Revisões sistemáticas e meta-análises

Revisão sistemática

O que é?

Uma **revisão sistemática**[1] é um processo formalizado e intenso de combinar as informações de *todos* os estudos relevantes (tanto publicados quanto não-publicados) da mesma patologia; esses estudos são, na maioria das vezes, testes clínicos (Cap. 14) do mesmo tratamento ou de tratamentos similares, mas podem ser estudos observacionais (Cap. 15 e 16). Uma revisão sistemática é uma parte integral da **medicina baseada em evidências** (MBE; Capítulo 40), que aplica os resultados da melhor evidência disponível, juntamente com o mais especializado conhecimento clínico, ao cuidado dos pacientes. Seu papel na MBE é tão importante, que ela se tornou o foco de uma rede internacional de clínicos, metodólogos e consumidores, que formaram a **Colaboração Cochrane** (Cochrane Collaboration). Isso produziu a Biblioteca Cochrane (Cochrane Library), que contém bases regularmente atualizadas de dados de saúde com base em evidências, incluindo a Base de Dados Cochrane de Revisões Sistemáticas (Cochrane Database of Systematic Reviews); o acesso ilimitado a essas revisões exige assinatura, mas os *abstracts* estão disponíveis gratuitamente na Internet (www.cochrane.org/reviews).

O que ela alcança?

- *Refinamento e redução*: grandes quantidades de informação são refinadas e reduzidas a um tamanho administrável.
- *Eficiência*: a revisão sistemática é geralmente mais rápida e menos custosa de efetuar do que um novo estudo. Ela pode evitar que outros embarquem em estudos desnecessários e pode encurtar o hiato temporal entre desenvolvimentos médicos e sua implementação.
- *Generalizabilidade e consistência*: os resultados podem, com freqüência, ser generalizados para uma população maior de pacientes num cenário mais amplo do que seria possível a partir de um estudo isolado. Consistências nos resultados de diferentes estudos podem ser avaliadas, e quaisquer inconsistências podem ser determinadas.
- ***Confiabilidade***: a revisão sistemática tem o objetivo de reduzir erros, e assim tende a aprimorar a confiabilidade e precisão das recomendações quando comparada a revisões casuais ou estudos isolados.
- ***Poder e precisão***: a revisão sistemática quantitativa (ver Meta-análise) tem maior poder (Cap. 18) de detectar efeitos de interesse e fornece estimativas mais precisas deles que um estudo isolado.

978-85-7241-701-3

Meta-análise

O que é?

Uma **meta-análise**, ou **visão geral**, é um tipo específico de revisão sistemática que se focaliza nos resultados numéricos. O principal objetivo de uma meta-análise é combinar os resultados de estudos individuais para produzir, se adequado, uma estimativa do efeito geral ou médio de interesse (por exemplo, o risco relativo [RR]; Cap. 15). A direção e a magnitude desse efeito médio, juntamente com uma consideração do intervalo de confiança associado e do resultado do teste de hipótese, podem ser usadas para tomar decisões sobre a terapia sob investigação e o tratamento de pacientes.

Abordagem estatística

- Decidimos sobre o **efeito de interesse** e, se os dados brutos estão disponíveis, avaliamo-los para cada estudo. Contudo, na prática, podemos precisar extrair esses efeitos de resultados publicados. Se o resultado num teste clínico comparando dois tratamentos é:
  - *Numérico*: o efeito pode ser a diferença entre as médias do tratamento. Uma diferença igual a zero implica nenhum efeito do tratamento.
  - *Binário (por exemplo, morreu/sobreviveu)*: consideramos os riscos, digamos, do resultado (por exemplo, morte) nos grupos de tratamento. O efeito pode ser a diferença entre os riscos ou sua proporção, o RR. Se a diferença entre os riscos é igual a zero, ou RR = 1, então não existe efeito do tratamento.
- *Verificar se existe homogeneidade estatística e obter uma estimativa da heterogeneidade estatística* – temos **heterogeneidade estatística** quando existe variação genuína entre os efeitos de interesse de diferentes estudos. Podemos efetuar um *teste de homogeneidade* de hipótese para investigar se a variação nos efeitos individuais é compatível com exclusivo acaso. Entretanto, esse teste tem baixo poder (Cap. 18) para detectar heterogeneidade se há alguns poucos estudos na meta-análise e pode, pelo contrário, gerar um resultado altamente significante se compreende muitos estudos grandes, mesmo quando é improvável que a heterogeneidade afete as conclusões. Um *índice*, I^2, que não dependa do número de estudos, do tipo de dados de resultado ou da escolha de efeito de tratamento (por exemplo, risco relativo), pode ser usado para quantificar o impacto da heterogeneidade e avaliar a inconsistência[2] (ver o Exemplo). I^2 representa a porcentagem da variação total entre estudos decorrente da heterogeneidade; ele assume valores de 0% a 100%, de forma que o valor de 0% indica nenhuma heterogeneidade observada. Se existe evidência de heterogeneidade estatís-

tica, devemos proceder com cuidado, investigar as razões para sua presença e modificar nossa abordagem de maneira adequada, talvez dividindo os estudos em subgrupos daqueles com características similares.

• *Estimar o efeito médio de interesse (com um intervalo de confiança) e efetuar o teste de hipótese adequado sobre o efeito* (por exemplo, de que o verdadeiro RR = 1) – você pode se deparar com os termos de **modelos de "efeitos fixos"** e **"efeitos randomizados"** nesse contexto (ver também o Cap. 42). Se não existe evidência de heterogeneidade estatística, geralmente usamos um modelo de efeitos fixos (que presume que o efeito do tratamento é igual em todos os estudos e qualquer variação observada nele é decorrente de erro de amostragem); caso contrário, usamos um modelo de efeitos randomizados (que presume que os estudos separados representam uma amostra randomizada de uma população de estudos que tem um efeito médio de tratamento, em torno do qual variam os efeitos individuais dos estudos).

• *Interpretar os resultados e apresentar os achados* – é útil resumir os resultados de cada teste (por exemplo, tamanho da amostra, características de linha de base, efeito de interesse como o RR, e intervalo de confiança [IC] relacionado) numa tabela (ver o Exemplo). O tipo de gráfico mais comum é o ***forest plot*** (Fig. 43.1), no qual o efeito estimado (com IC) para cada teste e sua média são marcados ao longo do comprimento da uma linha vertical que representa "nenhum efeito do tratamento" (por exemplo, essa linha corresponde ao valor "um" se o efeito é um RR). O símbolo de plotagem para o efeito estimado para cada estudo é, com freqüência, uma caixa cuja área é proporcional ao tamanho daquele estudo. Inicialmente, examinamos se os efeitos estimados dos diferentes estudos estão no mesmo lado da linha. Então, podemos usar os IC para julgar se os resultados são compatíveis (se os IC se superpõem), para determinar se resultados incompatíveis podem ser explicados por tamanhos de amostras pequenos (se os IC são amplos) e para avaliar a significância dos efeitos individuais e gerais (observando se a linha vertical cruza alguns dos IC ou todos eles).

Vantagens e desvantagens

Como uma meta-análise é uma forma específica de revisão sistemática, ela oferece todas as *vantagens* desta última (ver "O que ela alcança?"). Em particular, em razão de seu tamanho inflado de amostra, uma meta-análise é capaz de detectar efeitos de tratamento com *maior poder* e estimar esses efeitos com *maior precisão* que qualquer estudo isolado. Suas vantagens, juntamente com a introdução de *software* para meta-análise, fizeram com que as meta-análises se proliferassem. Todavia, o uso inadequado pode levar a conclusões errôneas sobre a eficácia do tratamento. Os *principais* problemas relacionados a seguir devem ser minuciosamente investigados e resolvidos antes de se efetuar uma meta-análise.

• ***Tendenciosidade de publicação***: tendência de incluir na análise somente os resultados de artigos publicados; esses resultados favorecem achados estatisticamente significantes. Podemos decidir se a tendenciosidade de publicação é problemática desenhando um *gráfico de funil*, um diagrama de dispersão que geralmente tem o tamanho da amostra do estudo no eixo horizontal e o efeito do tratamento (por exemplo, taxa de probabilidade) no eixo vertical. Na ausência de tendenciosidade de publicação, a dispersão dos pontos (cada ponto representando um estudo) no gráfico de funil será substancial na base, onde o tamanho do estudo é pequeno, e se estreitará (na forma de funil) em direção ao topo, onde o tamanho do estudo é grande. Na presença de tendenciosidade de publicação, o gráfico de funil estará provavelmente deslocado e assimétrico, com um hiato em direção ao canto inferior esquerdo, onde o efeito do tratamento e o tamanho da amostra são pequenos (isto é, quando o estudo tem baixo poder de detectar um efeito pequeno).

• ***Heterogeneidade clínica***: diferenças na população de pacientes, em mensurações de resultado, na definição de variáveis e/ou duração do acompanhamento dos estudos incluídos na análise criam problemas de não-compatibilidade.

• ***Diferenças de qualidade***: o projeto e a conduta dos estudos podem variar em qualidade. Embora atribuir mais peso aos melhores estudos seja uma solução para esse dilema, qualquer sistema de ponderação pode ser criticado com base na sua arbitrariedade.

• *Dependência:* os resultados de estudos incluídos na análise podem não ser independentes, por exemplo, quando resultados de um estudo são publicados em mais de uma ocasião.

978-85-7241-701-3

REFERÊNCIAS BIBLIOGRÁFICAS

1 Chalmers, I. and Altman, D. G. (eds) (1995) *Systematic Reviews*. British Medical Journal Publishing Group, London.
2 Higgins, P. T., Thompson, S. G., Deeks, J. J. and Altman, D. G. (2003) Measuring inconsistency in meta-analysis. *British Medical Journal* **237**, 557-560.

Exemplo

Um paciente com angina grave será, com freqüência, candidato à angioplastia coronariana transluminal percutânea (ACTP – em inglês, PTCA, *percutaneous transluminal coronary angioplasty*) ou à cirurgia de enxerto para desvio de artéria coronária (EDAC – em inglês, CABG, *coronary artery bypass graft*). Os resultados de oito testes randomizados publicados foram combinados numa **meta-análise** colaborativa de 3.371 pacientes (1.661 para EDAC, 1.710 para ACTP) com acompanhamento médio de 2,7 anos. As principais características dos testes são mostradas na Tabela 43.1. Os resultados para o desfecho composto de morte cardíaca mais infarto do miocárdio (IM) não-fatal no primeiro ano de acompanhamento são mostrados na Figura 43.1. Os riscos relativos (RR) estimados são para o grupo de ACTP comparado ao grupo de EDAC. A figura usa uma escala logarítmica para o RR, com o intuito de obter intervalos de confiança (IC) simétricos. Embora as estimativas individuais de risco

Exemplo (*Continuação*)

relativo variem consideravelmente, desde reduções do risco até aumentos bastante grandes do risco, todos os intervalos de confiança se superpõem até certo ponto. Uma avaliação mais formal de heterogeneidade é fornecida pelo *teste de homogeneidade do qui-quadrado de Cochran*, que fornece um resultado não-significante (estatística de teste $Q = 13{,}2$, graus de liberdade [gl] $= 8 - 1 = 7$, $P = 0{,}07$). Entretanto, $I^2 = 100 \times (Q - \text{gl})/Q = 100 \times (13{,}2 - 7)/13{,}2 = 47\%$ (IC 95%, 0% a 76%), o que sugere moderada inconsistência entre os estudos e defende uma abordagem cautelosa na interpretação da estimativa combinada de risco relativo para todos os testes. Esse risco relativo foi estimado como 1,03 (IC 95%, 0,79 a 1,50), indicando que não havia evidência de uma real diferença geral entre as duas estratégias de revascularização. Pode ser interessante notar que, durante o início do acompanhamento, a prevalência de angina era maior em pacientes de ACTP do que em pacientes de EDAC.

Teste	ACTP	EDAC	RR (IC 95%)	RR (IC 95%)
	Número (%) com morte cardíaca ou IM no primeiro ano			
CABRI	43 (7,9%)	29 (5,7%)		1,41 (0,89, 2,22)
RITA	34 (6,7%)	31 (6,2%)		1,08 (0,67, 1,73)
EAST	24 (13,7%)	33 (18,4%)		0,71 (0,44, 1,16)
GABI	10 (5,5%)	18 (10,2%)		0,54 (0,26, 1,14)
Toulouse	6 (7,9%)	6 (7,9%)		1 (0,34, 2,96)
MASS	5 (6,9%)	1 (1,5%)		4,86 (0,58, 40,57)
Lausanne	6 (8,8%)	2 (3%)		2,91 (0,61, 13,91)
ERACI	8 (12,7%)	7 (10,9%)		1,16 (0,45, 3,01)
Todos os testes	136	127		1,04 (0,83, 1,31)

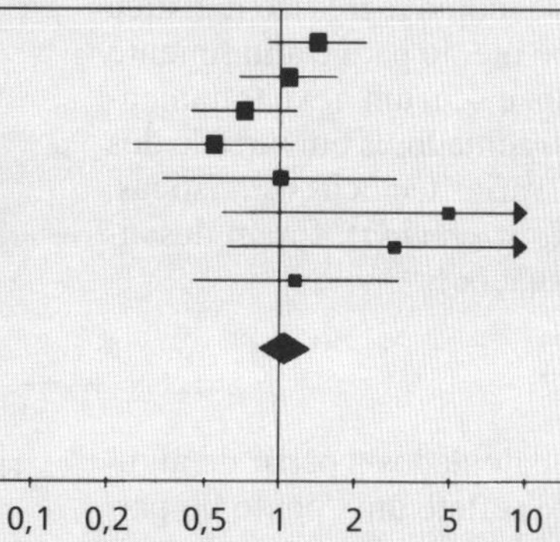

Figura 43.1 – *Forest plot* do risco relativo (RR) com intervalo de confiança (IC) 95% de morte cardíaca ou infarto do miocárdio (IM) para o grupo de angioplastia coronariana transluminal percutânea (ACTP) comparado ao grupo de cirurgia de enxerto para desvio de artéria coronária (EDAC) no primeiro ano após a randomização. CABRI = Investigação sobre Revascularização no Desvio por Angioplastia Coronariana (*Coronary Angioplasty Bypass Revascularisation Investigation*); EAST = Teste Emory de Angioplastia *versus* Cirurgia (*Emory Angioplasty versus Surgery Trial*); ERACI = Teste Argentino de ACTP *versus* EDAC (*Argentine Trial of PTCA versus CABG*); GABI = Investigação Alemã sobre Cirurgia de Desvio por Angioplastia (*German Angioplasty Bypass Surgery Investigation*); Lausanne = Teste de Lausanne; MASS = Estudo sobre Angioplastia Medicinal ou Cirurgia (*Medicine Angioplasty or Surgery study*); RITA = Teste de Intervenção Randomizada no Tratamento de Angina (*Randomised Intervention on Treatment of Angina Trial*); Toulouse = Teste de Toulouse.

Tabela 43.1 – Características de oito testes randomizados comparando angioplastia coronariana transluminal percutânea e enxerto para desvio de artéria coronária

	País	Principal Investigador	Uni ou Multi-vaso	Número de Pacientes		Acompanhamento (Anos)
				EDAC	*ACTP*	
CABRI	Europa	A. F. Rickards	Multi	513	541	1
RITA	Reino Unido	J. R. Hampton	Uni (n = 456) Multi (n = 555)	501	510	4,7
EAST	EUA	S. B. King	Multi	194	198	3+
GABI	Alemanha	C. W. Hamm	Multi	177	182	1
Toulouse	França	J. Puel	Multi	76	76	2,8
MASS	Brasil	W. Hueb	Uni	70	72	3,2
Lausanne	Suíça	J.-J. Goy	Uni	66	68	3,2
ERACI	Argentina	A. Rodriguez	Multi	64	63	3,8

ACTP = angioplastia coronariana transluminal percutânea; CABRI = Investigação sobre Revascularização no Desvio por Angioplastia Coronariana (*Coronary Angioplasty Bypass Revascularisation Investigation*); EAST = Teste Emory de Angioplastia *versus* Cirurgia (*Emory Angioplasty versus Surgery Trial*); EDAC = cirurgia de enxerto para desvio de artéria coronária; ERACI = Teste Argentino de ACTP *versus* EDAC (*Argentine Trial of PTCA versus CABG*); EUA = Estados Unidos da América; GABI = Investigação Alemã sobre Cirurgia de Desvio por Angioplastia (*German Angioplasty Bypass Surgery Investigation*); Lausanne = Teste de Lausanne; MASS = Estudo sobre Angioplastia Medicinal ou Cirurgia (*Medicine Angioplasty or Surgery study*); RITA = Teste de Intervenção Randomizada no Tratamento de Angina (*Randomised Intervention on Treatment of Angina Trial*); Toulouse = Teste de Toulouse.

Adaptado de Pocock, S. J., Henderson, R. A., Rickards, A. F. *et al.* (1995) A meta-analysis of randomised trials comparing coronary angioplasty with bypass surgery. *Lancet*, **346**, 1184-1189, sob permissão de Elsevier.

978-85-7241-701-3

44 Análise de sobrevida

Os dados de sobrevida dizem respeito ao tempo necessário para que um indivíduo atinja um desfecho de interesse (freqüentemente, mas nem sempre, morte) e se caracterizam pelos seguintes dois traços.

- O que tem importância primária é o *tempo necessário* para que o paciente atinja o desfecho, e não o atingimento (ou não) do desfecho. Por exemplo, podemos estar interessados no tempo de sobrevida de pacientes internados com cirrose.
- Na maioria das vezes, pode haver **dados censurados** (ver adiante).

Métodos padrões de análise, como regressão logística ou uma comparação do tempo médio para o atingimento do desfecho em pacientes com e sem um novo tratamento, podem ter resultados desorientadores em virtude dos dados censurados. Portanto, várias técnicas estatísticas, conhecidas como *métodos de sobrevida*[1], foram desenvolvidas para tratar essas situações.

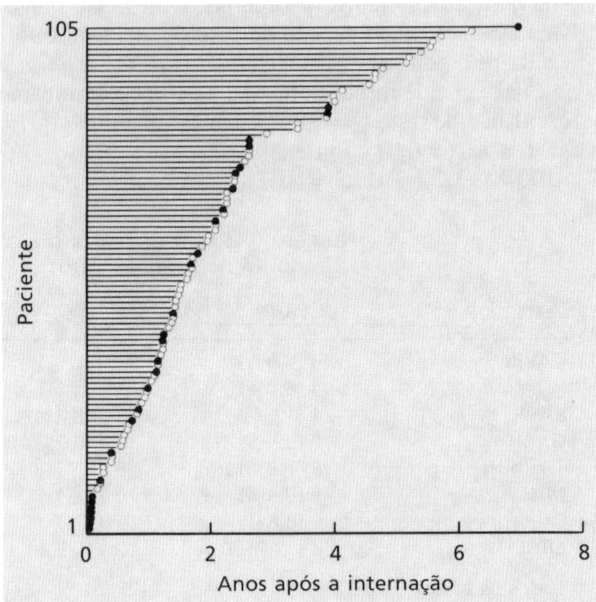

Figura 44.1 – Experiência de sobrevida de 105 pacientes após internação com cirrose. Os círculos preenchidos indicam pacientes que morreram, os círculos vazios indicam aqueles que permaneceram vivos ao final do acompanhamento.

978-85-7241-701-3

Dados censurados

Os tempos de sobrevida são calculados a partir de alguma data de linha de base que reflete um "ponto de partida" natural para o estudo (por exemplo, o tempo a partir da cirurgia ou do diagnóstico de uma patologia) até o tempo em que um paciente atinge o desfecho de interesse. Com freqüência, porém, podemos não saber quando o paciente atingiu o desfecho, mas apenas que ele não o atingiu durante o tempo em que permaneceu no estudo. Por exemplo, pacientes no teste de uma nova droga para infecção por vírus da imunodeficiência humana (HIV) podem continuar isentos de síndrome da imunodeficiência adquirida (AIDS) ao deixar o estudo. Isso pode ser decorrente do teste ter terminado ao passo que eles ainda estavam isentos de AIDS, ou a esses indivíduos terem se retirado cedo do teste, antes de desenvolverem AIDS, ou em virtude de eles terem morrido de causas não ligadas a AIDS, antes do final do acompanhamento. Tais dados são descritos como **dados censurados à direita**. Sabia-se que esses pacientes *não* tinham atingido o desfecho quando do último acompanhamento, e essa informação deve ser incorporada à análise.

Nos casos em que o acompanhamento não se inicia senão após a data de linha de base, os tempos de sobrevida também podem ser **dados censurados à esquerda**.

Exibição de dados de sobrevida

- Uma linha horizontal separada pode ser desenhada para cada paciente, com seu comprimento indicando o tempo de sobrevida. As linhas são desenhadas da esquerda para a direita; os pacientes que atingem o desfecho e aqueles censurados podem ser distinguidos pelo uso de símbolos diferentes no final da linha (Fig. 44.1). Entretanto, esses gráficos não resumem os dados, e é difícil captar uma visão geral da experiência de sobrevida.
- *Curvas de sobrevida*, geralmente calculadas com o **gráfico de Kaplan-Meier**, exibem a probabilidade cumulativa (*probabilidade de sobrevida*) de um indivíduo que permaneça isento do desfecho a qualquer tempo após a linha de base (Fig. 44.2). A probabilidade de sobrevida só se alterará quando ocorrer um desfecho, de forma que a "curva" resultante é traçada como uma série de degraus. Um método alternativo para cálculo dessa probabilidade é a **abordagem de tabela de vida para análise de**

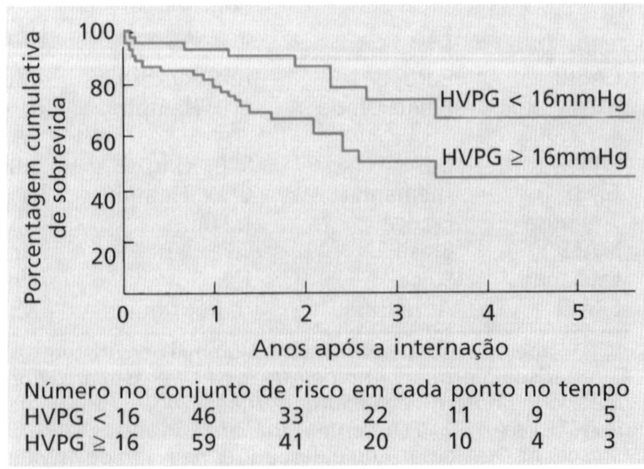

Número no conjunto de risco em cada ponto no tempo

HVPG < 16	46	33	22	11	9	5
HVPG ≥ 16	59	41	20	10	4	3

Figura 44.2 – Curvas de Kaplan-Meier mostrando a probabilidade de sobrevida, expressada como porcentagem, após internação por cirrose, estratificada por mensuração da elevação da pressão portal (HVPG) de linha de base.

sobrevida, que pode ser empregado quando o tempo para o alcance do desfecho só é conhecido até um determinado intervalo de tempo (por exemplo, dentro de um ano). As probabilidades de sobrevida usando-se qualquer um dos métodos são simples, mas demoram para ser calculadas e podem ser facilmente obtidas dos principais programas estatísticos para computador.

Sumário da sobrevida

Com freqüência sumarizamos a sobrevida citando probabilidades de sobrevida (com intervalos de confiança) em determinados pontos no tempo da curva; por exemplo, as taxas de sobrevida de cinco anos em pacientes após tratamento de câncer de mama. Alternativamente, o tempo mediano para atingir o desfecho (o tempo no qual 50% dos indivíduos *evoluíram*) pode ser citado.

Comparação da sobrevida

Podemos desejar avaliar o impacto de vários fatores de interesse sobre a sobrevida, por exemplo, tratamento, gravidade da doença. Curvas de sobrevida podem ser traçadas separadamente para subgrupos de pacientes; elas provêem um meio de avaliarmos de forma visual se diferentes grupos de pacientes atingem o desfecho em diferentes taxas (Fig. 44.2). Podemos testar formalmente a existência de diferenças significantes nas taxas de evolução entre os diferentes grupos usando-se, por exemplo, o teste *log-rank* ou modelos de regressão.

Teste *log-rank*

Esse teste não-paramétrico se direciona à hipótese de nulidade de não haver diferenças entre os tempos de sobrevida dos grupos em estudo, e compara eventos que ocorrem em todos os pontos no tempo da curva de sobrevida. Não podemos avaliar os papéis independentes de mais de um fator sobre o tempo até o desfecho usando o teste *log-rank*.

Modelos de regressão

978-85-7241-701-3

Podemos gerar um modelo de regressão para quantificar os relacionamentos entre um ou mais fatores de interesse e a sobrevida. Em qualquer ponto no tempo, t, um indivíduo, i, tem um risco instantâneo de atingir o desfecho (freqüentemente conhecido como **risco**, ou $\lambda_i(t)$), dado que ele não o atingiu até aquele ponto no tempo. Por exemplo, se o desfecho for morte, o risco é o risco de morrer no tempo t. Esse risco instantâneo é, em geral, muito pequeno e tem interesse limitado. Contudo, podemos querer saber se existem diferenças sistemáticas entre os riscos, ao longo de todos os pontos no tempo, de indivíduos com diferentes características. Por exemplo, o risco é geralmente reduzido em indivíduos tratados com uma nova terapia, em comparação àqueles tratados com placebo, quando consideramos outros fatores, como idade ou gravidade da doença?

Podemos usar o **modelo de regressão de riscos proporcionais de Cox** para testar os efeitos independentes de diversas variáveis explanatórias (fatores) sobre o risco. Ele tem a forma:

$$\lambda_i(t) = \lambda_0(t)\exp\{\beta_1 x_1 + \beta_2 x_2 + ... + \beta_k x_k\}$$

Em que $\lambda_i\ (t)$ é o risco para o indivíduo i no tempo t, $\lambda_0\ (t)$ é um risco arbitrário de linha de base (no qual não estamos interessados), $x_1 ... x_k$ são variáveis explanatórias do modelo e $\beta_1 ... \beta_k$ são os coeficientes correspondentes. Obtemos estimativas, $b_1 ... b_k$, desses parâmetros usando uma forma de probabilidade máxima conhecida como *probabilidade parcial*. O exponencial desses valores (por exemplo, $\exp\{b_1\} = e^{b_1}$) são os **riscos relativos**, ou **taxas de riscos**, estimados. Para um determinado valor de x_1, a taxa de risco é o risco estimado de doença para $(x_1 + 1)$ em relação ao risco estimado de doença para x_1, ao passo que se ajusta para todos os outros x da equação. O risco relativo é interpretado de maneira similar à taxa de probabilidade da regressão logística (Cap. 30) ou da taxa relativa da regressão de Poisson (Cap. 31); portanto, valores acima de um indicam risco aumentado, valores abaixo de um indicam risco diminuído, e valores iguais a um indicam que não existe risco aumentado ou diminuído de desfecho. Um intervalo de confiança pode ser calculado para o risco relativo, e um teste de significância pode ser efetuado para avaliar seu desvio em relação a 1.

O risco relativo é presumido como constante ao longo do tempo nesse modelo (isto é, os riscos para os grupos a serem comprados são presumidos como *proporcionais*). É importante verificar essa premissa usando-se métodos gráficos ou incorporando-se uma interação entre a covariada e log (tempo) no modelo e certificando-se de que ela é não-significante[1].

Outros modelos podem ser usados para descrever dados de sobrevida, por exemplo, os modelos *Exponencial*, *de Weibull* ou *de Gompertz*, cada um dos quais presume uma distribuição de probabilidades específica para a função de risco. Todavia, eles estão além do escopo deste livro[1].

REFERÊNCIA BIBLIOGRÁFICA

1 Collett, D. (2003). *Modelling Survival Data in Medical Research*. 2nd Edn. Chapman and Hall/CRC, London.

Exemplo

Sabe-se que a quantidade de elevação da pressão portal (HVPG) está associada à gravidade da cirrose, mas raramente é usada como um preditor de sobrevida em pacientes com cirrose. Para avaliar o valor clínico dessa mensuração, 105 pacientes internados com cirrose, submetidos à venografia hepática, foram acompanhados durante uma mediana de 566 dias. A experiência desses pacientes é ilustrada na Figura 44.1. Ao longo do período de acompanhamento, 33 pacientes morreram. **Gráficos de Kaplan-Meier** mostrando a porcentagem cumulativa de sobrevida em qualquer ponto após a linha de base são mostrados separadamente para indivíduos nos quais a HVPG era inferior a 16mmHg (um valor previamente sugerido como provedor de significância diagnóstica) e para aqueles nos quais a HVPG era de 16mmHg ou maior (Fig. 44.2).

O resultado do computador para o **teste *log-rank*** continha as informações da tabela.

Teste	Qui-quadrado	gl	Valor *P*
Log-rank	5,2995	1	0,0213

Assim, existe uma diferença significante ($P = 0{,}02$) entre os tempos de sobrevida dos dois grupos. Depois de três anos após a internação, 73,1% daqueles com baixo valor de HVPG permaneciam vivos, comparados a 49,6% daqueles com valor mais elevado (Fig. 44.2).

Um **modelo de regressão de riscos proporcionais de Cox** foi usado para investigar se essa relação podia ser explicada por diferenças em quaisquer fatores prognósticos ou demográficos conhecidos na linha de base. Vinte variáveis foram consideradas para inclusão no modelo, incluindo marcadores demográficos, clínicos e laboratoriais. Métodos gráficos sugeriram que a premissa de riscos proporcionais era razoável para essas variáveis. Um procedimento de seleção em etapas (Cap. 33) foi usado para selecionar o modelo ótimo final, e os resultados são mostrados na Tabela 44.1.

Os resultados contidos na Tabela 44.1 indicam que HVPG elevada permanece associada de forma independente a menor sobrevida, após ajustar para outros fatores reconhecidamente associados a um resultado mais precário. Em particular, indivíduos com HVPG igual ou superior a 16mmHg tinham 2,46 (= exp{0,90}) vezes o risco de morte em comparação com aqueles com níveis menores ($P = 0{,}04$), após ajustar para outros fatores. Em outras palavras, o risco de morte é aumentado em 146% nesses indivíduos. Adicionalmente, tempo de protrombina aumentado (o risco aumenta em 5% a cada segundo adicional), nível de bilirrubina aumentado (o risco aumenta em 5% a cada 10mmol/L adicionais), presença de ascite (o risco aumenta em 126% a cada nível de aumento) e tratamento endoscópico pregresso (o risco aumenta em 246%) foram todos independente e significantemente associados ao resultado.

Tabela 44.1 – Resultados da análise de regressão de Cox para riscos proporcionais

Variável (e Codificação)	gl	Estimativa do Parâmetro	Erro Padrão	Valor *P*	Risco Relativo Estimado	IC 95% para Risco Relativo
HVPG (0 = < 16, 1 = ≥ 16mm Hg)	1	0,90	0,44	0,04	2,46	(1,03 - 5,85)
Tempo de protrombina (s)	1	0,05	0,01	0,0002	1,05	(1,02 - 1,07)
Bilirrubina (10mmol/L)	1	0,05	0,02	0,04	1,05	(1 - 1,10)
Ascite (0 = nenhuma, 1 = branda, 2 = moderada/grave)	1	0,82	0,18	0,0001	2,26	(1,58 - 3,24)
Tratamento endoscópico prolongado pregresso	1	1,24	0,41	0,003	3,46	(1,54 - 7,76)

gl = graus de liberdade; HVPG = elevação da pressão portal; IC = intervalo de confiança.

Dados gentilmente fornecidos por Dr. D. Patch e Prof. A. K. Burroughs, Liver Unit, Royal Free Hospital, London, UK.

978-85-7241-701-3

45 Métodos Bayesianos

Abordagem freqüentista

Os testes de hipótese descritos neste livro se baseiam na abordagem *freqüentista* à probabilidade (Cap. 7) e inferência, que considera o número de vezes que um evento ocorreria se repetíssemos o experimento um grande número de vezes. Essa abordagem é, às vezes, criticada pelas seguintes razões:

- Ela usa somente informações obtidas no estudo atual, e não incorpora no processo de inferência qualquer outra informação que poderíamos ter sobre o efeito de interesse, por exemplo, as visões de um clínico sobre a eficácia relativa de duas terapias antes de se efetuar um teste clínico.
- Ela não trata diretamente os problemas de máximo interesse. Numa comparação entre drogas, em geral estamos realmente interessados em saber se uma droga é *mais eficaz* que a outra. Entretanto, a abordagem freqüentista testa a hipótese de que as duas drogas sejam *igualmente eficazes*. Embora concluamos que uma droga é superior à outra se o valor *P* for pequeno, essa probabilidade (isto é, o valor *P*) descreve a chance de se obterem os resultados esperados se as drogas forem igualmente eficazes, em vez da chance de uma droga ser mais eficaz que a outra (nosso real interesse).
- Ela tende a enfatizar em demasia o papel do teste de hipótese e se um resultado é significante ou não, em vez das implicações dos resultados.

978-85-7241-701-3

Abordagem Bayesiana

Uma abordagem alternativa, a **abordagem Bayesiana**[1] **à inferência**, reflete o grau pessoal de crença de um indivíduo numa hipótese, possivelmente com base em informações já disponíveis. Os indivíduos com freqüência diferem em seus graus de crença numa hipótese; além disso, essas crenças podem se alterar a medida em que novas informações se tornam disponíveis. A abordagem Bayesiana calcula a probabilidade de que uma hipótese seja *verdadeira* (nosso foco de interesse) pela atualização de opiniões *anteriores* sobre a hipótese ao passo que novos dados se tornam disponíveis.

Probabilidade condicional

Um tipo específico de probabilidade, conhecido como **probabilidade condicional**, é fundamental para análises Bayesianas. Essa é a probabilidade de um evento ocorrer, dado que outro evento já ocorreu. Como ilustração, considere um exemplo. A incidência de hemofilia A na população geral é de, aproximadamente, um em cada 10.000 nascimentos do sexo masculino. Entretanto, se sabemos que uma mulher é portadora de hemofilia, essa incidência aumenta para cerca de um em cada dois nascimentos do sexo masculino. Portanto, a probabilidade de que uma criança do sexo masculino tenha hemofilia, dado que sua mãe é portadora, é muito diferente da probabilidade incondicional de que ela tenha hemofilia se o *status* de portadora de sua mãe for desconhecido.

Teorema de Bayes

Suponha que estamos investigando uma hipótese (por exemplo, de que um efeito de tratamento tenha determinado valor). O teorema de Bayes converte uma **probabilidade anterior**, que descreve a crença de um indivíduo na hipótese *antes* de o estudo ser efetuado, numa **probabilidade posterior**, que descreve sua crença *depois*. A probabilidade posterior é, de fato, a probabilidade condicional da hipótese, dados os resultados do estudo. O **teorema de Bayes** afirma que a **probabilidade posterior** é proporcional à **probabilidade anterior** multiplicada por um valor, a **probabilidade** dos resultados observados, que descreve a plausibilidade dos resultados observados se a hipótese é verdadeira (Cap. 32).

Testes diagnósticos num quadro Bayesiano

Quase todos os clínicos usam intuitivamente uma abordagem Bayesiana em seu raciocínio, ao fazer um diagnóstico. Eles criam um quadro do paciente com base na história clínica e/ou na presença de sintomas e *sinais*. A partir disso, eles decidem sobre o diagnóstico *mais provável*, tendo eliminado outros diagnósticos pela pressuposição de terem pouca probabilidade de ser verdadeiros, dado o que eles sabem a respeito do paciente. Eles podem, subseqüentemente, confirmar ou retificar esse diagnóstico à luz novas evidências, por exemplo, se o paciente responde a tratamento ou se um novo sintoma se desenvolve.

Quando um indivíduo comparece a uma clínica, em geral o clínico tem alguma idéia da probabilidade de o indivíduo ter a doença – a **probabilidade anterior** ou **probabilidade pré-teste**. Se nada mais é conhecido sobre o paciente, isso é simplesmente a **prevalência** (Cap. 12 e 38) da doença na população. Podemos usar o teorema de Bayes para alterar a probabilidade anterior numa probabilidade posterior. Isso é mais fácil de conseguir se incorporamos a **taxa de probabilidade** (Cap. 32), com base em informações obtidas da mais recente investigação (por exemplo, o resultado de um teste diagnóstico), no teorema de Bayes. A taxa de probabilidade de um resultado positivo de teste é a chance de um resultado positivo de teste, se o paciente tem doença, dividido pela mesma chance se ele não tivesse doença.

Discutimos a taxa de probabilidade nesse contexto no Capítulo 38, e mostramos que ela poderia ser usada para indicar a utilidade de um teste diagnóstico. Agora a usamos para expressar o teorema de Bayes em termos de chances (Cap. 16):

chance posterior de doença = chance anterior × taxa de probabilidade de um resultado positivo do teste em que

$$\text{chance anterior} = \frac{\text{probabilidade anterior}}{(1 - \text{probabilidade anterior})}$$

A chance posterior é simples de calcular, mas, para maior facilidade de interpretação, convertemos a chance de volta a uma probabilidade usando a relação:

$$\text{chance posterior} = \frac{\text{probabilidade posterior}}{(1 - \text{chance posterior})}$$

Essa **probabilidade posterior** ou **probabilidade pós-teste** é a probabilidade de o paciente ter a doença, dado um resultado positivo de teste. Ela é similar ao valor preditivo positivo (Cap. 38), mas considera a probabilidade anterior de que o indivíduo tem a doença.

Uma maneira mais simples de efetuar esses cálculos é usar o **nomograma de Fagan** (Fig. 45.1); conectando-se a probabilidade pré-teste (expressa como porcentagem) à taxa de probabilidade e estendendo-se a linha, podemos avaliar a probabilidade pós-teste.

Desvantagens de métodos Bayesianos

Como parte de qualquer análise Bayesiana, é necessário especificar a probabilidade anterior da hipótese (por exemplo, a probabilidade pré-teste de um paciente ter doença). Em virtude da natureza subjetiva desses anteriores, pesquisadores e clínicos independentes podem escolher diferentes valores para eles. Por essa razão, os métodos Bayesianos são freqüentemente criticados como arbitrários. Todavia, quando a mais recente evidência advinda do estudo (isto é, a probabilidade) é muito forte, a influência da informação anterior é minimizada (no seu extremo, o resultado não sofrerá influência alguma da informação anterior).

Os cálculos envolvidos em muitas análises Bayesianas são complexos, com freqüência exigindo programas sofisticados que usam fortemente os recursos do computador. Portanto, a despeito de seu apelo intuitivo, métodos Bayesianos não são utilizados em larga escala. Entretanto, a disponibilidade de computadores pessoais poderosos significa que seu uso está se tornando mais comum.

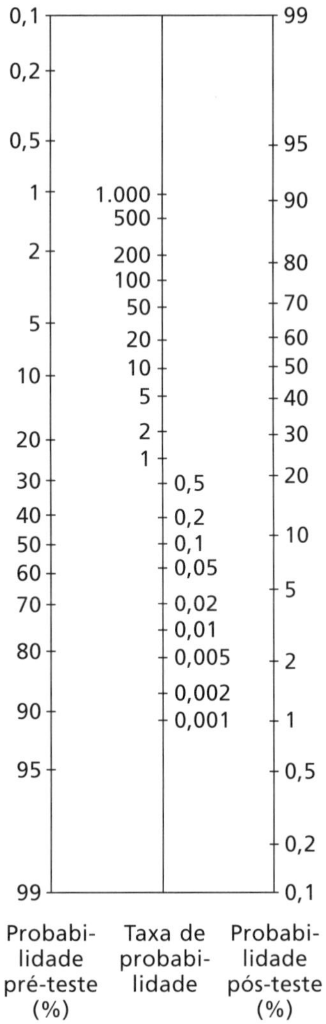

Figura 45.1 – Nomograma de Fagan para interpretação de resultado de teste diagnóstico. Adaptado, sob permissão, de Sackett, D. L., Richardson, W. S., Rosenberg, W., Haynes, R. B. (1997) *Evidence-based Medicine: How to Practice and Teach EBM*. Churchill-Livingstone, London.

REFERÊNCIA BIBLIOGRÁFICA

1 Freedman, L. (1996) Bayesian statistical methods. A natural way to assess clinical evidence. *British Medical Journal*, **313**, 569-570.

978-85-7241-701-3

978-85-7241-701-3

Exemplo

No exemplo do Capítulo 38, mostramos que, em receptores de transplante de medula óssea, uma carga viral maior que 5 $\log_{10}$ genomas/mL conferia a sensibilidade e a especificidade ótimas de um teste para a predição do desenvolvimento de doença clínica grave. A taxa de probabilidade para um resultado de teste positivo para esse valor de corte era 13,3.

Se crermos que a prevalência de doença grave, como resultado de infecção por citomegalovírus (CMV), após transplante de medula óssea, é de aproximadamente 33%, a probabilidade anterior de doença grave nesses pacientes é igual a 0,33.

$$\text{Chance anterior} = \frac{0{,}33}{0{,}67} = 0{,}493$$

$$\begin{aligned}\text{Chance posterior} &= 0{,}493 \times \text{taxa de probabilidade} \\ &= 0{,}493 \times 13{,}3 \\ &= 6{,}557\end{aligned}$$

$$\text{Probabilidade posterior} = \frac{6{,}557}{(1 + 6{,}557)} = \frac{6{,}557}{7{,}557} = 0{,}868$$

Portanto, se o indivíduo tem uma carga viral de CMV maior que 5 $\log_{10}$ genomas/mL, e presumimos que a probabilidade pré-teste de doença grave é 0,33 (isto é, 33%), então, acreditamos que o indivíduo tem chance de 87% de desenvolver doença grave. Isso também pode ser estimado diretamente a partir do nomograma de Fagan (Fig. 45.1), conectando-se a probabilidade pré-teste de 33% a uma taxa de probabilidade de 13,3, e estendendo-se a linha de modo a cortar o eixo da probabilidade pós-teste. Em contraste, se crermos que a probabilidade de um indivíduo ter doença grave é de apenas 0,2 (ou seja, a probabilidade pré-teste é igual a 20%), então, a probabilidade pós-teste será igual a 77%.

Nos dois casos, a probabilidade pós-teste é muito maior que a probabilidade pré-teste, indicando a utilidade de um resultado positivo de teste. Adicionalmente, os dois resultados indicam que o paciente tem alto risco de desenvolver doença grave após o transplante e que pode ser sensato iniciar terapia anti-CMV. Portanto, a despeito de termos probabilidades anteriores muito diferentes, a conclusão geral permanece a mesma em cada caso.

Apêndice A. Tabelas estatísticas

Este apêndice contém tabelas estatísticas discutidas no texto. Fornecemos valores *P* apenas limitados, porque os dados são em geral analisados usando-se um computador e os valores *P* estão incluídos no seu resultado. Outros textos, como o de Fisher e Yates[1], contêm tabelas mais abrangentes. Você também pode obter o valor *P* diretamente de alguns programas de computador, dado um valor da estatística de teste. Células vazias numa tabela indicam que os valores não existem.

Tabela A1. Contém a probabilidade nas duas caudas da distribuição de uma variável, *z*, que segue a distribuição Normal Padrão. Os valores *P* da Tabela A1 se relacionam aos valores absolutos de *z*; então, se *z* é negativo, ignoramos seu sinal. Por exemplo, se uma estatística de teste que segue a distribuição Normal Padrão tem o valor 1,1, $P = 0{,}271$.

Tabelas A2 e A3. Contêm a probabilidade nas duas caudas de uma distribuição de uma variável que segue a distribuição *t* (Tabela A2) ou a distribuição qui-quadrada (Tabela A3) com dados graus de liberdade (gl). Para usar a Tabela A2 ou a Tabela A3, se o valor absoluto da estatística de teste (com dado gl) se encontra entre os valores tabulados nas duas colunas, o valor *P* bicaudal está entre os valores *P* especificados no topo dessas colunas. Se a estatística de teste está à direita da última coluna, $P < 0{,}001$; se ela está à esquerda da segunda coluna, $P > 0{,}10$. Por exemplo, (1) Tabela A2: se a estatística de teste é 2,62 com gl = 17, então, $0{,}01 < P < 0{,}05$; (2) Tabela A3: se a estatística de teste é 2,62 com gl = 17, então, $P < 0{,}001$.

Tabela A4. Contém valores *P* freqüentemente usados e seus valores correspondentes para *z*, uma variável com distribuição Normal Padrão. Essa tabela pode ser usada para se obterem multiplicadores para o cálculo de intervalos de confiança (IC) para variáveis Normalmente distribuídas. Por exemplo, para um intervalo de confiança de 95%, o multiplicador é 1,96.

Tabela A5. Contém valores *P* para uma variável que segue a distribuição *F* com especificados graus de liberdade no numerador e no denominador. Ao comparar variâncias (Cap. 35), geralmente usamos um valor *P* bicaudal. Para a análise de variância (Cap. 22), utilizamos um valor *P* monocaudal. Para dados graus de liberdade no numerador e no denominador, o teste é significante ao nível de *P* citado na tabela, se a estatística de teste é maior que o valor tabulado. Por exemplo, se a estatística de teste é 2,99 com gl = 5 no numerador e gl = 15 no denominador, então, $P < 0{,}05$ para um teste monocaudal.

Tabela A6. Contém valores *P* bicaudais do teste de sinal de *r* respostas de um determinado tipo dentre um total de *n'* respostas. Para um teste de amostra única, *r* é igual ao número de valores maiores (ou menores) que a mediana (Cap. 19). Para um teste pareado, *r* é igual ao número de diferenças positivas (ou negativas) (Cap. 20) ou ao número de preferências por um determinado tratamento (Cap. 23). *n'* é igual ao número de valores não iguais à mediana, a diferenças não-zero ou preferências reais, se relevantes. Por exemplo, se observarmos três diferenças positivas dentre oito diferenças não-zero, então, $P = 0{,}726$.

Tabela A7. Contém as classes dos valores que determinam os limites superiores e inferiores dos intervalos de confiança (IC) aproximados de 90%, 95% e 99% para a mediana. Por exemplo, se o tamanho da amostra é 23, os limites do intervalo de confiança de 95% são definidos pelo 7º e 17º valores ordenados.

Para tamanhos de amostra maiores que 50, encontrar as observações que correspondem às classes (arredondadas para o inteiro mais próximo) iguais a: (1)$n/2 - z\sqrt{n/2}$; e (2) $1 + n/2 + z\sqrt{n/2}$; em que *n* é o tamanho da amostra e $z = 1{,}64$ para IC de 90%, $z = 1{,}96$ para um IC de 95%, e $z = 2{,}58$ para um IC de 99% (sendo os valores de *z* obtidos da distribuição Normal Padrão, Tabela A4). Essas observações definem os limites de confiança (1) inferior e (2) superior para a mediana.

Tabela A8. Contém a faixa de valores para a soma das classes (T_+ ou T_-), que determina a significância para o teste de Wilcoxon *signed ranks* (Cap. 20). Se a soma das classes das diferenças positivas (T_+) ou negativas (T_-) entre *n'* diferenças não-zero é igual aos limites tabulados ou está fora deles, o teste é significante ao nível do valor *P* citado. Por exemplo, se existem 16 diferenças não-zero e $T_+ = 21$, então, $0{,}01 < P < 0{,}05$.

Tabela A9. Contém a faixa de valores para a soma das classes (*T*), que determina a significância para o teste de Wilcoxon *rank sum* (Cap. 21) aos níveis de (*A*) 5% e (*B*) 1%. Suponha que temos duas amostras de tamanhos n_S e n_L, em que n_S d $\leq n_L$. Se a soma das classes do grupo com o menor tamanho de amostra, n_S, é igual aos limites tabulados ou está fora deles, o teste é significante ao nível de (*A*) 5% ou (*B*) 1%. Por exemplo, se $n_S = 6$ e $n_L = 8$, e a soma das classes no grupo de seis observações é igual a 39, então, $P > 0{,}05$.

Tabelas A10 e A11. Contêm valores *P* bicaudais para os coeficientes de correlação de Pearson (Tabela A10) e de Spearman (Tabela A11), ao testar a hipótese de nulidade de que o coeficiente de correlação relevante é igual a zero (Cap. 26). A significância é obtida, para um dado tamanho de amostra, no valor *P* declarado se o valor absoluto (isto é, ignorando-se seu sinal) do valor da amostra do coeficiente de correlação excede o valor tabulado. Por exemplo, se o tamanho da amostra é 24 e $r = 0{,}58$ (Pearson), então, $0{,}001 < P < 0{,}01$. Se o tamanho da amostra for 7 e $r_s = -0{,}63$ (Spearman), então, $P > 0{,}05$.

Tabela A12. Contém os números 0 a 9 distribuídos aleatoriamente.

978-85-7241-701-3

REFERÊNCIA BIBLIOGRÁFICA

1 Fisher, R. A. and Yates, F. (1963) *Statistical Tables for Biological, Agricultural and Medical Research*, 6th edn. Oliver and Boyd, Edinburgh.

Tabela A1 – Distribuição Normal padrão

z	Valor *P* Bicaudal
0,0	1,000
0,1	0,920
0,2	0,841
0,3	0,764
0,4	0,689
0,5	0,617
0,6	0,549
0,7	0,484
0,8	0,424
0,9	0,368
1,0	0,317
1,1	0,271
1,2	0,230
1,3	0,194
1,4	0,162
1,5	0,134
1,6	0,110
1,7	0,089
1,8	0,072
1,9	0,057
2,0	0,046
2,1	0,036
2,2	0,028
2,3	0,021
2,4	0,016
2,5	0,012
2,6	0,009
2,7	0,007
2,8	0,005
2,9	0,004
3,0	0,003
3,1	0,002
3,2	0,001
3,3	0,001
3,4	0,001
3,5	0,000

Derivada usando Microsoft Excel versão 5.0.

978-85-7241-701-3

Tabela A2 – Distribuição *t*

	Valor *P* Bicaudal			
gl	*0,10*	*0,05*	*0,01*	*0,001*
1	6,314	12,706	63,656	636,58
2	2,920	4,303	9,925	31,600
3	2,353	3,182	5,841	12,924
4	2,132	2,776	4,604	8,610
5	2,015	2,571	4,032	6,869
6	1,943	2,447	3,707	5,959
7	1,895	2,365	3,499	5,408
8	1,860	2,306	3,355	5,041
9	1,833	2,262	3,250	4,781
10	1,812	2,228	3,169	4,587
11	1,796	2,201	3,106	4,437
12	1,782	2,179	3,055	4,318
13	1,771	2,160	3,012	4,221
14	1,761	2,145	2,977	4,140
15	1,753	2,131	2,947	4,073
16	1,746	2,120	2,921	4,015
17	1,740	2,110	2,898	3,965
18	1,734	2,101	2,878	3,922
19	1,729	2,093	2,861	3,883
20	1,725	2,086	2,845	3,850
21	1,721	2,080	2,831	3,819
22	1,717	2,074	2,819	3,792
23	1,714	2,069	2,807	3,768
24	1,711	2,064	2,797	3,745
25	1,708	2,060	2,787	3,725
26	1,706	2,056	2,779	3,707
27	1,703	2,052	2,771	3,689
28	1,701	2,048	2,763	3,674
29	1,699	2,045	2,756	3,660
30	1,697	2,042	2,750	3,646
40	1,684	2,021	2,704	3,551
50	1,676	2,009	2,678	3,496
100	1,660	1,984	2,626	3,390
200	1,653	1,972	2,601	3,340
5000	1,645	1,960	2,577	3,293

Derivada usando Microsoft Excel versão 5.0.
gl = graus de liberdade.

Tabela A3 – Distribuição qui-quadrado

	Valor *P* Bicaudal			
gl	*0,10*	*0,05*	*0,01*	*0,001*
1	2,706	3,841	6,635	10,827
2	4,605	5,991	9,210	13,815
3	6,251	7,815	11,345	16,266
4	7,779	9,488	13,277	18,466
5	9,236	11,070	15,086	20,515
6	10,645	12,592	16,812	22,457
7	12,017	14,067	18,475	24,321
8	13,362	15,507	20,090	26,124
9	14,684	16,919	21,666	27,877
10	15,987	18,307	23,209	29,588
11	17,275	19,675	24,725	31,264
12	18,549	21,026	26,217	32,909
13	19,812	22,362	27,688	34,527
14	21,064	23,685	29,141	36,124
15	22,307	24,996	30,578	37,698
16	23,542	26,296	32,000	39,252
17	24,769	27,587	33,409	40,791
18	25,989	28,869	34,805	42,312
19	27,204	30,144	36,191	43,819
20	28,412	31,410	37,566	45,314
21	29,615	32,671	38,932	46,796
22	30,813	33,924	40,289	48,268
23	32,007	35,172	41,638	49,728
24	33,196	36,415	42,980	51,179
25	34,382	37,652	44,314	52,619
26	35,563	38,885	45,642	54,051
27	36,741	40,113	46,963	55,475
28	37,916	41,337	48,278	56,892
29	39,087	42,557	49,588	58,301
30	40,256	43,773	50,892	59,702
40	51,805	55,758	63,691	73,403
50	63,167	67,505	76,154	86,660
60	74,397	79,082	88,379	99,608
70	85,527	90,531	100,43	112,32
80	96,578	101,88	112,33	124,84
90	107,57	113,15	124,12	137,21
100	118,50	124,34	135,81	149,45

Derivada usando Microsoft Excel versão 5.0.
gl = graus de liberdade.

Tabela A4 – Distribuição Normal padrão

	Valor *P* Bicaudal				
	0,50	*0,10*	*0,05*	*0,01*	*0,001*
IC relevante (%)	50	90	95	99	99,9
z (isto é, multiplicador do IC)	0,67	1,64	1,96	2,58	3,29

Derivada usando Microsoft Excel versão 5.0.
IC = intervalo de confiança.

Tabela A5 – Distribuição *F*

gl do Denominador	Valor *P* Bicaudal	Valor *P* Monocaudal	Graus de Liberdade (gl) do Numerador												
			1	*2*	*3*	*4*	*5*	*6*	*7*	*8*	*9*	*10*	*15*	*25*	*500*
1	**0,05**	**0,025**	**647,8**	**799,5**	**864,2**	**899,6**	**921,8**	**937,1**	**948,2**	**956,6**	**963,3**	**968,6**	**984,9**	**998,1**	**1.017,0**
1	0,10	0,05	161,4	199,5	215,7	224,6	230,2	234,0	236,8	238,9	240,5	241,9	245,9	249,3	254,1
2	**0,05**	**0,025**	**38,51**	**39,00**	**39,17**	**39,25**	**39,30**	**39,33**	**39,36**	**39,37**	**39,39**	**39,40**	**39,43**	**39,46**	**39,50**
2	0,10	0,05	18,51	19,00	19,16	19,25	19,30	19,33	19,35	19,37	19,38	19,40	19,43	19,46	19,49
3	**0,05**	**0,025**	**17,44**	**16,04**	**15,44**	**15,10**	**14,88**	**14,73**	**14,62**	**14,54**	**14,47**	**14,42**	**14,25**	**14,12**	**13,91**
3	0,10	0,05	10,13	9,55	9,28	9,12	9,01	8,94	8,89	8,85	8,81	8,79	8,70	8,63	8,53
4	**0,05**	**0,025**	**12,22**	**10,65**	**9,98**	**9,60**	**9,36**	**9,20**	**9,07**	**8,98**	**8,90**	**8,84**	**8,66**	**8,50**	**8,27**
4	0,10	0,05	7,71	6,94	6,59	6,39	6,26	6,16	6,09	6,04	6,00	5,96	5,86	5,77	5,64
5	**0,05**	**0,025**	**10,01**	**8,43**	**7,76**	**7,39**	**7,15**	**6,98**	**6,85**	**6,76**	**6,68**	**6,62**	**6,43**	**6,27**	**6,03**
5	0,10	0,05	6,61	5,79	5,41	5,19	5,05	4,95	4,88	4,82	4,77	4,74	4,62	4,52	4,37
6	**0,05**	**0,025**	**8,81**	**7,26**	**6,60**	**6,23**	**5,99**	**5,82**	**5,70**	**5,60**	**5,52**	**5,46**	**5,27**	**5,11**	**4,86**
6	0,10	0,05	5,99	5,14	4,76	4,53	4,39	4,28	4,21	4,15	4,10	4,06	3,94	3,83	3,68
7	**0,05**	**0,025**	**8,07**	**6,54**	**5,89**	**5,52**	**5,29**	**5,12**	**4,99**	**4,90**	**4,82**	**4,76**	**4,57**	**4,40**	**4,16**
7	0,10	0,05	5,59	4,74	4,35	4,12	3,97	3,87	3,79	3,73	3,68	3,64	3,51	3,40	3,24
8	**0,05**	**0,025**	**7,57**	**6,06**	**5,42**	**5,05**	**4,82**	**4,65**	**4,53**	**4,43**	**4,36**	**4,30**	**4,10**	**3,94**	**3,68**
8	0,10	0,05	5,32	4,46	4,07	3,84	3,69	3,58	3,50	3,44	3,39	3,35	3,22	3,11	2,94
9	**0,05**	**0,025**	**7,21**	**5,71**	**5,08**	**4,72**	**4,48**	**4,32**	**4,20**	**4,10**	**4,03**	**3,96**	**3,77**	**3,60**	**3,35**
9	0,10	0,05	5,12	4,26	3,86	3,63	3,48	3,37	3,29	3,23	3,18	3,14	3,01	2,89	2,72
10	**0,05**	**0,025**	**6,94**	**5,46**	**4,83**	**4,47**	**4,24**	**4,07**	**3,95**	**3,85**	**3,78**	**3,72**	**3,52**	**3,35**	**3,09**
10	0,10	0,05	4,96	4,10	3,71	3,48	3,33	3,22	3,14	3,07	3,02	2,98	2,85	2,73	2,55
15	**0,05**	**0,025**	**6,20**	**4,77**	**4,15**	**3,80**	**3,58**	**3,41**	**3,29**	**3,20**	**3,12**	**3,06**	**2,86**	**2,69**	**2,41**
15	0,10	0,05	4,54	3,68	3,29	3,06	2,90	2,79	2,71	2,64	2,59	2,54	2,40	2,28	2,08
20	**0,05**	**0,025**	**5,87**	**4,46**	**3,86**	**3,51**	**3,29**	**3,13**	**3,01**	**2,91**	**2,84**	**2,77**	**2,57**	**2,40**	**2,10**
20	0,10	0,05	4,35	3,49	3,10	2,87	2,71	2,60	2,51	2,45	2,39	2,35	2,20	2,07	1,86
30	**0,05**	**0,025**	**5,57**	**4,18**	**3,59**	**3,25**	**3,03**	**2,87**	**2,75**	**2,65**	**2,57**	**2,51**	**2,31**	**2,12**	**1,81**
30	0,10	0,05	4,17	3,32	2,92	2,69	2,53	2,42	2,33	2,27	2,21	2,16	2,01	1,88	1,64
50	**0,05**	**0,025**	**5,34**	**3,97**	**3,39**	**3,05**	**2,83**	**2,67**	**2,55**	**2,46**	**2,38**	**2,32**	**2,11**	**1,92**	**1,57**
50	0,10	0,05	4,03	3,18	2,79	2,56	2,40	2,29	2,20	2,13	2,07	2,03	1,87	1,73	1,46
100	**0,05**	**0,025**	**5,18**	**3,83**	**3,25**	**2,92**	**2,70**	**2,54**	**2,42**	**2,32**	**2,24**	**2,18**	**1,97**	**1,77**	**1,38**
100	0,10	0,05	3,94	3,09	2,70	2,46	2,31	2,19	2,10	2,03	1,97	1,93	1,77	1,62	1,31
1.000	**0,05**	**0,025**	**5,04**	**3,70**	**3,13**	**2,80**	**2,58**	**2,42**	**2,30**	**2,20**	**2,13**	**2,06**	**1,85**	**1,64**	**1,16**
1.000	0,10	0,05	3,85	3,00	2,61	2,38	2,22	2,11	2,02	1,95	1,89	1,84	1,68	1,52	1,13

Derivada usando Microsoft Excel versão 5.0.
gl = graus de liberdade.

978-85-7241-701-3

Tabela A6 – Teste de sinal

	r = Número de "Diferenças Positivas" (ver Explicação)					
n'	*0*	*1*	*2*	*3*	*4*	*5*
4	0,125	0,624	1,000			
5	0,062	0,376	1,000			
6	0,032	0,218	0,688	1,000		
7	0,016	0,124	0,454	1,000		
8	0,008	0,070	0,290	0,726	1,000	
9	0,004	0,040	0,180	0,508	1,000	
10	0,001	0,022	0,110	0,344	0,754	1,000

Derivada usando Microsoft Excel versão 5.0.

Tabela A7 – Classes para intervalos de confiança (IC) para a mediana

Tamanho da Amostra	Aproximado		
	IC 90%	*IC 95%*	*IC 99%*
6	1,6	1,6	–
7	1,7	1,7	–
8	2,7	1,8	–
9	2,8	2,8	1,9
10	2,9	2,9	1,10
11	3,9	2,10	1,11
12	3,10	3,10	2,11
13	4,10	3,11	2,12
14	4,11	3,12	2,13
15	4,12	4,12	3,13
16	5,12	4,13	3,14
17	5,13	4,14	3,15
18	6,13	5,14	4,15
19	6,14	5,15	4,16
20	6,15	6,15	4,17
21	7,15	6,16	5,17
22	7,16	6,17	5,18
23	8,16	7,17	5,19
24	8,17	7,18	6,19
25	8,18	8,18	6,20
26	9,18	8,19	6,21
27	9,19	8,20	7,21
28	10,19	9,20	7,22
29	10,20	9,21	8,22
30	11,20	10,21	8,23
31	11,21	10,22	8,24
32	11,22	10,23	9,24
33	12,22	11,23	9,25
34	12,23	11,24	9,26
35	12,23	12,24	10,26
36	13,24	12,25	10,27
37	14,24	13,25	11,27
38	14,25	13,26	11,28
39	14,26	13,27	11,29
40	15,26	14,27	12,29
41	15,27	14,28	12,30
42	16,27	15,28	13,30
43	16,28	15,29	13,31
44	17,28	15,30	13,32
45	17,29	16,30	14,32
46	17,30	16,31	14,33
47	18,30	17,31	15,33
48	18,31	17,32	15,34
49	19,31	18,32	15,35
50	19,32	18,33	16,35

Derivada usando Microsoft Excel versão 5.0.

978-85-7241-701-3

Tabela A8 – Teste de Wilcoxon *signed ranks*

n'	**Valor *P* Bicaudal**		
	0,05	*0,01*	*0,001*
6	0–21	–	–
7	2–26	–	–
8	3–33	0–36	–
9	5–40	1–44	–
10	8–47	3–52	–
11	10–56	5–61	0–66
12	13–65	7–71	1–77
13	17–74	9–82	2–89
14	21–84	12–93	4–101
15	25–95	15–105	6–114
16	29–107	19–117	9–127
17	34–119	23–130	11–142
18	40–131	27–144	14–157
19	46–144	32–158	18–172
20	52–158	37–173	21–189
21	58–173	42–189	26–205
22	66–187	48–205	30–223
23	73–203	54–222	35–241
24	81–219	61–239	40–260
25	89–236	68–257	45–280

Adaptada, sob permissão, de Altman, D. G. (1991) *Practical Statistics for Medical Research*. Copyright CRC Press, Boca Raton.

978-85-7241-701-3

Tabela A9 (*A*) – Teste de Wilcoxon *rank sum* para *P* bicaudal = 0,05

	n_s (Número de Observações na Amostra Menor)											
n_L	4	5	6	7	8	9	10	11	12	13	14	15
4	10–26	16–34	23–43	31–53	40–64	49–77	60–90	72–104	85–119	99–135	114–152	130–170
5	11–29	17–38	24–48	33–58	42–70	52–83	63–97	75–112	89–127	103–144	118–162	134–181
6	12–32	18–42	26–52	34–64	44–76	55–89	66–104	79–119	92–136	107–153	122–172	139–191
7	13–35	20–45	27–57	36–69	46–82	57–96	69–111	82–127	96–144	111–162	127–181	144–201
8	14–38	21–49	29–61	38–74	49–87	60–102	72–118	85–135	100–152	115–171	131–191	149–211
9	14–42	22–53	31–65	40–79	51–93	62–109	75–125	89–142	104–160	119–180	136–200	154–221
10	15–45	23–57	32–70	42–84	53–99	65–115	78–132	92–150	107–169	124–188	141–209	159–231
11	16–48	24–61	34–74	44–89	55–105	68–121	81–139	96–157	111–177	128–197	145–219	164–241
12	17–51	26–64	35–79	46–94	58–110	71–127	84–146	99–165	115–185	132–206	150–228	169–251
13	18–54	27–68	37–83	48–99	60–116	73–134	88–152	103–172	119–193	136–215	155–237	174–261
14	19–57	28–72	38–88	50–104	62–122	76–140	91–159	106–180	123–201	141–223	160–246	179–271
15	20–60	29–76	40–92	52–109	65–127	79–146	94–166	110–187	127–209	145–232	164–256	184–281

Tabela A9 (*B*) – Teste de Wilcoxon *rank sum* para *P* bicaudal = 0,01

	n_s (Número de Observações na Amostra Menor)											
n_L	4	5	6	7	8	9	10	11	12	13	14	15
4	–	–	21–45	28–56	37–67	46–80	57–93	68–108	81–123	94–140	109–157	125–175
5	–	15–40	22–50	29–62	38–74	48–87	59–101	71–116	84–132	98–149	112–168	128–187
6	10–34	16–44	23–55	31–67	40–80	50–94	61–109	73–125	87–141	101–159	116–178	132–198
7	10–38	16–49	24–60	32–73	42–86	52–101	64–116	76–133	90–150	104–169	120–188	136–209
8	11–48	17–53	25–65	34–78	43–93	54–108	66–124	79–141	93–159	108–178	123–199	140–220
9	11–45	18–57	26–70	35–84	45–99	56–115	68–132	82–149	96–168	111–188	127–209	144–231
10	12–48	19–61	27–75	37–89	47–105	58–122	71–139	84–158	99–177	115–197	131–219	149–241
11	12–52	20–65	28–80	38–95	49–111	61–128	73–147	87–166	102–186	118–207	135–229	153–252
12	13–55	21–69	30–84	40–100	51–117	63–135	76–154	90–174	105–195	122–216	139–239	157–263
13	13–59	22–73	31–89	41–106	53–123	65–142	79–161	93–182	109–203	125–226	143–249	162–273
14	14–62	22–78	32–94	43–111	54–130	67–149	81–169	96–190	112–212	129–235	147–259	166–284
15	15–65	23–82	33–99	44–117	56–136	69–156	84–176	99–198	115–221	133–244	151–269	171–294

Extraída, sob permissão, de Diem, K. (1970) *Documenta Geigy Scientific Tables*, 7th edn, Blackwell Publishing, Oxford.

978-85-7241-701-3

Tabela A10 – Coeficiente de correlação de Pearson

Tamanho da Amostra	Valor *P* Bicaudal *0,05*	*0,01*	*0,001*
5	0,878	0,959	0,991
6	0,811	0,917	0,974
7	0,755	0,875	0,951
8	0,707	0,834	0,925
9	0,666	0,798	0,898
10	0,632	0,765	0,872
11	0,602	0,735	0,847
12	0,576	0,708	0,823
13	0,553	0,684	0,801
14	0,532	0,661	0,780
15	0,514	0,641	0,760
16	0,497	0,623	0,742
17	0,482	0,606	0,725
18	0,468	0,590	0,708
19	0,456	0,575	0,693
20	0,444	0,561	0,679
21	0,433	0,549	0,665
22	0,423	0,537	0,652
23	0,413	0,526	0,640
24	0,404	0,515	0,629
25	0,396	0,505	0,618
26	0,388	0,496	0,607
27	0,381	0,487	0,597
28	0,374	0,479	0,588
29	0,367	0,471	0,579
30	0,361	0,463	0,570
35	0,334	0,430	0,532
40	0,312	0,403	0,501
45	0,294	0,380	0,474
50	0,279	0,361	0,451
55	0,266	0,345	0,432
60	0,254	0,330	0,414
70	0,235	0,306	0,385
80	0,220	0,286	0,361
90	0,207	0,270	0,341
100	0,217	0,283	0,357
150	0,160	0,210	0,266

Extraída, sob permissão, de Diem, K. (1970) *Documenta Geigy Scientific Tables*, 7th edn, Blackwell Publishing, Oxford.

Tabela A11 – Coeficiente de correlação de Spearman

Tamanho da Amostra	Valor *P* Bicaudal *0,05*	*0,01*	*0,001*
5	1,000		
6	0,886	1,000	
7	0,786	0,929	1,000
8	0,738	0,881	0,976
9	0,700	0,833	0,933
10	0,648	0,794	0,903

Adaptada de Siegel, S. & Castellan, N. J. (1988) *Nonparametric Statistics for the Behavioural Sciences*, 2nd edn, McGraw-Hill, New York, e usada sob permissão de McGraw-Hill Companies.

Tabela A12 – Números randomizados

34814	68020	28998	51687	40088	35458	24708	01815	53776
99106	50899	07394	91071	22411	61643	64435	62552	64316
47185	31782	48894	68790	51852	36918	05737	90653	61123
81354	57296	39329	52263	43194	51624	42429	61367	41207
83467	85622	95778	05347	00445	51334	29445	99176	30091
27924	34167	57060	57535	32278	16949	04960	04116	91467
58319	88164	94130	07743	16917	15681	93572	99753	49117
49732	66702	72425	99117	49298	87265	14195	83391	19794
69594	26749	68743	39139	44495	11944	12970	56523	62411
30074	97517	97450	54251	51777	21073	03909	26519	39578
81147	57508	93479	87826	28965	74474	97468	80149	17834
74689	28933	59819	93052	61325	83145	44684	72958	91824
14802	25982	48024	15461	37570	44685	47386	09504	77831
68501	34194	85355	38411	46559	41694	99678	88268	86674
48734	92671	85252	85985	34228	91289	56331	14683	36493
84102	81699	97352	54509	93196	51204	43351	11818	41179
28432	32873	83834	09862	12720	64569	42218	26726	80866
91458	82524	75523	01276	19591	47473	90251	99103	72947
45435	30389	69732	81962	30243	96199	33546	39672	83760
23557	78437	44957	98728	65674	34701	83398	54102	65845
30395	91850	52004	04844	28848	19728	96571	13317	70859
69991	12755	97916	57639	43445	90463	85556	35469	19749
32980	43608	20592	72527	63583	46443	53929	87219	55198
59776	37035	53765	55196	68659	71429	25225	91942	51132
73714	79868	23880	92254	72984	07792	81306	24277	82366
61547	16575	68520	59869	67299	73565	77316	96682	18031
87737	01058	76012	76247	75616	51335	70364	78942	40564
98669	08334	40520	78389	56498	74336	02434	48599	67579
81535	46690	92814	44456	29227	48122	30522	13852	48436
05975	47110	32733	46929	98261	52193	83215	53192	83109

Derivada usando Microsoft Excel versão 5.0.

978-85-7241-701-3

Apêndice B. Nomograma de Altman para cálculos de tamanho de amostra (Cap. 36)

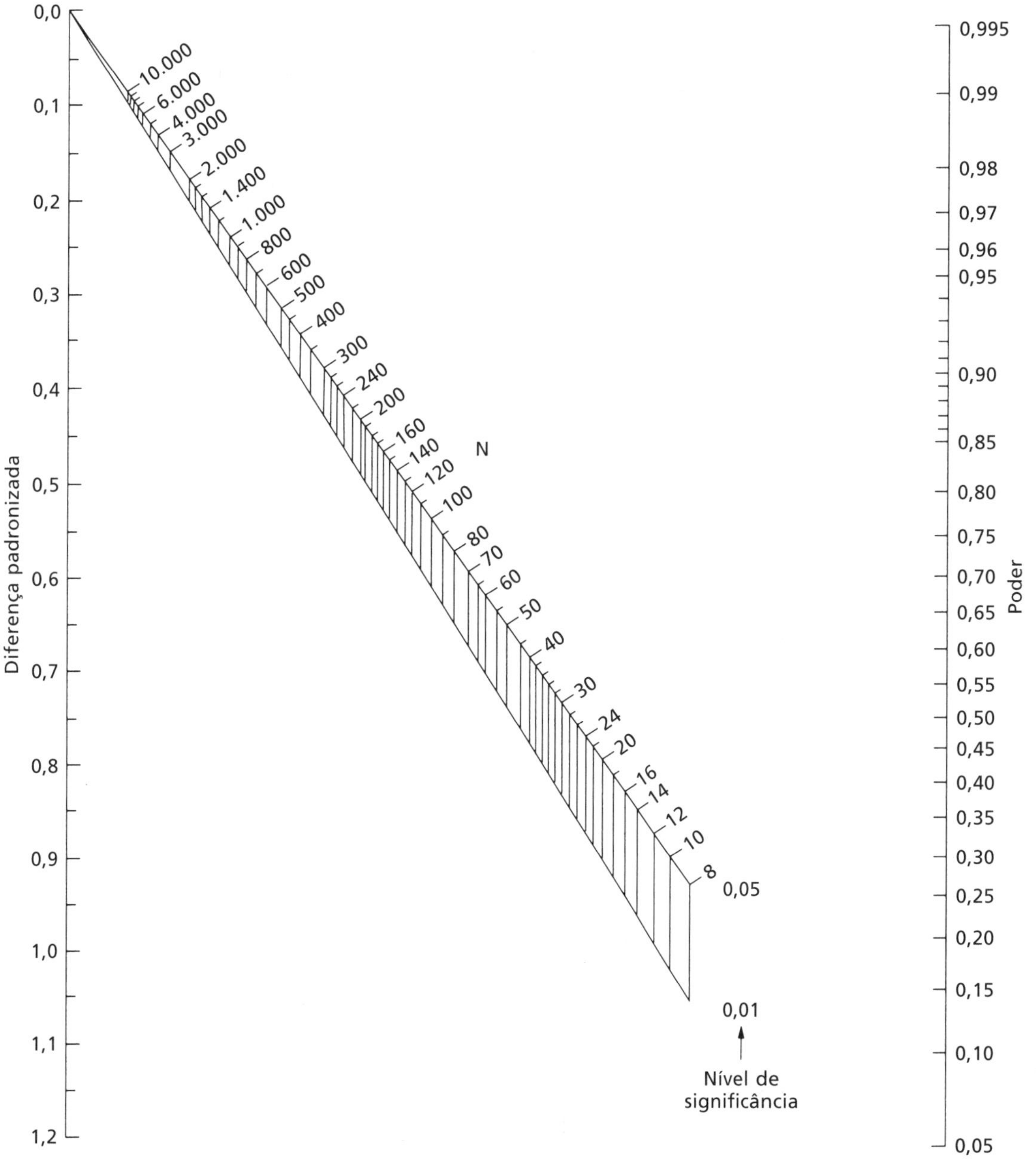

Extraído de Altman, D. G. (1982) How large a sample? In: *Statistics in Practice* (eds. S. M. Gore & D. G. Altman). BMA, London, sob permissão de Blackwell Publishing Ltd.

978-85-7241-701-3

Apêndice C. Resultado típico de computador

Análise de dados de profundidade de sondagem descritos no Tópico 20, gerada por SPSS

Case Processing Summary

	Cases					
	Valid		Missing		Total	
	N	Percent	N	Percent	N	Percent
PDIFF	96	50.0%	96	50.0%	192	100.0%

Descriptives

			Statistic	Std. Error
PDDIFF	Mean		.1486	5.716E-02
	95% Confidence Interval for Mean	Lower Bound	3.511E-02	
		Upper Bound	.2621	
	5% Trimmed Mean		.1934	
	Median		.2242	
	Variance		.314	
	Std. Deviation		.5601	
	Minimum		-2.69	
	Maximum		2.48	
	Range		5.17	
	Interquartile Range		.3171	
	Skewness		-2.243	.246
	Kurtosis		15.146	.488

Isto é 0,05716

Tabela de mensurações sumárias para as diferenças ("antes" menos "depois") na profundidade de sondagem

```
PDDIFF Stem-and Leaf Plot

 Frequency stem & Leaf
   4.00  Extremes       (=<-.910
   1.00        -3   .   8
   4.00        -2   .   0016
   3.00        -1   .   0.29
   7.00        -0   .   0127789
  13.00         0   .   0112234588889
  11.00         1   .   3344566679
  21.00         2   .   001122334445667888999
  15.00         3   .   112233344557888
  11.00         4   .   00123347899
   1.00         5   .   0
   1.00         6   .   7
   1.00         7   .   9
   3.00  Extremes       (>=.84)

Stem width:      .10
Each leaf:       1 case(s)
```

Gráfico caule-e-folha mostra que as diferenças têm distribuição aproximadamente Normal

Tópico 20

Paired Samples Statistics

		Mean	N	Std. Deviation	Std. Error Mean
Pair 1	PDAVBEFO	2.5787	96	.4771	4.869E-02
	PDAVAFTE	2.4301	96	.3827	3.906E-02

Resultado do teste *t* pareado mostra que $d = 0{,}1486$, $s_d = 0{,}5601$, $t = 2{,}60$ e valor $P = 0{,}011$

Valor *P*

Paired Samples Test

	Paired Differences					t	df	Sig. (2-tailed)
	Mean	Std. Deviation	Std. Error Mean	95% Confidence Interval of the difference				
				Lower	Upper			
Pair 1 PDAVBEFO-PDAVAFTE	.1486	.5601	5.716E02	3.511E-02	.2621	2.600	95	.011

Isto é 0,05716

978-85-7241-701-3

Análise de dados de plaquetas descritos no Tópico 22, gerada pelo SPSS

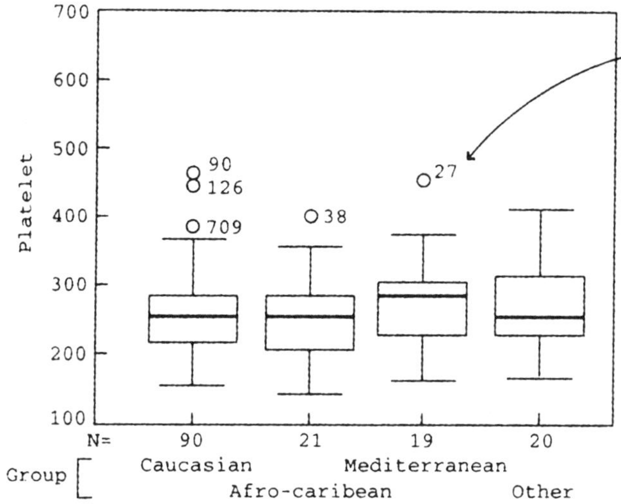

O paciente 27 é um *outlier*

Gráfico de caixas mostrando a distribuição das contagens de plaquetas nos quatro grupos étnicos

Oneway

Report

Platelet

Group	Mean	N	Std. Deviation	Std. Error Of Mean
Caucasian	268.1000	90	77.0784	8.1248
Afro-caribbean	254.2857	21	67.5005	14.7298
Mediterranean	281.0526	19	71.0934	16.3099
Other	273.3000	20	63.4243	14.1821
Total	268.5000	150	73.0451	5.9641

Mensurações sumárias para cada um dos quatro grupos

Tópico 22

Platelet — Test of Homogeneity of Variances

Levene Statistic	df1	df2	Sig.
041	3	146	.989

Resultado do teste de Levine; o valor *P* de 0,989 indica que não existe evidência de que as variâncias sejam diferentes nos quatro grupos

Platelet — Anova

	Sum of Squares	df	Mean Square	F	Sig.
Between Groups	7711.967	3	2570.656	.477	.699
Within Groups	787289.533	146	5392.394		
Total	795001.500	149			

Tabela de análise de variância (ANOVA)

Valor *P*

978-85-7241-701-3

Análise de dados sobre volume expiratório forçado em 1s (VEF1), descritos no Tópico 21, gerada pelo SAS

```
                     The SAS System
OBS                 GRP              FEV
 1                Placebo          1.28571
 2                Placebo          1.31250
 3                Placebo          1.60000
 4                Placebo          1.41250
 5                Placebo          1.60000
49                Treated          1.60000
50                Treated          1.80000
51                Treated          1.94286
52                Treated          1.84286
53                Treated          1.90000
```

Impressão das primeiras cinco observações de cada grupo

```
........................ Treatment  Group=Placebo ........................

                      Univariate Procedure
Variable=FEV
                            Moments
          N                 48    Sum Wgts          48
          Mean        1.536759    Sum         73.76441
          Std Dev     0.245819    Variance    0.060427
          Skewness    0.272608    Kurtosis    0.500457
          USS         116.1981    CSS         2.840059
          CV          15.99592    Std Mean    0.035481
          T:Mean=0    43.31232    Pr>|T|        0.0001
          Num ^=0           48    Num > 0           48
          M (Sign)          24    Pr>=|M|       0.0001
          Sgn Rank         588    Pr>=|S|       0.0001

                         Quantiles (Def=5)
          100% Max      2.1875          99%     2.1875
           75% Q3          1.7          95%    1.91429
           50% Med    1.551785          90%    1.85714
           25% Q1      1.36905          10%    1.28571
            0% Min           1           5%    1.12857
                                         1%          1

          Range         1.1875
          Q3-Q1        0.33095
          Mode          1.3875

                            Extremes

           Lowest        Obs        Highest        Obs
                1(        21)      1.85714(        47)
             1.04(        33)          1.9(        26)
          1.12857(        45)      1.91429(        46)
          1.18571(        12)       2.1125(        27)
          1.28571(         1)       2.1875(        20)
```

Mediana

Estatística resumida com uma variável, mostrando que a média e a mediana são razoavelmente similares no grupo de placebo. Assim, cremos que os valores têm distribuição aproximadamente Normal

Tópico 21

978-85-7241-701-3

978-85-7241-701-3

(*Continuação*)

```
······················ Treatment Group=Treated ·························

                         Univariate Procedure

Variable=FEV

                                Moments

          N               50       Sum Wgts           50
          Mean      1.640048       Sum          82.00239
          Std Dev   0.285816       Variance     0.081691
          Skewness  -0.02879       Kurtosis     -0.51153
          USS       138.4097       CSS          4.002858
          CV        17.42732       Std Mean     0.040421
          T:Mean=0  40.57462       Pr>|T|         0.0001
          Num ^=0         50       Num > 0            50
          M (Sign)        25       Pr>=|M|        0.0001
          Sgn Rank     637.5       Pr>=|S|        0.0001

                         Quantiles (Def=5)

         100% Max     2.2125             99%      2.2125
          75% Q3       1.875             95%     2.17143
          50% Med     1.6125             90%    1.195625
          25% Q1      1.4375             10%      1.2375
           0% Min      1.025              5%      1.1625
                                          1%       1.025

          Range       1.1875
          Q3-Q1       0.4375
          Mode        1.1625

                          Extremes

          Lowest        Obs         Highest       Obs
           1.025(       13)          1.9625(       20)
            1.15(       36)          2.0625(        9)
          1.1625(       35)        2.171143(        8)
          1.1625(       16)             2.2(       30)
           1.225(       34)          2.2125(       27)


                          T Test procedure

Variable=FEV

      GRP        N          Mean              Std Dev           Std Error
 ···············································   ···········································
  Placebo       48      1.53675854       0.24581862       0.03548086
  Treated       50      1.64004780       0.28581635       0.04042054

Variances          T          DF       Prob>|T|
·····························································
Unequal       -1.9204       94.9      0.0578
Equal         -1.9145       96.0      0.0585

For HO: Variances are equal, F' = 1.35    DF = (49,47)
                              Prob>F' = 0.3012
```

Estatística resumida para o grupo tratado. Novamente, a média e a mediana são razoavelmente similares, sugerindo dados Normalmente distribuídos

Teste de igualdade das duas variâncias. Como $P > 0,05$, temos evidências insuficientes para rejeitar H_0

Resultados do teste *t* não-pareado. Como cremos que as variâncias são iguais, citamos o valor *P* da linha de variâncias iguais (= 0,0585)

Tópico 21

Análise de dados antropométricos, descrita nos Tópicos 26, 28 e 29, gerada pelo SAS

OBS	SBP	Height	Weight	Sex
1	91.00	119.7	20.0	0
2	122.50	124.6	42.5	0
3	109.50	111.3	19.8	0
4	100.50	110.3	18.9	0
5	99.00	112.5	19.0	0
6	103.50	115.1	19.3	0
7	101.00	116.3	19.6	0
8	103.00	111.1	17.1	1
9	106.50	117.2	20.7	1
10	102.50	113.2	22.1	1

Impressão dos dados das primeiras dez crianças

Correlation Analysis

4 'VAR' Variables: SBP Height Weight Age

Simple Statistics

Variable	N	Mean	Std Dev	Sum
SBP	100	104.414700	9.430933	10441
Height	100	120.054000	6.439986	12005
Weight	100	22.826000	4.223303	2282.600000
Age	100	6.696900	0.731717	669.690000

Simple Statistics

Variable	Minimum	Maximum
SBP	81.500000	128.850000
Height	107.1000000	136.800000
Weight	15.900000	42.500000
Age	5.130000	8.840000

Estatística sumária para cada variável

Pearson Correlation Coefficients/Prob> |R| under Ho:Rho=0
/N=100

	SBP	Height	Weight	Age
SBP	1.00000	0.33066	0.51774	0.16373
	0.0	0.0008	0.0001	0.1036
Height	0.33066	1.00000	0.69151	0.64486
	0.0008	0.0	0.0001	0.0001
Weight	0.51774	0.69151	1.00000	0.38935
	0.0001	0.0001	0.0	0.0001
Age	0.16373	0.64486	0.38935	1.00000
	0.1036	0.0001	0.0001	0.0

Coeficiente de correlação de Pearson entre pressão sistólica e idade

Valor *P* associado

Spearman Correlation Coefficients/Prob> |R| under Ho:Rho=0
/N=100

	SBP	Height	Weight	Age
SBP	1.00000	0.31519	0.45453	0.14778
	0.0	0.0014	0.0001	0.1423
Height	0.31519	1.00000	0.82298	0.61491
	0.0014	0.0	0.0001	0.0001
Weight	0.45453	0.82298	1.00000	0.51260
	0.0001	0.0001	0.0	0.0001
Age	0.14778	0.61491	0.51260	1.00000
	0.1423	0.0001	0.0001	0.0

Coeficiente de correlação de Spearman entre estatura e idade

Valor *P*

Tópico 26

978-85-7241-701-3

```
Model:MODEL1
Dependent Variable:SBP

                        Analysis of Variance

Source        DF        Sum of           Mean       F Value      Prob>F
                       Squares         Square

Model          1     962.71441      962.71441        12.030      0.0008
Error         98    7842.59208       80.02645
C Total       99    8805.30649

    Root MSE           8.94575      R-square         0.1093
    Dep Mean         104.41470      Adj R-sq         0.1002
        C.V.           8.56752

                       Parameter Estimates

                   Parameter       Standard       T for HO:
Variable    DF      Estimate          Error     Parameter=0

Intercep     1     46.281684    16.78450788           2.757
Height       1      0.484224     0.13960927           3.468

Variable DF      Prob> |T|

Intercep     1    0.0070
Height       1    0.0008
```

Tabela de ANOVA

Interseção, *a*

Inclinação, *b*

Resultado de regressão linear simples de pressão sistólica sobre a estatura. Tópico 28

```
Model:MODEL1
Dependent Variable:SBP

                        Analysis of Variance

Source        DF        Sum of           Mean       F Value      Prob>F
                       Squares         Square

Model          3    2804.04514      934.68171        14.952      0.0001
Error         96    6001.26135       62.51314
C Total       99    8805.30649

Root MSE               7.90653      R-square         0.3184
Dep Mean             104.41470      Adj R-sq         0.2972
C.V.                   7.57223

                       Parameter Estimates

                   Parameter       Standard       T for HO:
Variable    DF      Estimate          Error     Parameter=0

Intercep     1     79.439541    17.11822110           4.641
Height       1     -0.031023     0.17170250          -0.181
Weight       1      1.179495     0.26139400           4.512
Sex          1      4.229540     1.61054848           2.626

Variable    DF     Prob>|T|

Intercep     1       0.0001
Height       1       0.8570
Weight       1       0.0001
Sex          1       0.0101
```

Coeficientes de regressão parcial estimados

Resultado de regressão linear múltipla de pressão sistólica sobre estatura, peso e sexo. Tópico 29

978-85-7241-701-3

Análise de dados do vírus do herpes humano 8 (HHV-8), descrita nos Tópicos 23, 24 e 30, gerada pelo Stata

```
.List hhv8 gonnorrho syphilis hsv2 hiv age in 1/10

       hhv8       gonorrho    syphilis   hsv2   hiv    age
 1.  negative    history      0          0      0      28
 2.  negative    history      0          0      0      40
 3.  negative    history      0          0      0      26
 4.  negative    history      0          1      0      42
 5.  positive    history      0          0      0      30
 6.  negative    nohistory    0          0      0      33
 7.  negative    history      0          1      0      27
 8.  positive    history      0          0      0      32
 9.  negative    history      1          0      0      35
10.  positive    history      0          0      0      35
```

Impressão de dados dos primeiros dez homens

```
 Tabulate gonorrho hhv8, chi row col

                  | hhv8          |              |
      gonorrhoe   | negative      |  positive    |     Total
 -----------------+---------------+--------------+------------
        History   |     192       |      36      |      228
                  |    84.21      |    15.79     |    100.00
                  |    86.88      |    72.00     |     84.13
 -----------------+---------------+--------------+------------
     No history   |      29       |      14      |       43
                  |    67.44      |    32.56     |    100.00
                  |    13.12      |    28.00     |     15.87
 -----------------+---------------+--------------+------------
          Total   |     221       |      50      |      271
                  |    81.55      |    18.45     |    100.00
                  |   100.00      |   100.00     |    100.00

              Pearson chi2(1) = 6.7609   Pr = 0.009
```

Tabela de contingência

Linha %

Coluna %

Total marginal da linha

Freqüência observada

Total marginal da coluna

Total geral

Tópico 24

```
. Logit hhv8 gonorrho syphilis hsv2 hiv age, or tab

Interation 0:   Log Likelihood = -122.86506
Interation 1:   Log Likelihood = -111.87072
Interation 2:   Log Likelihood = -110.58712
Interation 3:   Log Likelihood = -110.56596
Interation 4:   Log Likelihood = -110.56595

                                           Number of obs =     260
Logit Estimates                            chi2 (5)      =   24.60
                                           Prob > chi2   =  0.0002
Logit Likelihood = -110.56595              Pseudo R2     =  0.1001

----------+--------------------------------------------------------------------
   hhv8   |   Coef.     Std. Err.      z       P>|z|     [95% Conf. Interval]
----------+--------------------------------------------------------------------
gonorrho  |  .5093263   .4363219     1.167     0.243    -.345849     1.364502
syphilis  |  1.192442   .7110707     1.677     0.094    -.201231     2.586115
    hsv2  |  .7910041   .3871114     2.043     0.041    .0322798     1.549728
     hiv  |  1.635669   .6028147     2.713     0.007    .4541736     2.817164
     age  |  .0061609   .0204152     0.302     0.763    -.0338521     .046174
constant  | -2.224164   .6511603    -3.416     0.001    -3.500415   -.9479135
----------+--------------------------------------------------------------------

----------+--------------------------------------------------------------------
   hhv8   |Odds Ratio   Std. Err.      z       P>|z|     [95% Conf. Interval]
----------+--------------------------------------------------------------------
gonorrho  |  1.66417    .7261137     1.167     0.243    .7076193     3.913772
syphilis  | 3.295118    2.343062     1.677     0.094    .8177235     13.27808
    hsv2  |  2.20561    .8538167     2.043     0.041    1.032806     4.710191
     hiv  | 5.132889    3.094181     2.713     0.007    1.574871     16.72934
     age  |  1.00618    .0205413     0.302     0.763    .9667145     1.047257
----------+--------------------------------------------------------------------

    Comparison of outcomes and probabilites

   Outcome  |   Pr < .5       Pr > = .5  |      Total
  ----------+--------------------------+-------------
   Failure  |     208             5    |       213
   Success  |      38             9    |        47
  ----------+--------------------------+-------------
     Total  |     246            14    |       260
```

Qui-quadrado para covariadas e seu valor *P*

Valor *P*

Intervalo de confiança para *odds ratio*

Resultado predito
< 0,5 = 0 (Não)
≥ 0,5 = 1 (Sim)

Resultado observado
Fracasso = 0 (Não)
Sucesso = 1 (Sim)

Tabela de classificação

Resultado de regressão logística múltipla. Tópico 30

978-85-7241-701-3

978-85-7241-701-3

Análise de dados de falência virológica descrita nos Capítulos 31-33, gerada pelo SAS

Tempo desde a resposta inicial (< 1 ano = 1, 1 – 2 anos = 2, > 2 anos = 3) → PERIOD

Falência virológica (Não = 0, Sim = 1) → EVENT

Duração do acompanhamento (dias) → PDAYS

Mulher = 0/Homem = 1 → SEX

Status do tratamento (Tratamento prévio = 0, Nenhum tratamento prévio = 1) → TRTSTATUS

Impressão de dados dos primeiros dez pacientes (cada paciente tem uma linha de dados para cada período de tempo)

```
OBS   PATIENT   PERIOD   EVENT    PDAYS   SEX   BASECD8   TRTSTATUS

 1       1        1        0     365.25    0      665         1
 2       1        2        0      48.75    0      665         1
 3       2        1        0     365.25    1     2053         1
 4       2        2        0     365.25    1     2053         1
 5       2        3        0     592.50    1     2053         1
 7       4        1        0      30.00    0      327         1
 8       5        1        0     365.25    1      931         1
 9       5        2        0     365.25    1      931         1
10       5        3        0     732.50    1      931         1
13       6        1        0     166.00    1     1754         1
14       7        1        0      84.00    1      665         1
15       8        1        0     365.25    1      297         1
16       8        2        0     152.75    1      297         1
17       9        1        0     142.00    1      455         1
18      10        1        0     230.00    0      736         1
```

Modelo 1 excluindo-se duas variáveis fictícias para o tempo desde a resposta inicial. Capítulo 32

```
                    The GENMOD Procedure
                      Model Information
                Data Set              WORK.APPENDIX_POISSON
                Distribution                Poisson
                Link Function                   Log
                Dependent Variable            EVENT
                Offset Variable               LTIME = Log(PDAYS)
                Observations Used               988

              Criteria For Assessing Goodness Of Fit
      Criterion                DF          Value        Value/DF

      Deviance                984        393.1203        0.3995
      Scaled Deviance         984        393.1203        0.3995
      Pearson Chi-Square      984       7574.2725        7.6974
      Scaled Pearson X2       984       7574.2725        7.6974
      Log Likelihood                    -257.5601

                 Analysis Of Parameter Estimates

                         Standard      Wald 95%           Chi-
  Parameter   DF  Estimate   Error   Confidence Limits   Square  Pr > ChiSq

  Intercept    1  -1.1698   0.3228  -1.8024   -0.5372    13.14    0.0003
  TRTSTATUS    1  -0.6096   0.2583  -1.1159   -0.1033     5.57    0.0183
  BASECD8_100  1  -0.0587   0.0268  -0.1112   -0.0063     4.82    0.0281
  SEX          1  -0.4923   0.2660  -1.0136    0.0290     3.43    0.0642
  Scale        0   1.0000   0.0000   1.0000    1.0000

                LR Statistics For Type 3 Analysis
                                     Chi-
           Source           DF      Square    Pr > ChiSq

           TRTSTATUS         1        5.40        0.0201
           BASECD8_100       1        5.46        0.0194
           SEX               1        3.27        0.0707
```

Contagem de CD8 de linha de base dividida por 100 → BASECD8_100

Estatística de teste de Wald → Chi-Square

Parâmetro de escala usado para ajuste para dispersão extra-Poisson → Scale

Valor *P* para a significância de cada variável no modelo → Pr > ChiSq

Modelo 2 incluindo duas variáveis fictícias para tempo desde a resposta inicial e contagem de CD8 como variável numérica. Capítulos 31 e 32

```
                    Model Information
         Data Set                   WORK.APPENDIX_POISSON
         Distribution                   Poisson
         Link Function                      Log
         Dependent Variable               EVENT
         Offset Variable                  LTIME
         Observations Used                  988

              Class Level Information

          Class         Levels     Values
          PERIOD3            3      1 2 3

          Criteria For Assessing Goodness Of Fit
 Criterion                  DF            Value          Value/DF

 Deviance                  982         387.5904            0.3947
 Scaled Deviance           982         387.5904            0.3947
 Pearson Chi-Square        982        5890.6342            5.9986
 Scaled Pearson X2         982        5890.6342            5.9986
 Log Likelihood                        -254.7952

              Analysis Of Parameter Estimates

                               Standard       Wald 95%              Chi-
Parameter        DF  Estimate     Error   Confidence Limits       Square   Pr > ChiSq

Intercept         1   -1.2855    0.3400   -1.9518   -0.6192        14.30       0.0002
TRTSTATUS         1   -0.5871    0.2587   -1.0942   -0.0800         5.15       0.0233
BASECD8_100       1   -0.0558    0.0267   -0.1083   -0.0034         4.36       0.0369
SEX               1   -0.4868    0.2664   -1.0089    0.0353         3.34       0.0676
PERIOD      1     0    0.0000    0.0000    0.0000    0.0000          .            .
PERIOD      2     1    0.4256    0.2702   -0.1039    0.9552         2.48       0.1152
PERIOD      3     1   -0.5835    0.4825   -1.5292    0.3622         1.46       0.2265
Scale             0    1.0000    0.0000    1.0000    1.0000

              LR Statistics For Type 3 Analysis
                                        Chi-
          Source             DF       Square     Pr > ChiSq

          TRTSTATUS           1         5.00         0.0253
          BASECD8_100         1         4.91         0.0267
          SEX                 1         3.19         0.0742
          PERIOD              2         5.53         0.0630
```

Estatística de taxa de probabilidade (ETP) ou desvio resulta em $P > 0{,}99$ para avaliação da adequação do ajuste

Graus de liberdade

Isto é substancialmente <1, indicando subdispersão

Estimativas de parâmetros de modelos mostrados na Tabela 31.1 – Taxas relativas obtidas calculando-se o antilog das estimativas

Intervalo de confiança para os coeficientes do modelo

Zeros nesta linha indicam que o Período 1 é a categoria de referência

Estatística de teste = diferença entre desvios de dois modelos = 393,1203 – 387,5904

Valor *P* para teste de diferença entre os desvios a partir de modelos com e sem variáveis fictícias para o tempo desde a resposta inicial

Graus de liberdade = diferença no número de parâmetros dos Modelos 1 e 2

Modelo excluindo contagem de CD8 de linha de base. Capítulo 33

```
                    Model Information
         Data Set                   WORK.APPENDIX_POISSON
         Distribution                   Poisson
         Link Function                      Log
         Dependent Variable               EVENT
         Offset Variable                  LTIME
         Observations Used                  988

              Class Level Information
          Class         Levels     Values
          PERIOD             3      1 2 3

          Criteria For Assessing Goodness Of Fit

 Criterion                  DF            Value          Value/DF

 Deviance                  983         392.5001            0.3993
 Scaled Deviance           983         392.5001            0.3993
 Pearson Chi-Square        983        5580.2152            5.6767
 Scaled Pearson X2         983        5580.2152            5.6767
 Log Likelihood                        -257.2501

              Analysis Of Parameter Estimates

                               Standard       Wald 95%              Chi-
Parameter        DF  Estimate     Error   Confidence Limits       Square   Pr > ChiSq

Intercept         1   -1.7549    0.2713   -2.2866   -1.2232        41.85       <.0001
TRTSTATUS         1   -0.6290    0.2577   -1.1340   -0.1240         5.96       0.0146
SEX               1   -0.5444    0.2649   -1.0637   -0.0252         4.22       0.0399
PERIOD      1     0    0.0000    0.0000    0.0000    0.0000          .            .
PERIOD      2     1    0.4191    0.2701   -0.1103    0.9485         2.41       0.1207
PERIOD      3     1   -0.6481    0.4814   -1.5918    0.2955         1.81       0.1782
Scale             0    1.0000    0.0000    1.0000    1.0000

              LR Statistics For Type 3 Analysis
                                        Chi-
          Source             DF       Square     Pr > ChiSq

          TRTSTATUS           1         5.77         0.0163
          SEX                 1         4.00         0.0455
          PERIOD              2         6.08         0.0478
```

978-85-7241-701-3

```
                  Model Information
          Data Set                     WORK.APPENDIX_POISSON
          Distribution                        Poisson
          Link Function                           Log
          Dependent Variable                    EVENT
          Offset Variable                       LTIME
          Observations Used                       988

                  Class Level Information
          Class          Levels      Values

          PERIOD              3      1 2 3
          CD8GRP              5      1 2 3 4 5

                   Criteria For Assessing Goodness Of Fit
      Criterion                     DF            Value          Value/DF

      Deviance                     979         387.1458            0.3955
      Scaled Deviance              979         387.1458            0.3955
      Pearson Chi-Square           979        5852.1596            5.9777
      Scaled Pearson X2            979        5852.1596            5.9777
      Log Likelihood                           -254.5729

                         Analysis Of Parameter Estimates

                                    Standard       Wald 95%             Chi-
Parameter         DF   Estimate       Error    Confidence Limits      Square   Pr > ChiSq

Intercept          1    -1.2451      0.6116    -2.4439    -0.0463       4.14       0.0418
TRTSTATUS          1    -0.5580      0.2600    -1.0677    -0.0483       4.60       0.0319
SEX                1    -0.4971      0.2675    -1.0214     0.0272       3.45       0.0631
PERIOD        1    0     0.0000      0.0000     0.0000     0.0000        .            .
PERIOD        2    1     0.4550      0.2715    -0.0771     0.9871       2.81       0.0937
PERIOD        3    1    -0.5386      0.4849    -1.4890     0.4119       1.23       0.2667
CD8GRP        1    1    -0.2150      0.6221    -1.4343     1.0044       0.12       0.7297
CD8GRP        2    1    -0.3646      0.7648    -1.8636     1.1345       0.23       0.6336
CD8GRP        3    0     0.0000      0.0000     0.0000     0.0000        .            .
CD8GRP        4    1    -0.3270      1.1595    -2.5996     1.9455       0.08       0.7779
CD8GRP        5    1    -0.8264      0.6057    -2.0136     0.3608       1.86       0.1725
Scale              0     1.0000      0.0000     1.0000     1.0000

                          LR Statistics For Type 3 Analysis
                                               Chi-
                  Source              DF     Square     Pr > ChiSq

                  TRTSTATUS            1       4.48         0.0342
                  SEX                  1       3.30         0.0695
                  PERIOD               2       5.54         0.0628
                  CD8GRP               4       5.35         0.2528
```

Modelo incluindo contagem de CD8 de linha de base como uma série de variáveis fictícias. Capítulo 33

Estimativas de parâmetros para variáveis fictícias para contagem de CD8 de linha de base, em que a categoria 3 (≥ 25, < 1100) é a categoria de referência

Número de variáveis adicionais no modelo maior

Estatística de teste = 392,5001 – 387,1458

Valor *P* para teste de significância da contagem de CD8 de linha de base, quando incorporada como variável categórica

978-85-7241-701-3

Análise de dados periodontais usada no Capítulo 42, gerada pelo Stata

Estatística de teste e valor *P* para testar a significância do(s) coeficiente(s) no modelo

```
regress loa smoke

      Source |       SS       df       MS              Number of obs =    2545
-------------+------------------------------           F(  1,  2543) =    0.20
       Model |  .056714546     1  .056714546           Prob > F      =  0.6549
    Residual |  721.589651  2543   .28375527           R-squared     =  0.0001
-------------+------------------------------           Adj R-squared = -0.0003
       Total |  721.646365  2544  .283666024           Root MSE      =  .53269

------------------------------------------------------------------------------
         loa |      Coef.   Std. Err.      t    P>|t|     [95% Conf. Interval]
-------------+----------------------------------------------------------------
       smoke |  -.0105165   .0235231    -0.45   0.655    -.0566429    .0356099
       _cons |    1.01473    .012442    81.56   0.000     .9903324    1.039127
------------------------------------------------------------------------------
```

Valor *P* para tabagismo

Termo constante

Regressão de quadrados mínimos comuns (QMC) ignorando agrupamento

```
regress loa smoke, robust

Regression with robust standard errors                 Number of obs =    2545
                                                       F(  1,    96) =    0.04
                                                       Prob > F      =  0.8419
Number of clusters (subj) = 97                         R-squared     =  0.0001
                                                       Root MSE      =  .53269

------------------------------------------------------------------------------
             |               Robust
         loa |      Coef.   Std. Err.      t    P>|t|     [95% Conf. Interval]
-------------+----------------------------------------------------------------
       smoke |  -.0105165   .0525946    -0.20   0.842     -.114916    .0938831
       _cons |    1.01473   .0352714    28.77   0.000     .9447168    1.084743
------------------------------------------------------------------------------
```

Erro padrão robusto é maior do que quando o agrupamento é ignorado, portanto o valor de *P* é maior

Regressão de QMC com erros padrões robustos ajustada para agrupamento

```
. xtreg loa smoke, be

Between regression (regression on group means)  Number of obs      =      2545
Group variable (i): subj                        Number of groups   =        97

R-sq:  within  = 0.0000                         Obs per group: min =        21
       between = 0.0001                                        avg =      26.2
       overall = 0.0001                                        max =        28

                                                F(1,95)            =      0.01
sd(u_i + avg(e_i.))=  .2705189                  Prob > F           =    0.9409

------------------------------------------------------------------------------
         loa |      Coef.   Std. Err.      t    P>|t|     [95% Conf. Interval]
-------------+----------------------------------------------------------------
       smoke |   -.004559   .0612848    -0.07   0.941    -.1262246    .1171066
       _cons |   1.013717   .0323332    31.35   0.000     .9495273    1.077906
------------------------------------------------------------------------------
```

Indivíduo identificado como grupo (agrupamento)

Análise agregada (regressão de QMC sobre médias de grupo)

Valor *P* para a significância do coeficiente de tabagismo

978-85-7241-701-3

978-85-7241-701-3

```
. iis subj
. xtreg loa smoke, pa robust corr(exchangeable)

Iteration 1: tolerance = .00516018
Iteration 2: tolerance = 2.204e-07

GEE population-averaged model                   Number of obs      =      2545
Group variable:                      subj       Number of groups   =        97
Link:                            identity       Obs per group: min =        21
Family:                          Gaussian                      avg =      26.2
Correlation:                 exchangeable                      max =        28
                                                Wald chi2(1)       =      0.01
Scale parameter:                 .2835381       Prob > chi2        =    0.9198

                         (standard errors adjusted for clustering on subj)
------------------------------------------------------------------------------
             |             Semi-robust
         loa |      Coef.   Std. Err.      z    P>|z|     [95% Conf. Interval]
-------------+----------------------------------------------------------------
       smoke |  -.0053018   .0526501    -0.10   0.920    -.1084941    .0978905
       _cons |   1.013841   .0347063    29.21   0.000     .9458185    1.081865
------------------------------------------------------------------------------
```

Estrutura de correlação identificada como intercambiável (→ Correlation: exchangeable)

O modelo foi qui-quadrado, para testar a significância do coeficiente do modelo (→ Wald chi2(1))

Valor *P* para modelo qui-quadrado (→ 0.9198)

Estatística de teste de Wald (→ z)

Equações generalizadas de estimativa (EGE) com erros padrões robustos e estrutura de correlação intercambiável

```
. xtreg loa smoke, mle

Fitting constant-only model:
Iteration 0:   log likelihood = -1785.7026
Iteration 1:   log likelihood = -1785.7004

Fitting full model:
Iteration 0:   log likelihood = -1785.7027
Iteration 1:   log likelihood = -1785.6966
Iteration 2:   log likelihood = -1785.6966

Random-effects ML regression                    Number of obs      =      2545
Group variable (i): subj                        Number of groups   =        97

Random effects u_i ~ Gaussian                   Obs per group: min =        21
                                                               avg =      26.2
                                                               max =        28

                                                LR chi2(1)         =      0.01
Log likelihood  = -1785.6966                    Prob > chi2        =    0.9302

------------------------------------------------------------------------------
         loa |      Coef.   Std. Err.      z    P>|z|     [95% Conf. Interval]
-------------+----------------------------------------------------------------
       smoke |  -.0053168   .0607203    -0.09   0.930    -.1243265    .1136928
       _cons |   1.013844    .032046    31.64   0.000      .951035    1.076653
-------------+----------------------------------------------------------------
    /sigma_u |   .2519226   .0204583    12.31   0.000     .2118251    .2920201
    /sigma_e |   .4684954   .0066952    69.98   0.000     .4553731    .4816176
-------------+----------------------------------------------------------------
         rho |   .2242953   .0288039                      .1719879    .2846119
------------------------------------------------------------------------------
Likelihood-ratio test of sigma_u=0: chibar2(01)=   443.21 Prob>=chibar2 = 0.000
```

Diferença = –0,0038, então, taxa de probabilidade –2log = 2 × 0,0038 = 0,0076 ≃ 0,01 (→ LR chi2(1))

A iteração final proporciona estimativas estáveis (→ Iteration 2)

Estatística de taxa de probabilidade (ETP) = taxa de probabilidade –2log (→ LR chi2(1))

Graus de liberdade (→ (1))

Valor *P* (→ 0.9302)

σ_c → /sigma_u

σ → /sigma_e

Coeficiente de correlação intra-agrupamento (→ rho)

$$= \frac{0{,}2519226^2}{0{,}2519226^2 + 0{,}4684954^2}$$

Modelo de efeitos randomizados

978-85-7241-701-3

Apêndice D. Glossário

Abordagem Bayesiana à inferência: Usa não somente informações atuais (por exemplo, de um teste), mas também a crença prévia de um indivíduo (freqüentemente subjetiva) sobre uma hipótese para avaliar a crença posterior na hipótese.

Abordagem de tabela de vida para análise de sobrevida: Maneira de determinar probabilidades de sobrevida quando o tempo necessário para atingir o ponto final só é conhecido no âmbito de um determinado intervalo de tempo.

Acompanhamento: Tempo que um indivíduo permanece num estudo, desde a entrada até obter um resultado (por exemplo, desenvolve a doença) ou deixar o estudo ou até a conclusão do estudo.

Alavancagem: Medida de quanto o valor da(s) variável(is) explanatória(s) para um indivíduo difere da média da(s) variável(is) explanatória(s) numa análise de regressão.

Alocação sistemática: Pacientes num teste clínico são alocados a tratamentos de maneira não-aleatória sistematizada.

Amostra: Subgrupo da população.

Amostra de conveniência: Grupo de indivíduos que se acredita serem representativos da população da qual ele é selecionado, mas escolhido por estar bem à mão, e não aleatoriamente selecionado.

Amostra de treinamento: Primeira amostra usada para gerar o modelo (por exemplo, em regressão logística ou análise discriminante). Os resultados são autenticados por uma segunda amostra (de validação).

Amostra de validação: Uma segunda amostra, usada para autenticar o resultado da mostra de treinamento.

Amostragem aleatória: Cada possível amostra de um dado tamanho da população tem igual probabilidade de ser escolhida.

Amostragem de quota: Amostragem não-aleatória na qual o investigador escolhe membros amostras para preencher uma "quota" especificada.

Amostragem sistemática: A amostra é selecionada da população usando-se algum método sistemático, em vez daquele baseado no acaso.

Amostras independentes: Cada unidade de todas as amostras não tem relação com as unidades das outras amostras.

Análise de covariância: Forma especial de análise de variância que compara valores de uma variável dependente entre grupos de indivíduos, após ajustar para o efeito de uma ou mais variáveis explanatórias.

Análise de intenção de tratar: Todos os pacientes do teste clínico são analisados nos grupos aos quais haviam sido originalmente atribuídos.

Análise de sobrevida: Examina o tempo necessário para um indivíduo atingir um final de interesse (por exemplo, morte) quando alguns dados são censurados.

Análise de variância (ANOVA): Termo geral para análises que comparam médias de grupos de observações pela separação da variância total de uma variável em suas partes componentes, cada qual atribuída a um fator específico.

Análise de variância *one-way*: Forma específica de ANOVA usada para comparar as médias de mais de dois grupos independentes de observações.

Análise discriminante: Método, similar à regressão logística, que pode ser usado para identificar fatores significativamente associados a uma resposta binária.

Análise no tratamento: Pacientes de um teste clínico são incluídos na análise somente se completarem todo o tratamento ao qual haviam sido atribuídos de maneira aleatória.

Análises intermediárias: Análises pré-planejadas em estágios intermediários de um estudo.

ANOVA: Ver Análise de variância.

ANOVA de mensurações repetidas: Forma especial de análise de variância usada quando uma variável numérica é mensurada mais de uma vez (por exemplo, em diferentes ocasiões) em cada membro de um grupo de indivíduos.

Arquivo ASCII ou em formato texto: Dados disponibilizados no computador como linhas de texto.

Bloco: Grupo homogêneo de unidades experimentais que compartilham características similares. Também denominado estrato.

***Bootstrapping*:** Processo de simulação usado para derivar um intervalo de confiança para um parâmetro. Envolve estimar o parâmetro de cada uma de muitas amostras aleatórias obtidas pela amostragem com substituição a partir da amostra original; o IC é derivado considerando-se a variabilidade da distribuição dessas estimativas.

Capa (κ) de Cohen: Medida de concordância entre dois conjuntos de mensurações categóricas nos mesmos indivíduos. Se $\kappa = 1$, existe perfeita concordância; se $\kappa = 0$, a concordância não é melhor que casual.

Capa ponderado: Refinamento do capa de Cohen, concordância de mensuração, que considera o quão discordantes são dois conjuntos de mensurações categóricas ordinais.

Caso: Indivíduo com a doença sob investigação num estudo de controle de casos.

Casos incidentes: Pacientes que acabaram de ser diagnosticados.

Casos prevalentes: Pacientes que têm a doença num dado ponto do tempo ou dentro de um intervalo definido, mas que foram diagnosticados num momento anterior.

Categorias mutuamente exclusivas: Cada indivíduo pode pertencer somente a uma categoria.

CCI: Ver Coeficiente de correlação intraclasses.

Cegamento: Quando os pacientes, clínicos e assessores da resposta ao tratamento num teste clínico não têm consciência da alocação do tratamento (duplo-cego), ou quando o paciente tem consciência do tratamento recebido mas o assessor da resposta não tem (cego simples).

Célula de uma tabela de contingência: Designação de uma determinada linha e uma determinada coluna de uma tabela.

978-85-7241-701-3

Coeficiente de correlação (de Pearson): Medida quantitativa, variando de –1 a +1, de até quanto os pontos de um diagrama de dispersão se conformam a uma reta. Ver também Coeficiente de correlação de classes de Spearman.

Coeficiente de correlação de classes de Spearman: Alternativa não-paramétrica ao coeficiente de correlação de Pearson; fornece uma medida da associação entre duas variáveis.

Coeficiente de correlação intraclasses (CCI): Numa estrutura de dois níveis, ele expressa a variação entre agrupamentos como uma proporção da variação total; ele representa a correlação entre quaisquer duas unidades de nível 1 aleatoriamente escolhidas num agrupamento escolhido de forma aleatória.

Coeficiente de regressão logística: Coeficiente de regressão parcial numa equação de regressão logística.

Coeficiente de repetitividade da British Standards Institution: Diferença máxima que tem probabilidade de ocorrer entre duas mensurações repetidas.

Coeficiente de variação: Desvio padrão dividido pela média (freqüentemente expresso como uma porcentagem).

Coeficientes de regressão: Parâmetros (isto é, inclinação e interseção) que descrevem uma equação de regressão.

Coeficientes de regressão parcial: Parâmetros, que não a interseção, que descrevem um modelo de regressão multivariável.

Colaboração Cochrane: Rede internacional de clínicos, metodólogos e consumidores que atualizam continuamente revisões sistemáticas e as disponibilizam a outros.

Colinearidade: Pares de variáveis explanatórias, numa análise de regressão, são muito fortemente correlacionados, isto é, têm coeficientes de correlação muito próximos de ±1.

978-85-7241-701-3

Comparação *post-hoc* (ajustes): são feitos para ajustar os valores *P* quando se efetuam comparações múltiplas, por exemplo, Bonferroni.

Confiabilidade: Termo geral que abrange repetitibilidade, reprodutibilidade e concordância.

Confusão: Quando uma ou mais variáveis explanatórias se relacionam ao resultado e entre si, de modo a ser difícil avaliar o efeito independente de cada uma sobre a variável de resultado.

Controle: Indivíduo sem a doença sob investigação num estudo de controle de caso, ou que não recebe o novo tratamento num teste clínico.

Controles históricos: Indivíduos não atribuídos a um grupo de tratamento no início de um estudo, mas que receberam tratamento em algum momento passado, usados como grupo de comparação.

Controles negativos: Aqueles pacientes de um teste controlado randomizado (TCR) que não recebem tratamento ativo.

Controles positivos: Aqueles pacientes num TCR que recebem alguma forma de tratamento ativo como base de comparação para o tratamento novo.

Coorte clínica: Grupo de pacientes com a mesma patologia clínica cujos resultados são observados ao longo do tempo.

Correção (ajuste) de Bonferroni: Ajuste *post hoc* do valor P para considerar o número de testes efetuados no teste de múltiplas hipóteses.

Correção de continuidade: Correção aplicada a uma estatística de teste para ajustar a aproximação de uma distribuição discreta por uma distribuição contínua.

Correlação permutável: Assume que o procedimento de estimativa não é afetado se duas observações de um agrupamento forem permutadas.

Covariada: Ver Variável independente.

Curva de característica operacional de receptor (COR): Gráfico *two-way* da sensibilidade contra um menos a especificidade para diferentes valores de corte para uma variável contínua num teste diagnóstico; usada para selecionar o valor ótimo de corte ou para comparar testes.

Dados: Observações sobre uma ou mais variáveis.

Dados censurados: Ocorrem em análise de sobrevida porque existe informação incompleta sobre o resultado. Ver Dados censurados à direita e Dados censurados à esquerda.

Dados censurados à direita: Provêm de pacientes que se sabe não terem atingido o final de interesse no seu último acompanhamento.

Dados censurados à esquerda: Provêm de pacientes nos quais o acompanhamento só começou após a data de linha de base.

Dados em formato livre: No arquivo do computador, cada variável é separada da próxima por algum delimitador, na maioria das vezes um espaço ou uma vírgula.

Dados transformados: Obtidos fazendo-se a mesma transformação matemática (por exemplo, log) de cada observação.

Decis: Valores que dividem as observações ordenadas em dez partes iguais.

Declaração CONSORT: Facilita o orçamento e a interpretação críticos de TCR por proporcionar aos autores orientação, na forma de lista de verificação e fluxograma, sobre como relatar seus testes.

Deslocamento: Variável explanatória cujo coeficiente de regressão é fixado na unidade num modelo linear generalizado. Ele é o logaritmo do total de pessoas-ano (ou meses/dias, etc.) de acompanhamento num modelo de Poisson quando a variável dependente é definida como o número de eventos que ocorrem, em vez de uma taxa.

Desvio: Ver Estatística de taxa de probabilidade.

Desvio Normal padronizado (DNP): Variável aleatória cuja distribuição é Normal, com média igual a zero e variância unitária.

Desvio padrão (DP): Medida de dispersão, igual à raiz quadrada da variância.

Desvios do protocolo: Pacientes que ingressam num teste clínico, mas não preenchem os critérios do protocolo.

Diagrama de dispersão: Gráfico bidimensional de uma variável contra outra, com cada par de observações marcado por um ponto.

Diferença padronizada: Taxa, usada no nomograma de Altman e nas fórmulas de Lehr, que expressa a diferença clinicamente importante do tratamento como um múltiplo do desvio padrão.

Distribuição bimodal: Dados cuja distribuição tem dois "picos".

Distribuição binomial: Distribuição de probabilidades discreta de uma variável aleatória binária; útil para inferências e proporções.
Distribuição de amostragem da média: Distribuição da média da amostra obtida após a separação, entre a população, de amostras repetidas de tamanho fixo.
Distribuição de amostragem da proporção: Distribuição das proporções das amostras obtida após a separação, entre a população, de amostras repetidas de tamanho fixo.
Distribuição de freqüências: Mostra a freqüência de ocorrência de cada possível observação, classe de observações ou categoria, conforme seja adequado.
Distribuição de Gauss: Ver Distribuição Normal.
Distribuição de Poisson: Distribuição de probabilidades discreta de uma variável aleatória representando o número de eventos que ocorrem aleatoriamente e independentemente a uma taxa média fixa.
Distribuição de probabilidades: Distribuição teórica descrita por um modelo matemático. Exibe as probabilidades de todos os possíveis valores de uma variável aleatória.
Distribuição de probabilidades contínua: Variável aleatória que define a distribuição é contínua.
Distribuição de probabilidades discreta: Variável aleatória que define a distribuição assume valores discretos.
Distribuição deslocada: A distribuição dos dados é assimétrica; ela tem uma longa cauda para a direita com alguns valores altos (deslocada *positivamente*) ou uma longa cauda para a esquerda com alguns valores baixos (deslocada *negativamente*).
Distribuição empírica: Distribuição observada de uma variável.
Distribuição *F*: Distribuição contínua, deslocada para a direita, caracterizada pelos graus de liberdade do numerador e do denominador da taxa que a define; útil para comparar duas variâncias, e mais de duas médias usando a análise de variância.
Distribuição Lognormal: Distribuição de probabilidades deslocada para a direita de uma variável aleatória cujo logaritmo segue a distribuição Normal.
Distribuição Normal (de Gauss): Distribuição de probabilidades contínua em formato de sino e simétrica; seus parâmetros são a média e a variância.
Distribuição Normal Padrão: Distribuição Normal específica com média igual a zero e variância igual a um.
Distribuição qui-quadrado (χ^2): Distribuição contínua deslocada para a direita que se caracteriza por seus graus de liberdade; útil para análise de dados categóricos.
Distribuição simétrica: Os dados são centrados em algum ponto médio, e o formato da distribuição à esquerda do ponto médio é uma imagem especular daquele à sua direita.
Distribuição *t*: Também denominada distribuição *t* de Student. Distribuição contínua, com formato similar ao da distribuição Normal, caracterizada por seus graus de liberdade. Ela é particularmente útil para inferências sobre a média.
Distribuição *t* de Student: Ver Distribuição *t*.
Distribuição uniforme: Não tem "picos" porque cada valor tem igual probabilidade.
Distribuição unimodal: Tem um único "pico".
DNP: Ver Desvio Normal padronizado.
DP: Ver Desvio padrão.
Duplo-cego: Ver Cegamento.
Efeito *carry-over*: Efeito residual do tratamento pregresso num teste *cross-over*.
Efeito de interesse: Valor da variável de resposta que reflete a comparação de interesse, por exemplo, a diferença entre médias.
Efeito do tratamento: Efeito de interesse (por exemplo, a diferença entre médias ou o risco relativo) que permite uma comparação entre tratamentos.
Efeito entrante saudável: Escolhendo-se indivíduos sãos para participar de um estudo, a resposta de interesse (tipicamente, mortalidade) é menor no início do estudo do que seria esperado na população geral.
Efeito fixo: Efeito no qual os níveis do fator constituem o total da população de interesse (por exemplo, o fator "tratamento" cujos níveis são droga, cirurgia e radioterapia). Ele contrasta com um efeito randomizado, no qual os níveis representam somente uma amostra da população (por exemplo, o fator "paciente" cujos níveis são os 20 pacientes de um TCR).
Efeito randomizado: Efeito de um fator cujos níveis se presume representarem uma amostra aleatória da população.
EGE: Ver Equação generalizada de estimativa.
Encolhimento: Processo usado na estimativa de parâmetros num modelo de efeitos randomizados para aproximar a estimativa do efeito de interesse de cada agrupamento e o efeito médio de todos os agrupamentos.
EPM: Ver Erro padrão da média; ver Estimativa de probabilidade máxima.
Equação generalizada de estimativa (EGE): Usada numa estrutura hierárquica de dois níveis, a fim de estimar parâmetros e seus erros padrões para considerar o agrupamento dos dados, sem se referir a um modelo paramétrico para os efeitos randomizados; às vezes referida como marginal ou por média populacional.
Erro de amostragem: Diferença, atribuída à obtenção de somente uma amostra de valores, entre um parâmetro da população e sua estimativa de amostra.
Erro padrão da média (EPM): Medida de precisão da média da amostra. Ele é o desvio padrão da distribuição de amostragem da média.
Erro padrão da proporção: Medida de precisão da proporção da amostra. Ele é o desvio padrão da distribuição de amostragem da proporção.
Erro padrão robusto: Baseia-se na variabilidade dos dados, em vez daquela assumida pelo modelo de regressão; mais robusto a violações das premissas subjacentes do modelo de regressão que as estimativas provenientes de QMC.
Erro Tipo I: Rejeição da hipótese de nulidade quando ela é verdadeira.
Erro Tipo II: Não-rejeição da hipótese de nulidade quando ela é falsa.
Escore de risco: Ver Índice prognóstico.
Especificidade: Proporção de indivíduos sem a doença corretamente identificados por um teste diagnóstico.

978-85-7241-701-3

978-85-7241-701-3

Estatística: 1. Engloba os métodos de coleta, sumarização, análise e tirada de conclusões a partir de dados. 2. Estimativa da amostra de um parâmetro da população.

Estatística C: Mede a área sob uma curva COR e pode ser usada para comparar testes diagnósticos para a mesma patologia.

Estatística de taxa de probabilidade (ETP): Igual a –2 vezes a taxa entre a probabilidade logarítmica de um modelo saturado e aquela do modelo de interesse. Ela é usada para avaliar a adequação do ajuste e pode ser denominada desvio ou, comumente, probabilidade –2log. A diferença na ETP de dois modelos aninhados pode ser usada para comparar os modelos.

Estatística de teste de Wald: Usada para testar a significância de um parâmetro num modelo de regressão; segue a distribuição Normal padrão.

Estatística do teste: Quantidade, derivada de dados de amostra, usada para testar uma hipótese estatística; seu valor é comparado a uma distribuição de probabilidades conhecida para se obter um valor *P*.

Estatisticamente significante: O resultado de um teste de hipótese é estatisticamente significante a um determinado nível (digamos, 1%) se temos evidências suficientes para rejeitar a hipótese de nulidade àquele nível (isto é, quando $P < 0{,}01$).

Estimativa: Quantidade, obtida de uma amostra, usada para representar um parâmetro de uma população.

Estimativa de intervalo: Faixa de valores dentro da qual acreditamos situar-se o parâmetro da população.

Estimativa de ponto: Valor único, obtido de uma amostra, que estima um parâmetro populacional.

Estimativa de probabilidade máxima (EPM): Processo interativo de estimativa de um parâmetro que maximiza a probabilidade.

Estrato: Subgrupo de indivíduos; em geral, os indivíduos num estrato compartilham características similares. Às vezes denominado bloco.

Estudo de controle de casos: Grupos de indivíduos com a doença (os casos) e sem a doença (os controles) são identificados, e as exposições a fatores de risco nesses grupos são comparadas.

Estudo de coorte: Um grupo de indivíduos, todos sem o resultado de interesse (por exemplo, doença), é acompanhado (em geral prospectivamente) para estudar o efeito sobre futuros resultados de exposição a um fator de risco.

Estudo experimental: O investigador intervém de alguma maneira para afetar o resultado.

Estudo longitudinal: Acompanha indivíduos ao longo de um período de tempo.

Estudo observacional: O investigador não faz nada que afete o resultado.

Estudo piloto: Investigação preliminar em pequena escala.

Estudo prospectivo: Indivíduos são acompanhados a partir de algum ponto no tempo.

Estudos epidemiológicos: Estudos observacionais que avaliam a relação entre fatores de risco e doença.

Estudos retrospectivos: Estudo de fatores que ocorreram no passado de indivíduos selecionados.

Estudos transversais: Aqueles efetuados num único ponto do tempo.

ETP: Ver Estatística de taxa de probabilidade.

Experimento fatorial: Permite a análise simultânea de vários fatores de interesse.

Faixa interdecis: Diferença entre o 10º e o 90º percentis; ela contém os 80% centrais das observações ordenadas.

Faixa interquartis: Diferença entre o 25º e o 75º percentis; ela contém os 50% centrais das observações ordenadas.

Faixa: Diferença entre a maior e a menor observações.

Faixa normal: Ver Intervalo de referência.

Falso negativo: Indivíduo que tem a doença, mas é diagnosticado como isento da doença.

Falso positivo: Indivíduo isento da doença, mas que é diagnosticado como tendo a doença.

Fator de risco: Determinante que afeta a incidência de um resultado específico, por exemplo, uma doença.

***Forest plot*:** Diagrama usado numa meta-análise, mostrando o efeito estimado em cada teste e sua média (com intervalos de confiança).

Fórmulas de Lehr: Podem ser usadas para calcular os tamanhos ótimos de amostras necessários para alguns testes de hipótese quando o poder é especificado como 80% ou 90% e o nível de significância como 0,05.

Freqüência: Número de vezes em que um evento ocorre.

Freqüência cumulativa: Número de indivíduos com valores iguais ou inferiores ao valor especificado de uma variável.

Freqüência esperada: Freqüência esperada sob a hipótese de nulidade.

Freqüência relativa: Freqüência expressa como uma porcentagem ou proporção da freqüência total.

Função de densidade de probabilidade: Equação que define uma distribuição de probabilidades.

Função de ligação: Num modelo linear generalizado, é uma transformação do valor médio da variável dependente modelada como uma combinação linear das covariadas.

gl: Ver Graus de liberdade.

Gráfico caule-e-folha: Misto de diagrama e tabela, usado para ilustrar a distribuição de dados. Similar a um histograma, sendo efetivamente os valores de dados mostrados em ordem crescente de tamanho.

Gráfico de barras ou colunas: Diagrama que ilustra a distribuição de uma variável categórica ou discreta pela exibição de uma barra horizontal ou vertical isolada para cada "categoria", cujo comprimento é proporcional à freqüência (relativa) naquela "categoria".

Gráfico de caixa (*box-and-whisker*): Diagrama que ilustra a distribuição de uma variável; indica a mediana, os quartis superior e inferior e, com freqüência, os valores máximo e mínimo.

Gráfico de Kaplan-Meier: Curva de sobrevida na qual a probabilidade de sobrevida é plotada contra o tempo, a partir da linha de base. Ele é usado quando os tempos exatos para o atingimento do ponto final são conhecidos.

Gráfico de *pizza*: Diagrama mostrando a distribuição de freqüências de uma variável categórica ou discreta. Uma "*pizza*" circular é dividida em seções, uma para cada "categoria"; a área de cada seção é proporcional à freqüência nessa categoria.

Gráfico de pontos: Diagrama no qual cada observação sobre uma variável é representada por um ponto numa linha horizontal (ou vertical).

Gráfico Normal: Diagrama para avaliar, visualmente, a Normalidade de dados; uma reta no gráfico Normal implica Normalidade.

Graus de liberdade (gl): Tamanho da amostra menos o número de parâmetros que devem ser estimados para se calcular a estatística – eles indicam o quanto as observações são "livres" para variar.

Grupo de controle: Termo usado em estudos comparativos, por exemplo, testes cínicos, para denotar um grupo de comparação. Ver também Controles positivos e Controles negativos.

Heterogeneidade clínica: Existe quando os testes incluídos numa meta-análise têm diferenças na população de pacientes, na definição de variáveis, etc., que criam problemas de não-compatibilidade.

Heterogeneidade de variância: Variâncias desiguais.

Heterogeneidade estatística: Presente numa meta-análise quando existe variação considerável entre as estimativas isoladas do efeito de interesse.

Hipótese alternativa: Hipótese sobre o efeito de interesse que discorda da hipótese de nulidade e é verdadeira se a hipótese de nulidade é falsa.

Hipótese de nulidade, H_0: Afirmação que pressupõe nenhum efeito na população.

Histograma: Diagrama que ilustra a distribuição de freqüências (relativas) de uma variável contínua, usando barras conectadas. A área da barra é proporcional à freqüência (relativa) na faixa especificada pelos limites da barra.

Homoscedasticidade: Variâncias iguais; também descrita como homogeneidade de variância.

I^2: Índice que pode ser usado para quantificar o impacto da heterogeneidade estatística entre os estudos numa meta-análise.

IC: Ver Intervalo de confiança para um parâmetro.

Incidência: Número de novos casos de uma doença num período definido, dividido pelo número de indivíduos suscetíveis no início ou no ponto médio do período.

Inclinação: Gradiente da linha de regressão, mostrando a alteração média da variável dependente para uma alteração de uma unidade na variável explanatória.

Índice prognóstico: Avalia a probabilidade de um indivíduo ter uma doença. Também denominado escore de risco.

Inferência: Processo de tirar conclusões sobre a população usando dados de amostras.

Interação: Ocorre entre duas variáveis explanatórias numa análise de regressão, quando o efeito de uma das variáveis sobre a variável dependente varia conforme o nível da outra. No contexto de ANOVA, uma interação existe entre dois fatores quando a diferença entre os níveis de um fator é diferente para dois ou mais níveis do segundo fator. Também denominada modificação de efeito.

Interpolar: Estimar o valor requerido que se encontra entre dois valores conhecidos.

Interseção: Valor da variável dependente numa equação de regressão quando o(s) valor(es) da(s) variável(is) explanatória(s) é zero.

Intervalo de confiança (IC) para um parâmetro: Faixa de valores dentro da qual temos (com freqüência) 95% de confiança de que o verdadeiro parâmetro da população se encontra. Estritamente, após amostragem repetida, 95% das estimativas do parâmetro se encontram no intervalo.

Intervalo de referência: Faixa de valores (com freqüência os 95% centrais) de uma variável, tipicamente observados em indivíduos saudáveis. Também denominada faixa normal ou de referência.

***Jackknifing*:** Método de estimar parâmetros e intervalos de confiança; cada um de n indivíduos é sucessivamente removido da amostra, os parâmetros são estimados a partir dos $n - 1$ indivíduos restantes, e finalmente é calculada a média das estimativas de cada parâmetro.

Limites de concordância: Numa avaliação de repetitibilidade, é a faixa de valores entre os quais esperamos que se encontrem 95% das diferenças entre mensurações repetidas.

Limites de confiança: Valores superior e inferior de um intervalo de confiança.

Linha de regressão linear: Reta definida por uma expressão algébrica ligando duas variáveis.

Logit (transformação logística): Transformação aplicada a uma proporção ou probabilidade, p, de forma que logit $(p) = \ln\{p/(1 - p)\}$ = ln (probabilidade).

Mascaramento: Ver Cegamento.

Média: 1. Termo geral para uma medida de localização. 2. Ver Média aritmética.

Média aritmética: Medida de localização obtida dividindo-se a soma das observações pelo número de observações. Freqüentemente denominada média.

Média geométrica: Medida de localização para dados cuja distribuição é deslocada para a direita; ela é o antilogaritmo da média aritmética dos dados logarítmicos.

Média ponderada: Modificação da média aritmética, obtida atribuindo-se pesos a cada valor da variável do conjunto de dados.

Mediana: Medida de localização que é o valor central das observações ordenadas.

Medicina baseada em evidências (MBE): Uso das melhores evidências atuais para tomada de decisões sobre o tratamento de pacientes individuais.

Mensurações repetidas: A variável de interesse é mensurada no mesmo indivíduo em mais de um conjunto de circunstâncias (por exemplo, em diferentes ocasiões).

Meta-análise (visão geral): Revisão sistemática quantitativa que combina os resultados de estudos relevantes para produzir e investigar uma estimativa do efeito geral de interesse.

Método dos quadrados mínimos: Método de estimar parâmetros numa análise de regressão, com base em minimizar a soma dos quadrados dos residuais.

Métodos de classes: Ver Testes não-paramétricos.

MLG: Ver Modelo linear generalizado.

Moda: Valor de uma única variável que ocorre com maior freqüência num conjunto de dados.

Modelo: Descreve, em termos algébricos, a relação entre duas ou mais variáveis.

Modelo de efeito fixo: Contém somente efeitos fixos; usado numa meta-análise quando não existe evidência de heterogeneidade estatística.

978-85-7241-701-3

Modelo de inclinações randomizadas: Modelo hierárquico de efeitos randomizados que presume, para a estrutura de dois níveis, que a relação linear entre o valor médio da variável dependente e uma única covariada para cada unidade de nível dois tem uma inclinação que varia aleatoriamente em torno da inclinação média e uma interseção que varia aleatoriamente em torno da interseção média.

Modelo de interseções randomizadas: Modelo hierárquico de efeitos randomizados que presume, para a estrutura de dois níveis, que a relação linear entre o valor médio da variável dependente e uma única covariada para cada unidade de nível dois tem a mesma inclinação para todas as unidades de nível dois, e uma interseção que varia aleatoriamente em torno da interseção média.

Modelo de regressão de Poisson: Forma de modelo linear generalizado, usada para relacionar uma ou mais variáveis explanatórias ao logaritmo da taxa esperada de um evento (por exemplo, de doença) quando o acompanhamento dos indivíduos varia, mas a taxa é presumida como constante ao longo do período do estudo.

Modelo de regressão de riscos proporcionais (Cox): Usada em análise de sobrevida para estudar o efeito simultâneo de diversas variáveis explanatórias sobre a sobrevida.

Modelo de regressão multivariável: Qualquer modelo de regressão que tem uma única variável de resultado e duas ou mais variáveis explanatórias.

978-85-7241-701-3

Modelo em média na população: Ver Equação generalizada de estimativa.

Modelo hierárquico: Ver Modelo multinível.

Modelo linear generalizado (MLG): Modelo de regressão expresso numa forma geral via uma função de ligação que correlaciona o valor médio da variável dependente (com uma distribuição de probabilidades conhecida, como Normal, binomial ou de Poisson) a uma função linear de covariadas.

Modelo marginal: Ver Equação generalizada de estimativa.

Modelo misto: Alguns dos parâmetros do modelo têm efeitos randomizados e outros têm efeitos fixos.

Modelo multinível: Usado para análise de dados hierárquicos nos quais as unidades de nível um (por exemplo, pacientes) estão aninhadas em unidades de nível dois (por exemplo, enfermarias), que podem estar aninhadas em unidades de nível três (por exemplo, hospitais), etc. Também denominado modelo hierárquico.

Modelo saturado: Modelo no qual o número de variáveis é igual a, ou maior que, o número de indivíduos.

Modelo superajustado: Modelo contendo variáveis demais, por exemplo, mais de 10% do número de indivíduos num modelo de regressão linear múltipla.

Modelos aninhados: Dois modelos de regressão, o maior dos quais inclui as covariadas do modelo menor e covariada(s) adicional(is).

Modelos de efeitos randomizados: Modelo para uma estrutura de dados hierárquica, como uma estrutura de dois níveis com unidades de nível um aninhadas em unidades de nível dois, no qual um efeito randomizado é a origem de erros atribuível às unidades de nível dois.

Modificação de efeito: Ver Interação.

Moldura de amostragem: Lista de todos os indivíduos da população.

Não-tendencioso: Isento de tendenciosidade.

Nível: Determinada categoria de uma variável (ou fator) qualitativa.

Nível de significância: Probabilidade, escolhida no início de uma investigação, que nos levará a rejeitar a hipótese de nulidade se nosso valor *P* se encontrar abaixo dela. Freqüentemente escolhido como 0,05.

Nomograma de Altman: Diagrama que relaciona o tamanho da amostra de um teste estatístico ao poder, ao nível de significância e à diferença padronizada.

Nomograma de Fagan: Diagrama que relaciona a probabilidade pré-teste de um resultado de teste diagnóstico à probabilidade e à probabilidade pós-teste. Geralmente usado para converter a primeira na última.

Número de pacientes que você precisa tratar (NPT): Número de pacientes que precisamos submeter ao tratamento experimental, em vez do tratamento controle, para evitar que um deles desenvolva o resultado "ruim".

Observações pareadas: Relacionam-se às respostas de indivíduos pareados, ou do mesmo indivíduo em duas circunstâncias diferentes.

***Odds ratio*:** Taxa de duas probabilidades (por exemplo, a probabilidade de doença em indivíduos expostos e não-expostos a um fator). Freqüentemente tomada como estimativa do risco relativo num estudo de controle de casos.

***Outlier*:** Observação distinta do corpo principal dos dados e incompatível com o resto dos dados.

Parâmetro: Medida resumida (por exemplo, média, proporção) que caracteriza uma distribuição de probabilidades. Seu valor se relaciona com a população.

Pareamento: Processo de selecionar indivíduos similares no tocante a variáveis que podem influenciar a resposta de interesse.

Percentis: Valores que dividem as observações ordenadas em 100 partes iguais.

Perfeição do ajuste: Medida do quanto os valores obtidos de um modelo concordam com os dados observados.

Período de limpeza: Intervalo entre o final de um período de tratamento e o início do segundo período de tratamento num teste cruzado. Permite a dissipação dos efeitos residuais do primeiro tratamento.

Pessoa-anos de acompanhamento: Soma, considerado o total de indivíduos, do número de anos que cada indivíduo é acompanhado num estudo.

Placebo: "Tratamento" inerte, idêntico em aparência ao tratamento ativo, que é comparado ao tratamento ativo num teste clínico negativamente controlado para avaliar o efeito terapêutico do tratamento ativo por sua separação do efeito de receber tratamento; também usado para acomodar cegamento.

Poder: Probabilidade de se rejeitar a hipótese de nulidade quando ela é falsa.

Ponto de porcentagem: Percentil de uma distribuição; ele indica a proporção da distribuição que se encontra à sua direita (isto é, na cauda direita), à sua esquerda (isto é, na cauda esquerda), ou nas duas caudas, direita e esquerda.

Ponto final primário: Resultado que reflete mais precisamente o benefício de uma nova terapia num teste clínico.

Ponto influente: Observação que, se omitida de uma análise de regressão, levará a uma alteração em uma ou mais das estimativas de parâmetros.

Pontos finais secundários: Resultados de um teste clínico que não têm importância primária.

População: Grupo total de indivíduos nos quais estamos interessados.

Precisão: 1. Medida de erro de amostragem. Refere-se à quão bem observações repetidas concordam entre si. 2. Refere-se à maneira pela qual um valor observado de uma quantidade concorda com o valor verdadeiro.

Prevalência: Número (proporção) de indivíduos com uma doença num dado ponto do tempo (prevalência de ponto) ou no decorrer de um intervalo definido (prevalência de período).

Prevalência de ponto: Número de indivíduos com uma doença (ou porcentagem daqueles suscetíveis) num determinado ponto do tempo.

Principal variável de resultado: Aquela que se relaciona ao principal objetivo do estudo.

Probabilidade: 1. Mensura a chance de um evento ocorrer. Varia entre 0 e 1. Ver também Probabilidade condicional, anterior e posterior. 2. Probabilidade dos dados, dado o modelo. No contexto de um teste diagnóstico, ela descreve a plausibilidade do resultado observado do teste se a doença está presente (ou ausente). 3. Taxa das probabilidades de dois eventos complementares, tipicamente a probabilidade de ter uma doença dividida pela probabilidade de não ter a doença.

Probabilidade –2log: Ver Estatística de taxa de probabilidade.

Probabilidade anterior: Crença de um indivíduo, com base em visões subjetivas e/ou observações retrospectivas, de que um evento ocorrerá.

Probabilidade condicional: Probabilidade de um evento, dado que outro evento ocorreu.

Probabilidade freqüentista: Proporção de vezes que um evento ocorreria se repetíssemos o experimento um grande número de vezes.

Probabilidade posterior: Crença de um indivíduo, basea-da em crença pregressa e novas informações (por exemplo, um resultado de exame), de que um evento ocorrerá.

Probabilidade pós-teste: Probabilidade posterior, determinada a partir de informações prévias e do resultado do exame diagnóstico, de que um indivíduo tenha uma doença.

Probabilidade pré-teste: Probabilidade anterior, avaliada antes da disponibilidade do resultado de um exame diagnóstico, de que um indivíduo tenha uma doença.

Probabilidade subjetiva: Grau pessoal de crença de que um evento ocorrerá.

Projeto *cross-over*: Cada indivíduo recebe mais de um tratamento sob investigação, um após o outro, em ordem aleatória.

Projeto randomizado completo: Unidades experimentais atribuídas aleatoriamente a grupos de tratamento.

Proporção: Taxa entre o número de eventos de interesse e o número total na amostra ou na população.

Proporção da taxa de incidência: Quociente relativo definido como a proporção entre duas taxas de incidência.

Protocolo: Descrição completa, por escrito, de todos os aspectos de um teste clínico.

Quartis: Valores que dividem em quatro partes iguais as observações ordenadas.

Qui-quadrado do modelo (teste): Usualmente se refere a um teste de hipótese numa análise de regressão que testa a hipótese de nulidade de que todos os parâmetros associados às covariadas são iguais a zero; ele se baseia na diferença entre duas estatísticas de taxa de probabilidade.

R^2: Proporção da variação total da variável dependente, numa análise de regressão simples ou múltipla, explicada pelo modelo. Ela é uma medida subjetiva da adequação de ajuste.

Randomização: Pacientes são alocados a grupos de tratamento de maneira aleatória (baseada em chance). Pode ser estratificada (controlando para o efeito de fatores importantes) ou bloqueada (assegurando grupos de tratamento de tamanhos aproximadamente iguais).

Randomização em grupo: Grupos de indivíduos, em vez de indivíduos isolados, são alocados a tratamentos aleatoriamente (por acaso).

Regressão à média: Fenômeno pelo qual um subconjunto de resultados extremos é seguido por resultados menos extremos em média (por exemplo, pais altos com filhos mais baixos, embora ainda altos).

Regressão linear múltipla: Modelo de regressão linear no qual existe uma única variável dependente numérica e duas ou mais variáveis explanatórias.

Regressão linear simples: Relação de uma reta entre uma única variável dependente e uma única variável explanatória.

Regressão logística: Forma de modelo linear generalizado usada para relacionar uma ou mais variáveis explanatórias ao logit da proporção esperada de indivíduos com um determinado resultado quando a resposta é binária.

Regressão logística condicional: Forma de regressão logística usada quando os indivíduos de um estudo são equiparados.

Regressão logística multinomial: Forma de regressão logística usada quando a variável de resultado nominal tem mais de duas categorias. Também denominada regressão logística policotômica.

Regressão logística ordinal: Forma de regressão logística usada quando a variável ordinal de resultado tem mais de duas categorias.

Regressão polinomial: Relação não-linear (por exemplo, quadrática, cúbica, quártica) entre uma variável dependente e uma ou mais variáveis explanatórias.

Regressão univariável (modelo): Tem uma variável de resultado e uma variável explanatória.

Relação linear: Implica uma relação em linha reta entre duas variáveis.

Repetitividade: O quão concordantes são mensurações repetidas pelo mesmo observador em condições idênticas.

Replicação: O indivíduo tem mais de uma mensuração da variável numa dada ocasião.

978-85-7241-701-3

Reprodutibilidade: O quanto os mesmos resultados podem ser obtidos em diferentes circunstâncias (por exemplo, por dois métodos de mensuração) ou por dois observadores.

Residual: Diferença entre os valores observado e ajustado da variável dependente numa análise de regressão.

Revisão sistemática: Abordagem formalizada e rigorosa à combinação dos resultados de todos os estudos relevantes de investigações similares da mesma condição de saúde.

Risco: Risco instantâneo de se atingir o ponto final em análise de sobrevida.

Risco de doença: Probabilidade de desenvolver a doença no período de tempo determinado; ele é estimado pelo número de novos casos de doença no período, dividido pelo número de indivíduos sem a doença no início do período.

Risco relativo (RR): Proporção entre dois riscos, geralmente o risco de uma doença num grupo de indivíduos expostos a algum fator dividido pelo risco em indivíduos não expostos. Também denominado taxa de risco.

Robusto: Um teste é robusto a violações das suas premissas se seu valor *P* e seu poder não forem apreciavelmente afetados pelas violações.

RR: Ver Risco relativo.

Seleção automática de modelo: Método de selecionar variáveis para a inclusão num modelo matemático, por exemplo, para frente, para trás, escalarmente, todos os subconjuntos.

Sensibilidade: Proporção de indivíduos com a doença corretamente diagnosticados pelo teste.

Sensibilidade do modelo: O quanto as estimativas num modelo de regressão são afetadas por um ou mais indivíduos do conjunto de dados ou por má especificação do modelo.

Simples-cego: Ver Cegamento.

Subdispersão: Ocorre quando a variância residual é menor que aquela esperada pelo modelo de regressão definido (por exemplo, binomial ou de Poisson).

Superdispersão: Ocorre quando a variância residual é maior do que a esperada pelo modelo de regressão definido (por exemplo, binomial ou de Poisson).

Tabela 2 × 2: Tabela de contingência de freqüências com duas linhas e duas colunas.

Tabela de contingência: Tabela de dupla entrada (usualmente) em que as entradas são freqüências.

Taxa: Número de eventos que ocorre, expressado como uma proporção do tempo total de acompanhamento de todos os indivíduos participantes do estudo.

Taxa de incidência: Número de novos casos de uma doença num período definido, dividido pelo número de pessoas-ano de acompanhamento de indivíduos suscetíveis no início do período.

Taxa de mortalidade: Taxa de mortes.

Taxa de probabilidade (TP): Taxa de duas probabilidades; para testes diagnósticos, a TP é a taxa entre as chances de se obter um determinado resultado de teste naqueles com e sem a doença.

Taxa de risco: Ver Risco relativo.

Taxa relativa: Proporção entre duas taxas (freqüentemente a taxa de doença naqueles expostos a um fator, dividida pela taxa de doença naqueles não expostos ao fator).

TCR: Ver Teste controlado randomizado.

Tendência: Valores da variável exibem tendência de aumentar ou diminuir progressivamente ao longo do tempo.

Tendenciosidade: Diferença sistemática entre o resultado obtido num estudo e o verdadeiro estado de coisas.

Tendenciosidade de alocação: Distorção sistemática dos dados, resultante da maneira pela qual indivíduos são atribuídos a grupos de tratamento.

Tendenciosidade de memória: Distorção sistemática dos dados resultante da maneira pela qual os indivíduos se lembram de eventos passados.

Tendenciosidade de publicação: Tendência dos periódicos de publicarem somente artigos que contêm resultados estatisticamente significantes.

Tendenciosidade de seleção: Distorção sistemática dos dados resultante da maneira pela qual os indivíduos são incluídos numa amostra.

Teorema de Bayes: A probabilidade posterior de um evento ou de uma hipótese é proporcional ao produto da sua probabilidade anterior pela probabilidade.

Teste bicaudal: A direção do efeito de interesse não é especificada na hipótese alternativa.

Teste clínico: Qualquer forma de experimento planejado em seres humanos usado para avaliar um novo tratamento com base num resultado clínico.

Teste controlado randomizado (TCR): Teste clínico controlado no qual existe alocação randomizada de pacientes a tratamentos.

Teste de Bartlett: Usado para comparar variâncias.

Teste de equivalência: Usado para mostrar que dois tratamentos são clinicamente equivalentes.

Teste de hipótese: Processo de usar uma amostra para avaliar quanta evidência existe contra uma hipótese de nulidade sobre a população. Também denominado teste de significância.

Teste de Kolmogorov-Smirnov: Determina se os dados são Normalmente distribuídos.

Teste de Kruskal-Wallis: Alternativa não-paramétrica à ANOVA *one-way*; usado para comparar as distribuições de mais de dois grupos independentes de observações.

Teste de Levene: Testa a hipótese de nulidade de que duas ou mais variâncias são iguais.

Teste de McNemar: Compara proporções em dois grupos relacionados usando uma estatística de teste qui-quadrado.

Teste de não-inferioridade: Usado para demonstrar que um dado tratamento é clinicamente não-inferior a outro.

Teste de Shapiro-Wilk: Determina se os dados são Normalmente distribuídos.

Teste de significância: Ver Teste de hipótese.

Teste de sinal: Teste não-paramétrico que investiga se as diferenças tendem a ser positivas (ou negativas); se as observações tendem a ser maiores (ou menores) que a mediana; se a proporção de observações com uma característica é maior (ou menor) que metade.

Teste de superioridade: Usado para demonstrar que dois ou mais tratamentos são clinicamente diferentes.

978-85-7241-701-3

Teste de taxa de probabilidade: Usa a estatística de taxa de probabilidade para comparar o ajuste de dois modelos de regressão ou para testar a significância de um parâmetro ou de um grupo de parâmetros de um modelo de regressão.

Teste de taxa de variância (teste *F*): Usado para comparar duas variâncias pela comparação de sua taxa com a distribuição *F*.

Teste de Wilcoxon *rank sum* (de duas amostras): Teste não-paramétrico que compara as distribuições de dois grupos independentes de observações. Equivalente ao teste U de Mann-Whitney.

Teste de Wilcoxon *signed ranks*: Teste não-paramétrico que compara observações pareadas.

Teste diagnóstico: Usado para ajudar ou fazer um diagnóstico de uma determinada patologia.

Teste do qui-quadrado: Usado em dados de freqüências. Testa a hipótese de nulidade de que não existe associação entre os fatores que definem uma tabela de contingência. Também usado para testar diferenças em proporções.

Teste exato de Fisher: Teste que avalia probabilidades exatas (isto é, que não se apoia em aproximações à distribuição qui-quadrado) numa tabela de contingência (geralmente uma tabela 2 × 2), usado quando as freqüências esperadas são pequenas.

Teste *F*: Ver Teste de taxa de variância.

Teste *log-rank*: Abordagem não-paramétrica à comparação de duas curvas de sobrevida.

Teste monocaudal: A hipótese alternativa especifica a direção do efeito de interesse.

Teste padrão-ouro: Fornece um diagnóstico definitivo de uma determinada patologia.

Teste paralelo: Cada paciente recebe apenas um tratamento.

Teste paramétrico: Teste de hipótese que assume certas premissas distribucionais sobre os dados.

Teste randomizado em grupo: Estudo no qual grupos de indivíduos são randomizados para diferentes "tratamentos", de modo que cada indivíduo de um determinado agrupamento recebe o mesmo tratamento.

Teste *t* de duas amostras: Ver Teste *t* não-pareado.

Teste *t* de uma só amostra: Investiga se a média de uma variável difere de algum valor hipotético.

Teste *t* não-pareado (de duas amostras): Testa a hipótese de nulidade de que duas médias de grupos independentes são iguais.

Teste *t* pareado: Testa a hipótese de nulidade de que a média de um conjunto de diferenças de observações pareadas é igual a zero.

Teste U de Mann-Whitney: Ver Teste de Wilcoxon *rank sum*.

Testes não-paramétricos: Testes de hipóteses que não estabelecem premissas sobre a distribuição dos dados. Às vezes denominados testes isentos de distribuição ou métodos de classificação.

Testes sem distribuição: Ver Testes não-paramétricos.

Total marginal (numa tabela de contingência): Soma das freqüências numa dada linha (ou coluna) da tabela.

Triagem: Processo para averiguar quais indivíduos de uma população aparentemente sadia têm probabilidade de ter (ou, às vezes, não ter) a doença de interesse.

Unidade de nível dois: "Indivíduo" no segundo nível mais baixo de uma estrutura hierárquica; cada unidade de nível dois (por exemplo, enfermaria) se compõe de um agrupamento de unidades de nível dois (por exemplo, pacientes).

Unidade de nível um: "Indivíduo" no nível mais baixo de uma estrutura hierárquica; um grupo de unidades de nível um (por exemplo, pacientes) compõem um agrupamento de indivíduos aninhado numa unidade de nível dois (por exemplo, enfermaria).

Unidade experimental: Menor grupo de indivíduos que pode ser considerado independente para fins de análise.

Validade: Proximidade da verdade.

Valor ajustado: Valor predito da variável de resposta numa análise de regressão correspondente ao(s) valor(es) particular(es) da(s) variável(is) explanatória(s).

Valor *P*: Probabilidade de obter resultados, ou algo mais extremo, se a hipótese de nulidade for verdadeira.

Valor preditivo negativo: Proporção dc indivíduos com resultado negativo de teste que não têm a doença.

Valor preditivo positivo: Proporção de indivíduos com resultado positivo num teste de diagnóstico, que têm a doença.

Variação aleatória: Variabilidade que não pode ser atribuída a qualquer origem explicada.

Variação de erro: Ver Variação residual.

Variação extrabinomial: Ocorre quando a variância residual é maior (superdispersão) ou menor (subdispersão) que aquela esperada num modelo binomial.

Variação extra-Poisson: Ocorre quando a variância residual é maior (superdispersão) ou menor (subdispersão) que aquela esperada num modelo de Poisson.

Variação não-explicada: Ver Variação residual.

Variação residual: Variância de uma variável que permanece após a remoção da variabilidade atribuível a fatores de interesse. Ela é a variância não explicada pelo modelo, sendo o quadrado médio residual numa tabela de ANOVA. Também denominada erro ou variação inexplicada.

Variância: Medida de dispersão igual ao quadrado do desvio padrão.

Variáveis fictícias: $k - 1$ variáveis binárias, criadas a partir de uma variável categórica nominal ou ordinal com k > 2 categorias, comportando uma comparação entre cada uma das $k - 1$ categorias e uma categoria de referência numa análise de regressão. Também denominadas variáveis indicadoras.

Variáveis indicadoras: Ver Variáveis fictícias.

Variável: Qualquer quantidade que varia.

Variável aleatória: Quantidade que pode assumir qualquer um de um conjunto de valores mutuamente exclusivos com uma dada probabilidade.

Variável binária: Variável categórica com duas categorias. Também denominada variável dicotômica.

Variável categórica (qualitativa): Cada indivíduo pertence a uma de várias categorias distintas da variável.

Variável contínua: Variável numérica na qual não existe limitação para os valores que a variável pode assumir, além daquele restrito pelo grau de precisão da técnica de mensuração.

978-85-7241-701-3

Variável de resposta: Ver Variável dependente.

Variável dependente: Uma variável (usualmente representada por *y*) predita pela variável explanatória em análise de regressão. Também denominada variável de resposta ou de resultado.

Variável dependente do tempo: Variável explanatória numa análise de regressão (por exemplo, regressão de Poisson ou análise de sobrevida de Cox) que assume diferentes valores, para um dado indivíduo, em diferentes tempos do estudo.

Variável dicotômica: Ver Variável binária.

Variável discreta: Variável numérica que só pode assumir valores inteiros.

Variável explanatória: Variável (geralmente representada por *x*) usada para predizer a variável dependente numa análise de regressão. Também denominada variável independente ou preditora, ou covariada.

Variável independente: Ver Variável explanatória.

Variável intermediária: Variável que se encontra na via causal entre uma variável explanatória e um resultado de interesse.

Variável nominal: Variável categórica cujas categorias não têm ordenação natural.

Variável numérica (quantitativa): Variável que assume valores discretos ou contínuos.

Variável ordinal: Variável categórica cujas categorias são ordenadas de alguma maneira.

Variável preditora: Ver Variável independente.

Variável qualitativa: Ver Variável categórica.

Variável quantitativa: Ver Variável numérica.

Visão geral: Ver Meta-análise.

978-85-7241-701-3

Índice Remissivo

978-85-7241-701-3

As letras *f*, *q* e *t* que se seguem aos números das páginas correspondem, respectivamente, a *figura*, *quadro* e *tabela*.

978-85-7241-701-3

P

Q

R

S

T

978-85-7241-701-3

978-85-7241-701-3

Fluxogramas indicando técnicas adequadas em diferentes circunstâncias*

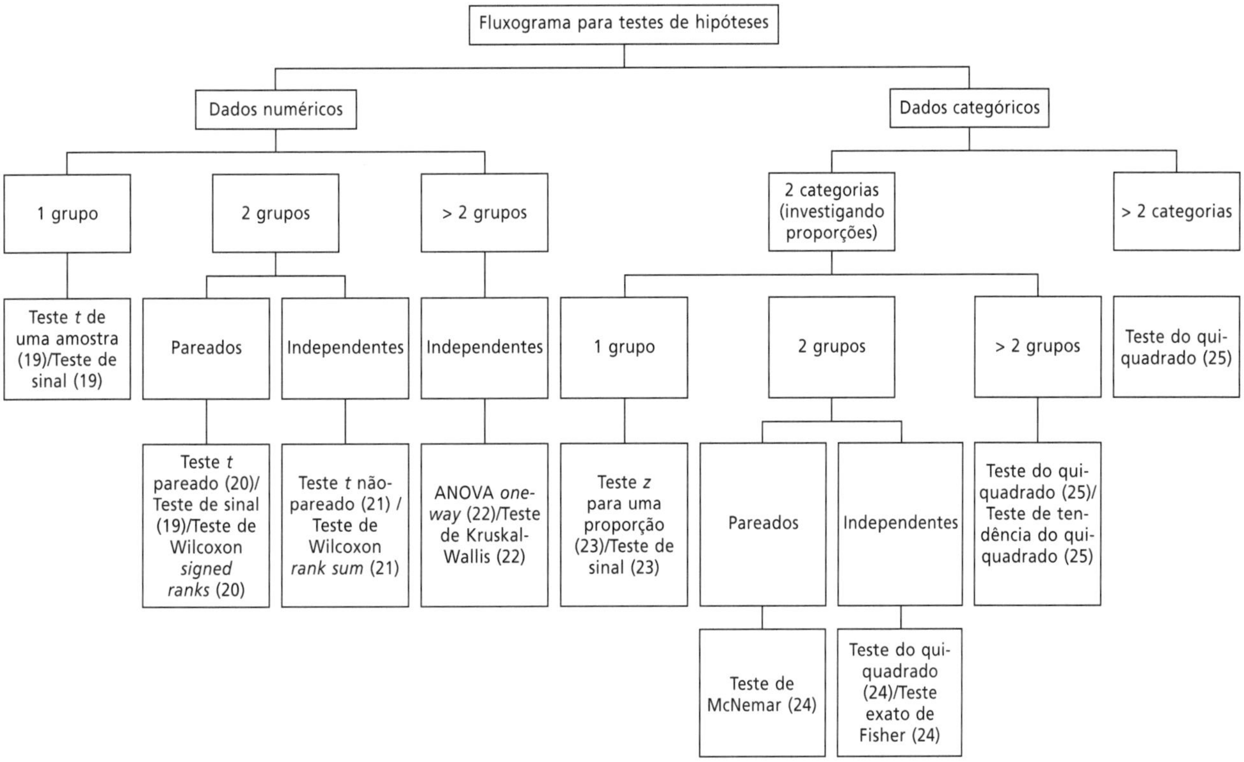

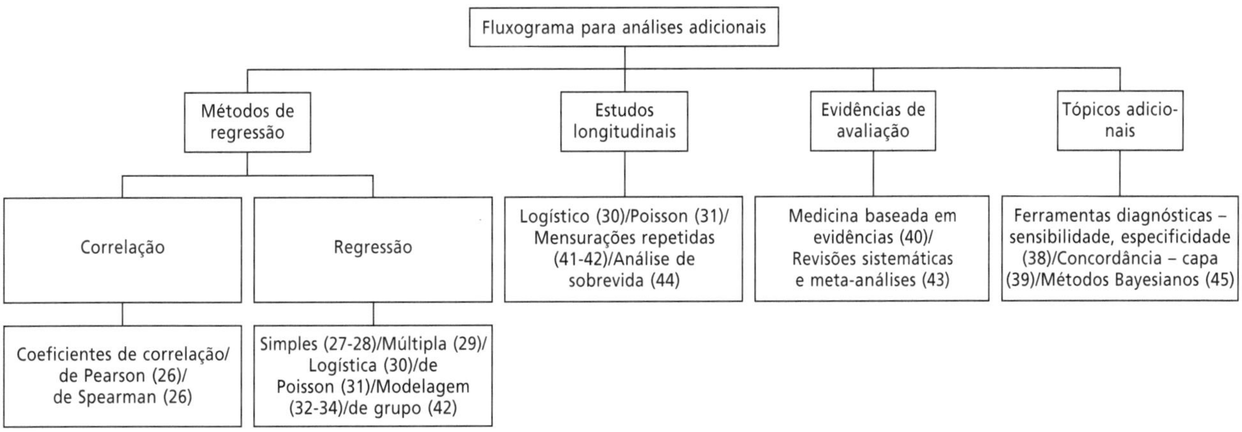

978-85-7241-701-3

* Números dos capítulos relevantes mostrados entre parênteses.

Notas

Notas

Notas